卞孝萱
口述
赵　益
整理

冬青老人口述

凤凰出版社

图书在版编目（CIP）数据

冬青老人口述 / 卞孝萱口述 ; 赵益整理. -- 南京 : 凤凰出版社, 2019.10
ISBN 978-7-5506-3030-7

Ⅰ. ①冬… Ⅱ. ①卞… ②赵… Ⅲ. ①中国历史—掌故 Ⅳ. ①K206.6

中国版本图书馆CIP数据核字(2019)第223827号

书　　名	冬青老人口述
著　　者	卞孝萱 口述　赵　益 整理
责任编辑	许　勇
装帧设计	姜　嵩
出版发行	凤凰出版社(原江苏古籍出版社) 发行部电话025-83223462
出版社地址	南京市中央路165号,邮编:210009
出版社网址	http://www.fhcbs.com
照　　排	南京凯建图文制作有限公司
印　　刷	南京新世纪联盟印务有限公司 南京市建邺区南湖路27号春晓大厦5楼,邮编:210017
开　　本	889×1194毫米　1/32
印　　张	10.375
字　　数	183千字
版　　次	2019年10月第1版　2019年10月第1次印刷
标准书号	ISBN 978-7-5506-3030-7
定　　价	128.00元 (本书凡印装错误可向承印厂调换,电话:025-68566588)

说明

2006年年初，南京大学古典文献研究所商请卞孝萱先生作“口述历史”，同时兼作博士诸生讲义，卞先生欣然同意。先生其时已八十有四高龄，仍勤于著述，少有空闲，故与先生商定大约每周一次，以十次为第一期，然后视情形再予继续。先生于当年春天开讲，共讲九次后暂告结束。是年秋，开始据录音整理口述，先生又专门作了几次补充，同时回答疑问并提供相关资料，又亲自拟定下一期工作的规划以供准备。2007年春夏之交，第一期口述内容整理成文，交由先生审阅，并请补充所阙资料。先生当时正开展多个项目的研究，焚膏继晷，笔耕不辍，始终未暇审定口述。2009年春，先生手头工作告一段落后，计划重启审阅并继续进行下一期口述，未料于当年九月遽返道山，终未能亲定此稿。

本“口述”即在交付先生审阅的第一期口述记录稿的基础上整理而成。先生当年口述时，每次拟定一个主题，但往往不拘所限，兼涉其他。口述记录稿基本依据先生讲述纲目，将主要内容略作调整归并，厘为七部分：师长学行、旧家往事、诗人丛谈、耆老杂纪、维扬才俊、友朋摭忆、书林漫识。每个部分讲述次数、时间长短不一，内容并不平均，有的部分稍详，有的则稍略。

口述原计划由“师友”“家世”开始，次第推进，力求发掘卞先生所深悉的晚清民国遗老行迹、近现代学术等方面的口述史料，同时以先生丰富的书画、题识、手札等收藏作为印证。前者只进行了第一期，远未实现开始时设计的目标；后者则因先生遽尔仙逝，仅仅达成计划的十分之一而已。为稍补阙憾，特从先生历年所撰文章中，选择颇能与口述内容相表里的若干篇目，作为附录，提供读者参考。其中《怎样解读钱锺书〈沉吟〉》一文，本乃口述内容，先生生前已撰成文章予以刊布，故不再收录进口述之中。

本“口述”未经卞孝萱先生亲自审定，一切疏误及不当之处均由整理者负责。

目次

缘起

钱默存先生所撰《石语》，乃其年轻之时，所记石遗老人陈衍一夕之谈，一直到钱晚年方出版。此书文字不多，但是很有用，因为我们所看到的，往往都是些官面文章，所谓“正经的话”；而这上面谈到的，都是些“私下的话”。举个例子：如谈郑孝胥事，其他记载岂能有之。郑作为诗人，亦为陈石遗所推重，但是《石语》仍然述及了郑的“私事”。我之所述，颇意仿照石遗老人，以轻松之漫谈为主。于漫谈之中，诸位可能得到一些书本上得不到的东西。

一、师长学行

范文澜

我今年八十有三。几十年来，我除了自己读书，学写文章之外，先后协助过三位先生：范文澜先生、章士钊先生、匡亚明先生。三位先生各有成就，总之都是我们当代的著名人物。能够协助他们做些事情，使我从中受到许多的教育。三位先生的身教、言教，至今使我受益无穷。

范文澜先生字仲沄，浙江绍兴人。绍兴不光是一个历史文化名城，它还和辛亥革命的关系非常之大。辛亥革命之时有三会：华兴会、兴中会、光复会，合起来是同盟会。华兴会是黄兴等创建，地区主要是在湖南、湖北；兴中会是孙中山等创建，地区主要是在广东还有海外；光复会主要是在浙江，尤其主要在绍兴。光复会的名人如蔡元培、徐锡麟、秋瑾，皆绍兴人，所以绍兴可以说是光复会的诞生地和大本营。

范老的故居，我专门去看过，去的时候因为盖大楼，范家的房屋大部分被拆掉了，新闻媒体、社会人士不赞成拆掉范老故居，尚未拆的几间保留下来了。他的家对面有一条河，河旁边就是大通学堂，大通学堂就是徐锡麟与秋瑾所创办。他们创办此学堂，实际上就是借教育学生为名，准备起义力量。训练学生出操扛枪什么的，换句话说，武器也有了，兵也有了。范老的家就在河对面，这边是大通学堂，这边就是范老的家。范老的哥哥名叫范文济，就在大通学堂读书，后来就留在了学堂。有一天，范老的母亲买了螃蟹，让范老到河对面的学堂去叫哥哥回来吃螃蟹，范老刚到门口就不能走了，因为好多清兵把秋瑾绑了出来，当时在抓捕时好像还动了武，当然动武的程度是很有限的。第二天就有报告说：悍匪范文济，因拒捕而亡。实际上是报错了，死的是另外一个人，不是范老的哥哥。但范老哥哥却反而没有事了，因为他不是已经"死"掉了吗。不过"范文济"这个名字是不能再用了，所以后来等于说范文济就没有了"名"，这是非常有趣的事情。此件事情对范老有着重大的影响。

范老在上海浦东读的中学，这所学校办得好，校长是黄炎培。这个后来就跟我发生关系了，所以世事往往因缘而生。范老大学读的是北京大学，校长是蔡元培。蔡元培是绍兴人，是清朝的翰林，又是辛亥革命的元老，以北大办学"兼容并包"名闻天下。范老得到蔡元培的赏识，做过他的秘书。

当时北大教师有不少，对范老影响最深的有三个人：一是黄侃，范老称“蕲春师”，蕲春乃黄季刚籍贯。旧时称人称籍贯，是最尊贵之用辞。举个例子，如称曾国藩为“湘乡”，称李鸿章为“合肥”，称章士钊为“长沙”，这是中国的一个传统。另外一种呢，是用一位和所称人同姓的古人来称呼，例如冒广生，冒辟疆的后人，他到北京，毛泽东和周恩来都接见他，冒称周为“濂溪”，即以周敦颐指代。一是陈汉章，范老称“象山师”。陈汉章现在好像没有黄侃有名，但学兼经史，在当时则是一个很重要的人物，后来也曾到中央大学任教。还有一位就是刘师培，但范老只称他“申叔先生”，不称“仪征师”，称呼上与黄侃、陈汉章有区别。这大概是其人品不为范老所重的缘故。实际上，对范老影响最大的应该是刘师培，因为刘师培以经学名，而范老最初搞的也是经学。其著作《群经概论》，原是他在大学教书时的讲义，引用刘师培的最多，甚至有全章引用者。北大同学之中，关系最好的是顾颉刚，后来他们在北京组织“朴社”。所以范老早期的书，都是朴社刊印的，现在已很难见到了。

另外一位对范老有过重要影响的，是鲁迅。鲁迅的朋友许寿裳，是范家的亲戚。鲁迅一生中和很多好友最后都不免翻脸，唯独许寿裳与鲁迅始终如故，后来死在中国台湾。范老在北京读书的时候，经常和许家的一个人同去拜访鲁迅。《鲁迅日记》中所提到的“范云台”，就是范文澜。范老本来是鲁迅的后辈，鲁迅当时已是北大的讲师，后来与鲁迅则成为战友。鲁迅先生到南方后，有一次去北京，和中共地下组织有关人员见面，就是在范文澜家里。范老是地下党员。当时他是北平女子文理学院的院长，也请鲁迅去讲学，讲了半个钟头，然后晚上到范老家里吃饭，座中有几个人，就是当时中共北平地下组织中的人。鲁迅去世之后，范老写文章悼念，其中最刻骨铭心的话，意思是：大家都说鲁迅爱骂人，而我认为鲁迅有资格教训人。范老说，有好多人学问或许不错，但人品就不一定好。而鲁迅先生，还没有看到他有哪一件事做得不好的。范老的意思是：自己做得正，所以就有资格教训别人。这一句，代表了范老对鲁迅的评价。

谈到国学，我觉得像章太炎、黄侃这样的，确实够资格讲国学。新式的人当中，范文澜够资格讲国学。因为“国学”，顾名思义，一定要“通”，它绝不是一个专门之学。“专”是需要的，但距“国学”相距甚远。因为中国之“国学”的特点就是博大精深，用四个字来概括就是“经史子集”。范老在早年，四部都有著作。经部是《群经概论》，经学实际上是范老当时最拿手的，因为他是跟刘师培学的。如果就学派而言，主要属于古文经学，同时沟通古、今文经学，这也是刘师培的特点。史部是《正史考略》，就是把二十五史（二十四史加《新元史》）都考了一下。子部是《诸子略义》，这本书后来已找不到了，编全集时才幸而找到一本。集部就是那本最著名的《文心雕龙注》。

《文心雕龙注》这部书前后有两名，最初叫《文心雕龙讲疏》，是范文澜先生在南开大学做讲师时的讲稿，在天津印行，梁启超作的序。南大中文系藏有一本，上面还有范文澜题赠黄侃的字，大概是黄侃死后归于学校。最近我看到王运熙先生写文章，他认为二十世纪最好的三部“讲疏”，范文澜先生的《文心雕龙讲疏》是其中之一。由《讲疏》后来发展成为《文心雕龙注》，此书先后有很多版本，今天大家所看到的是最后的版本，就是人民文学出版社的本子，也是目前最好的本子。曹道衡先生的弟子刘跃进同志曾写过一篇文章，谈论《文心雕龙注》的价值。范老在这本书里，许多地方已经运用了辩证唯物的观点，只不过他不事张扬而已。《文心雕龙注》每版一次，都新增一次。关于这最后一版，要提到一个人，就是金毓黻，他跟范老是北大的同学，中华人民共和国成立以后，金初在北京大学任教授，后来院系调整，进入近代史所任研究员。当时范老就委托金毓黻，找个老先生专门校勘，把错字校出来，由范老改。范老是一分钱稿费都不要的，这一点我下面还要讲到，所以校勘费就由人民文学出版社在稿费中支出，每个月一次，由范老签个条子到出版社领。那时候我已经在所了，所以我知道这位老先生，叫王寿彭，河北人，岁数已经很大了，后来就被研究所留用。金毓黻怎么认识他的呢？金经常买书，看到很多书都经此人校勘。王家本来是一个地主，不愁衣食，就买书来校。他和我说，《丛书集成》中收有他家刻的丛书，他还送给我一部版本很好的唐代人的集子。王寿彭家里原来是有钱的，他的图章是吴昌硕刻的，吴昌硕刻章贵得不得了，当时有“吴昌硕治印得中人产”的说法，可见其润笔收入之丰。后来王家穷了，书就卖出来，金毓黻买到他校的书，就介绍给范老，专门代他校《文心雕龙注》。他是怎么校的呢，是用两个纸条，一个纸条盖在书上，另一个纸条盖在校样上，各抠一个洞，只看到两个字。逐字对校，这是最好的校法，否则一眼就漏过去了。校勘，愈是熟悉书的内容的人，愈校不出来。我听任继愈先生讲过一个故事：曾国藩做两江总督时，要人缮写奏折，找的人是字写得好，但文章不通。什么道理呢？文章不通的人，照字写字，不会出错，同时也不会泄露秘密。任先生主持校大藏经，主张不用找水平很高的人，就是因为这个道理。

从中可以看到范老这个人，错字是要消灭的，稿费是不要的。叫他再作一个序，他也不肯作。

范老早年四本书，代表他经、史、子、集四部的成就。

四部皆通，可称“国学”之师。在此之外，还有一些小书，在他本人来说可能不重要，但是比较有意思。比如《水经注写景文钞》，《水经注》大家都知道，这本书就是把《水经注》中写景的文字钞到一起。他的观点是：柳宗元山水记是千古绝创，但柳的山水记，仿效的是《水经注》。这个观点是正确的。研究学问，讲究的是考镜源流，这就是一例。当然这本书还有一个序，在序中他主要是发挥政治见解，说《水经注》写景写得很美，而现在我们有很多好的园林，却被官僚、地主霸占，搞得乌烟瘴气等等。这是学术以外的观点。抗日战争初，他写了一本书《大丈夫》，开明书店出版。这本书是比《水经注写景文钞》更小的东西，但讲的是中国历史上的一些英雄人物，表彰他们的精神，目的是宣传抗日、宣传爱国主义与民族精神。这件大事，他也搞普及工作。

范老两次被捕。当时他经常在课堂上讲马列主义，这当然是免不了要被捕的。一次是蔡元培，一次是许寿裳和其他一些教授，把他保出。他们的理由就是：范文澜这么一个书呆子，他绝不可能搞共产主义。范老跟我们谈过，他从一个爱国主义者转化为一个共产主义者，主要就是从抗日开始的。他年轻的时候，就受到秋瑾、徐锡麟、蔡元培、鲁迅的影响，很早就具有爱国主义精神。他最恨国民党不抗日，而拥护共产党抗日。

早先的五四运动范老并没有参加，他瞧不起五四运动中的某些人，认为某些人“浮躁”。他也不赞成白话文，他认为白话文所能表达的，文言文都能表达，没有必要换一种文体。后来他接受马克思主义，马克思主义最重要的一条是“全世界无产者联合起来”，他觉得这句话文言文没有办法表达，这时才认为需要白话文。他后来写的书全是白话文，但是他的白话文中还有骈文的影子，写到得意的时候，都是四六句，因为他最赞成刘彦和，他认为《文心雕龙》表达如此艰深的道理，用骈文比用散文还要自如，骈文运用至此，可以说达到了至高无上的境界。莫砺锋教授的一位女博士弟子，我并不认识她本人，她的一本书出版，本来请莫教授作序，莫教授客气不肯作，遂请我来作，我就引用了范文澜先生的这句话。另外又引用陈寅恪的话：骈文什么时候最好，一个六朝，一个宋代。因为六朝与宋代思想自由，骈文等于是戴着镣铐跳舞，如果思想不自由，没有办法做好。陈寅恪先生说庾信《哀江南赋》之所以写得好，是因为有真实感情，只要有真实感情，骈文照样可以运用自如。南宋灭亡时宋室太皇太后之逊国诏，出自汪彦章，这个诏很难写，但他写得非常好，很感人。范、陈两位大师不约而同，都不排斥骈体文。

范老曾两次入党。第一次入党后失去了关系，第二次入党是在河南。那时他四十几岁，在开封的河南大学教书，抗日战争已经爆发。范老放弃河大的教授不做，开始在当地参加游击，他还写过论游击战争的文章。那时候刘少奇大概在那一带活动，推荐范老去延安。这时候突然有人到范老家搜查，他就把刘少奇的信吞入肚中，不然查出来就麻烦了。后来就到了延安，之后做了毛泽东的历史顾问。

范老在延安讲经学，毛泽东、董必武等都曾去听。听过之后毛泽东写封信给他说：你经学讲得很好，并且是用辩证唯物主义观点来讲经学，但这不是当前的急需；当前的急需是要为我们广大的革命干部写一本通俗易懂的中国通史。因为毛主席有个观点，要革命，不但要知道中国的今天，还要知道中国的昨天。中国的昨天就是历史。所以就把这个任务交给了范文澜。范文澜的《中国通史》，就是这样开始写的，目的就是为广大的革命干部补习中国文化，了解中国的昨天，更好地开展革命。范文澜的《中国通史》，撰写于延安的窑洞，窑洞的生活是很艰苦的，支起一张板，用个小油灯，油灯还不是豆油灯，而是杂油灯，就在这样的情况下白天黑夜地写作。范老这个人是非常认真负责的，下面我还要讲到这方面的好多事情。因为这样写作把眼睛搞坏了，所以他晚年就凭一只眼睛工作。范老窑洞的隔壁，是刘少奇的窑洞，他和中共三个最高领导毛泽东、刘少奇、周恩来的关系都是非常好的。

当时延安有两个研究室，一个是政治研究室，主任陈伯达；一个是历史研究室，主任范文澜。这两个主任，尽管陈伯达后来比范文澜显赫，因为范老不肯做官，但最后的结局则是大相径庭的。陈伯达后来成为一个假马克思主义者，不必谈了，而范老则名节始终。这给我们一个很大的教训：一个人要淡泊名利。陈伯达要不是利欲熏心的话，他也不会走到那样的下场，和林彪、“四人帮”混到一起，被毛主席称为“假马克思主义骗子”。

范老有几位助手，之后都很有名。当中有一个最初并不起眼的人，就是田家英。田家英是替范老拿书的，范老说要一部《宋书》，他就替范老去拿来《宋书》，要一部《旧唐书》，他就去拿《旧唐书》。田是小学徒出身，但人很聪明。历史研究室和政治研究室经常来往，陈伯达到范老这儿来，看到田家英这个人很不错，就说范文澜你把这个人给我吧。当时田家英不是写书的，所以范老也就把他给了陈伯达的政治研究室。就在陈伯达那里，田家英受到毛泽东的赏识，后来成为毛的政治秘书，一直做到毛泽东办公室的主任。章士钊先生跟我讲过：代表毛主席到他家里传话，都是田家英。田家英对范老是终身感激不忘的。范文澜同毛泽东，是同年同月同日生，只是不同时间去世。天下就是有这样巧的事情！所以每当毛主席过生日的时候，范老就要请住在他家中的几位助手吃饭，他不是说自己过生日，而是说毛主席过生日。在这一天，田家英为庆贺范老生日，必请范老吃饭，还有几位朋友作陪。范老和田家英的关系确实非常之好。范老一向对人很好，所以田家英尽管后来地位重要，也始终不忘记范老。

毛泽东在延安写了一部有名的书《中国革命和中国共产党》，第一段是《中国社会》，他在上面说：这一段是我和延安的几位同志合写的。初稿是延安的同志写的，就是范文澜。毛主席称范文澜为“活字典”，有什么事都经常找他商量，因为毛主席进行决策时，需要参考历史上的东西。“文化大革命”时戚本禹这些人要打倒范文澜，当时称他为历史学界保皇党的祖师爷，说他下面还有两个人，一个是“南霸天”，一个是“北霸天”。“南霸天”是刘大年，“北霸天”是黎澍，都是我们所的副所长。结果毛泽东在天安门上与范老见面时，握着手说：现在有人要打倒你，我坚决地保你。因此也就没人敢打倒他了。范老这个人不是在政治上有野心的人，毛泽东看人那是很清楚的。

范文澜在延安开始撰写的《中国通史》，当时的计划是写三本，一直写到五四运动。后来由于“整风”，停了下来，只写了两本，写到鸦片战争以前的古代部分。近代史部分，是后来补的。所以两部分的体例不一样，用范老的话来说就是前面的部分是按年代顺序写，后面的近代史部分，则是纪事本末体，比如一章写鸦片战争，一章写义和团等。原因在于范老后来已经没有精力写了，按时序体例很费事，而按分章纪事来写，则各成体系，相对较易。因此后来分成两部书出版：《中国通史简编》和《中国近代史》。实际上《中国近代史》原应是《中国通史》的第三册，因为后来成书的体例不同，遂分作二书。

《中国通史简编》不光在延安出版，后来在其他地区也有出版，这是中国第一部用辩证唯物观点撰写的中国通史。当时因周恩来在上海思南路周公馆进行国共和谈，在上海出版此书的稿费就由周恩来带回延安。那时候延安的生活非常艰苦，但范老把这笔钱存在折子上，一直到死都没用过，临死的时候交了党费。

《中国通史简编》后来续写成《中国通史》，共有十本。

"文化大革命"中，毛泽东派女儿李讷——和江青所生的，到范文澜家里去，传达毛主席的话：中国需要一部通史，还要你来写。范文澜说：我观点旧了，不能写了。毛的女儿说：我爸爸考虑过了，在新观点没有出现之前，仍按你的观点，你怎么想的就怎么写。范老就接受下来了，一夜没有睡着。后来就安排，在所里开了一个会进行布置。当然最后没有写成，但这事可以说明，毛泽东对他始终是很信任的。

范老是在"文化大革命"中去世的，夜里发心脏病导致不治。本来我们几个助手住在他家里，他家里人少，他住楼下，我们住楼上。住的是什么地方呢，就是在今天北京师范大学对面的一个高干居住的地方，都是一栋栋小楼房。他的隔壁是华罗庚，前面是荣毅仁，那边是周建人，都是知名人士。因为周建人、华罗庚、荣毅仁这些人家都有秘书，所以这个地方还组织了一个秘书食堂，我们在范老家住，在这个食堂里吃。

范老的生平我就讲这些。下面重点讲一下有关他的事情，都是对我印象最深刻、我觉得最有意义的事情。前后次序，就不一一排比了。

清初有一个浙东学派，一个浙西学派，浙东学派以黄宗羲为首，浙西学派则是顾炎武为首。浙西学派注重在经学，浙东学派注重在史学。黄、顾是明末清初所谓“三先生”中的两个，都是有民族气节的人，主张经世致用。范老做学问、写文章，受到他们的影响，讲求经世致用。浙东还出了一个人章学诚，也是范老的同乡，章学诚有句名言叫作“六经皆史”，范老给我们解释他的用意说，当时的经学家势力很大，比如戴震这些大家，不大瞧得起治史学者，更瞧不起像桐城派这些做空疏文章的人；章学诚是搞史学的，他故意地提出一个口号“六经皆史”，就是把你们经学家的地位拉得和我们史学家一样，经书也是史书。其深意在此。后来范老提出的一个口号：我们今天的任务，就是要变经学为史学。他说，过去都要读经，现在不读了，还是要研究经学，但不是把经书当作圣人的书来研究，而是把经学当作史学看。这个实际上也是受到章学诚的影响。谈范老早年受到绍兴一地学术影响的人不多，有一年我专门写了篇文章，主要就是讲他与绍兴的关系，《新华文摘》全文转载。总编还写了封信给我："尊敬的卞先生：你好。大作《忆范文澜先生》已拜读，填补史学界空白，获益匪浅。故安排转载在本刊 2005 年第 4 期《人物与回忆》栏，以推荐于更多的读者。"这说明总编很重视这篇文章。不是我文章写得好，而是范文澜这个人实在好。

范文澜先生之学马克思主义，与一般人搞马克思主义绝不相同。他主要就是以马克思主义之"矢"，射中国文化之"的"。你看他的书上，不多写什么马克思、恩格斯、列宁等等；当时写文章都要引用革命导师的话，但他却不大引用，而是把这些融会贯通到整个思想当中。懂马克思主义的人也有，懂中国传统文化的人也有，但是像他这样结合起来的人，而且结合得如此精熟、如此自然、如此成功，的确很少，所以他才成为第一人。只懂马克思主义的人，如胡绳，只懂旧学的人，如顾颉刚，都不能与范老比。我还有一比：钱锺书搞比较文学好，就是因为他既懂传统的东西，又懂英文。现在大家都崇拜钱锺书，但是走钱锺书路子的人很少。达到他英文如此好的程度还不太难，但是传统的东西要想达到钱锺书的水平就很难。钱锺书的父亲是钱基博，家学渊源，再加上他又是留学生，所以一结合起来就成为比较文学的大家。但是走他的路子很难。以后要想再出一个像范文澜这样的人，也很难。就像我前面说过的，搞国学的人，有几个能将经史子集四部贯通？范文澜专心搞国学是在他中青年的时候，后来参加革命就开始写通史，主要精力放在了这上面。实在地说，如果他一辈子搞国学，那成就必定是大得不得了。今天所重印的著作，都是他年轻时的作品，就已经达到那样高的水平了。后来转了一个大弯——当然这是一个了不起的成就。总之，我要着重讲的是他运用马克思主义，深入浅出，不是那种好像不可接触的样子。他也不是盲从的，例如他对中国民族的形成，与斯大林提出的“在资本主义以前的时期是没有而且不可能有民族的”观点就有不同。斯大林在当时是多么大的权威！范文澜敢于独抒己见，提出汉族自秦、汉以下已形成民族的主张，有理有据，是多么难能可贵。

范老提倡的是“二冷”主义，一个是主张“坐冷板凳”，一个是“吃冷猪肉”。这个是什么意思呢，“坐冷板凳”就是你要耐得住寂寞。读书尤其要坐冷板凳，特别是今天，坐冷板凳是非常难的，今天的物质诱惑太大了。不受这个诱惑，安下心来读书，很重要。“吃冷猪肉”就是只要你有成就，即使当时的人不了解你，你死了以后人们也会把你的牌位放到孔庙中。孔子在当中，旁边是什么“亚圣”等等，再两边是从祀的人如韩愈、朱熹这些，你也在当中。祭孔的人，也祭这些人，都是用猪肉来祭，当时猪肉都是冷的，所以叫个“吃冷猪肉”。“吃冷猪肉”实际上是最高的待遇，一个人死了以后能够从祀到孔庙之中，那是很难的了，从前都要经过多少人的“推荐”，皇帝的批准，审查合格的。现在外面流行一个对联，“板凳甘坐十年冷，文章不写一句空”，这话不是范文澜的原话，但这话流传也没有多大的害处。有的人以此表扬范老，实际上范老并没有说过，他只说过“二冷”。因为在范老的想法，坐冷板凳也不应只是十年，二十年三十年一直坐下去，可以坐到死。别人把它概括成“十年冷”，以对“一句空”，当然也没有问题。

范老还有一个概括，叫作“天圆地方”。天圆地方，这是古代人在不了解宇宙真实情况下的一种认识。范文澜先生借用这句话来说明一些问题：“天”是脑袋，脑袋要“圆”，脑袋不能“方”，脑袋“方”了就僵化了，就是石头脑袋，不能思考了，也就不能发现问题，提出创见。所以脑袋要“圆”，“圆”的意思就是要灵活，才能够想问题、考虑问题。“地”就是屁股，屁股要“方”，屁股不能“圆”，屁股“圆”了就坐不住了，“方”才能坐得住。范老常说：这个人不行，这个人屁股坐不住。所以“天圆地方”就是脑子要能思考，屁股要能坐得住。那个时候兴贴大字报，范老有一天跟我讲：“贴大字报有什么用哟！写一万张大字报不如坐下来读一种书哟！”这个话我当时不好对别人讲。今天废除了大字报，这个东西确实没有用，但那时候大字报铺天盖地。范老认为不读书写这个有什么用！说张三不好，说李四有毛病，你自己坐下来读书不好吗?！他就赞成读书，“天圆地方”。当时的论调可高了，说什么“知识要公有”，知识怎么能公有？当时批评知识私有，要公有，但我的知识怎么能通给你？我想的问题怎么能通到你脑子里？范老有一次在本所的大会上发言，这个胆子是够大的，他说：你们提倡知识公有，我提倡知识私有。好比衣服，你自己皮箱里的衣服穿起来很方便，你把人家皮箱里的衣服拿来穿，就不方便。

范老在北京大学演讲，以及在所里跟我们讲，认为文章要写得好，有三个条件：理论、资料、文字表达，三者缺一不可。光有理论没有资料，空，不是历史；光有资料没有理论，提不高；有理论有资料没有好的文章表达出来，没有人看也白搭，写文章是要给人看的，所以他主张“文采风流”。理论、资料、文字表达都行了，还不够，还有一句话：言行一致。你怎么说的，还要怎么做。我想这个也是他受了鲁迅的影响，他不是说鲁迅够资格教训别人吗，因为鲁迅自己做得正。怎么做到言行一致呢，就是谦虚谨慎，戒骄戒躁。不是只是纸上写得好，而实际行动不好。

更重要的，范老把他一生的学术总结为四个字，就是我常引述的，“专、通、坚、虚”。他把“专”放到第一位，把“通”放到第二位，这两者是一个辩证的关系。传统的文人都是把“通”放在第一位，扬州学派等都是重“通”。范老说，我们所处时代不同了，因为学问分门别类太多了，所以必须要有一个“专”；但“专”要在“通”的基础上“专”，就不会有毛病了。后一句在今天看来好像无所谓，但当时说这话是有针对性的，当时就是号召“专”，学习苏联，研究历史的人不研究文学，研究文学的人不研究历史，研究古代的不研究近代，研究近代的不研究古代。古代还要分成四段：先秦两汉、魏晋南北朝、隋唐五代、宋辽金元明清。所以大家的知识被弄得窄得不得了。“专”是需要的，但是“专”一定还要和“通”结合。用范老的话来说，你如果专而不通，好像关到一个禁闭的房间里写文章，就这么大一个地方，耳朵、眼睛不接触到外面，怎么能写出好文章呢?！研究古代的要晓得近代，研究近代的要晓得古代，研究文学要晓得历史，当然你还要有一个专门的东西。他说，一个人不专，没有用。范老举了一个例子：两个人，一个是什么都懂一点，但哪都不精通，如果到我这里来做助手，我不会要。因为他所知道的，我都知道；我不知道的，你也不知道，我要你来何用？另外一个人，知道的可能不多，但是学有专门，比如懂甲骨文，我就需要，遇到甲骨文不认识，我就会找他。这当然是他举的一个例子。但还真有此类事情发生，我在扬州工作的时候，扬州的一个博物馆的馆长陈达祚，和我是好朋友，他就跟我谈：扬州没有甲骨，甲骨出在河南，但是扬州有收藏家，收藏有三片甲骨，死了以后就捐给扬州博物馆。扬州号称历史文化名城，没有一个人懂这三片甲骨，更没有人敢写这个解说词。我说，你把它拓成拓片交给我，我来替你找人。我把拓片寄到中国社会科学院历史研究所胡厚宣先生，几天就回信了，这片甲骨说的什么，那片甲骨说的什么，全部弄清。“专”最有用，这是很典型的实例。几十万扬州人，包括我和这个馆长在内，不如一个胡厚宣。专家的用处就在这里，和范老说的例子非常巧合。这个道理现在已经逐渐为大家所认识。在我们“韩愈研究会”的成立大会上，名誉会长任继愈先生说了几句话：韩愈研究的内容很多，又是文学，又是政治、教育等，大家都在写，但你不能说韩愈就是文学家，或韩愈只是政治家，你还得把这些沟通起来，才是一个完整的韩愈。这话实际上的意思就是要把“专”和“通”结合起来。当然，这个“通”不限于一个人“通”，也要把大家的东西结合起来。

“坚”就是要坚定，坚定有两个意思，一个意思是观点要坚定。本来你是这个观点，后来大家批判你，你就改了；不批判你，你又改了，成天地改，这就是不坚定。你认为对的，即使批评，也应该坚持不改，坚持真理。第二个意思是研究的方向一定要坚持。在这一点上我也存在毛病。喜欢的东西，这个弄弄，那个弄弄，今天搞搞《三国》，明天搞搞《水浒》，后天搞搞《西游记》，大后天搞搞《红楼梦》，青年人很难免，我到今天这个年纪也难免。但这样对学术的确是不利的。你在《红楼梦》上写一两篇文章，《西游记》写一两篇文章，你可以出个论文集，但达不到最高水平。你要达到最高峰，等于说成为一个时代巅峰上的人物，或者对某个学问做出总结性的东西，你必须要下多少年的功夫。最近电视台宣传孟二冬，说孟二冬花了七年的功夫搞出《宋登科记考》，但这在内行看来还不算什么。做学问，哪一个不是花了多少年的功夫！有的人是年轻时就搞的东西，一直到年老时才拿出来。这也就是说，你想在文学史上、史学史上、学术史上占一席之地，必须要下很深的功夫。你可以兴之所至写一两篇文章，但在学问上却不能成系统，最多给人家引用一二而已，细流归入大海了。比如章士钊《柳文指要》，毛泽东说它是关于柳宗元的百科全书，你赞成也好不赞成也罢，只要是搞柳宗元，你都必须去看它一下。还有像范文澜的《文心雕龙注》，都是下了大功夫的，你可以超过它，但要过相当长的时间。有了积累了或有了新发现了，或者不管是方法上还是资料上有了创新了，你才能说超过它。但即使被超过了，它还是一个里程碑。所以，这个“坚”的两个意思都是很重要的。

光“坚”不行，还需要“虚”。坚持真理，还要修正错误；对的要坚持，错的要修正。范老给我们讲过一件事情，他说你想取消一个学派，光打倒它不行，必须要把它所有的优点吸收过来，丰富你自己，结果是它没有好东西了，自然也就“取消”了。佛教在唐朝出了众多高僧，学问好得不得了，代表当时的最高智慧，可为什么宋朝以后中国佛教就不行了？因为宋朝出了个“理学”，它将佛学的观点和儒学融合到一起，中国化的佛学不能单独地存在了，于是佛教也就流为做做佛事、念念经之类，只剩下宗教仪式而已，其精华已被儒家所吸收，也就不免衰落，同时儒学的地位也就更高。因此，听取别人的意见，是非常重要的，所谓兼视才能明，这方面的道理太多了。

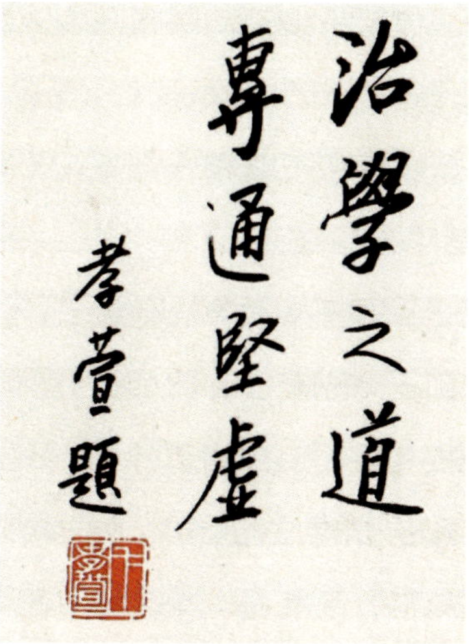

卞孝萱题词

我们看前人，要把前人放到当时的时代条件下。范老当时所处的是什么时代？是个极左的时代，我在北京师大讲范文澜，他们都很受感动，因为范老在那个极左的时代做了很多了不起的事情，起了中流砥柱的作用。例如当时写出的东西，都极空洞，他就写了篇文章《反对放空炮》，他说我们今天在人民大会堂开史学的会，地方是福建厅，福建前线要打炮，打炮要实弹，不能放空炮。他的意思是写文章说些没用的东西或纯理论的东西，就是没有炮弹放空炮；历史不是单纯的马列主义或社会发展史，单是什么奴隶社会、封建社会、资本主义社会讲来讲去，没有东西不行，而中国和外国又不尽相同。这话当时谁敢讲？特别到后来，越来越不像话了，史学要“二打”，一打王朝体系，二打帝王将相。什么叫“一打王朝体系”呢，当时认为不能用什么“贞观”“开元”的年号，王朝体系的东西不能用，要用公元。这些胡说八道的东西在今天看来是非常可笑的，可在当时是作为一种史学革命提出来的。中华人民共和国成立后好多运动都是从史学开始的，政治斗争是这样，所谓“革新”也是这样。第二打就是打“帝王将相”，你怎么能提帝王将相？帝王将相就是地主阶级的头子，所以要“打”。范老说我“二保”，一保王朝体系，二保帝王将相。一保王朝体系，他说为什么要保王朝体系呢，第一，提到一个王朝，你就知道它有多长的时间，多大的空间，光提“公元”谁知道什么东西？比如唐朝，大家都知道三百年；五代，五十年，提到一个王朝可以联想到好多内容。第二，王朝是一个客观的存在，你不能否定它，写历史就需要客观的叙述。第三，我们大家都说自己是马克思的学生，马克思写《印度史编年稿》的时候，并没有不采用印度的王朝体系；马克思是我们的老师，他尚且采用王朝体系，那我们采用有什么不对的呢?！二保帝王将相，他说帝王将相在历史上有的起了推动作用，有的起到了拉后腿的反作用，好的作用有多少，坏的作用有多少，你把它写出来，写得恰如其分，写到让他从棺材中跳出来也无法反对的程度。不写怎么行呢？应该是几分好几分坏都要写清楚。以上都是公开的演讲，当时谁又敢说？所以说，衡量他，要把他放到当时的那个极左的情况下。郭沫若敢讲吗？他说“我要到农村去，搞一身泥污”，“我要到工厂去，搞一身的油”，“我要把我的书都烧掉”，郭沫若的言论全都是迎合当时形势的。范文澜绝不说这样的话，他是一个实事求是的人，与郭沫若完全不同。一个是“浪漫主义”者，一个是“现实主义”者。郭是文学家的气息，范老则是史学家的气息。

我并不为范老回避，他写的文章当中也有偏激的话，即使他说了错话，我今天还是原谅他的，因为在很多情况之下他没有办法。他能做到这样，已经很了不起了。

范老这个人不要做官。我前面讲了，他跟毛主席这么深的关系，又跟周恩来是绍兴同乡，和刘少奇在延安是窑洞隔壁，当时延安的条件很苦，范老又是一个旧家庭出身，有很多东西可卖，卖出以后买个鸡什么的还请刘少奇来吃，两个人无话不谈。中华人民共和国成立以后只要和这三大领袖随便走动走动，送送书，弄个什么宣传部副部长当当是不成问题的。但他从来不这样。他写的书是送给中央政治局常委，但送书的不是他自己，而是出版社。书送给毛主席时要改装，把一本书拆装成好多本，天地头留得大，因为毛泽东喜欢躺在椅子上看书，又喜欢批点。总之他私人与毛泽东没有任何往来，他不是要做官的人。范老是第一个做中央委员的知识分子，又是全国人大、全国政协的常委，就三个头衔，但他实际上就是一个处级干部，而且他是不管事的，就是呆在家里写书，每年过年团拜的时候出来与大家见见面，范老常说的话是“我们乡下人进城，给大家敬敬酒”之类，其实他好多人都不认识，他不注重这些事情。当时科学院成立的时候，请他做副院长，他完全够这个资格。但范老上签呈，说自己没有行政的能力，如果做副院长，不能完成党的任务。所以郭沫若做了院长，三个理科副院长，一个文科副院长是陈伯达。当时没有社会科学院，科学院成立四个学部：数学部、化学部、物理学部、哲学社会科学部，请范老做哲学社会科学部的主任，他说“我没有行政能力，不能做”，最后调了潘梓年做主任。历史所本来请范老做所长，他又说“我不行我不行”，后来分成三个所：一所郭沫若兼，二所陈垣兼，三所就是近代史所，一名中国历史研究所第三所，范老为所长，他一辈子的实际官职就是这么一个处级干部。刚才说了，他是不管事的，一切事务都交给刘大年，后来范老去世后就由刘大年继任。刘大年原本并不知名，中华人民共和国成立前是老区一个县里面的教育科长。

过去我们住在东厂胡同一号，就是北大的老地方，范老住的几间房间原来就是胡适的房子，胡适所有的书、档案，全部在我们近代史所。包括徐志摩和陆小曼的结婚证书，都在那里。因为胡适走得匆忙，没有来得及带走。前面是范老住家，后面是我们办公的地方，每天早上，他拿着一个茶杯到书房里工作。这个地方最早是黎元洪的房子，办公的地方原是黎家的祠堂，三间，上首一间是他的办公室，当中摆书，都是常用的书如《四部丛刊》等；旁边是助手坐，我也坐过。一直坐到中午，他的孙子，叫小铁牛，拖他爷爷回家吃饭。下午就不来了。后来因为找他的人多，就住到城外去了，也就是前面说过的和华罗庚他们住到一起，北京师范大学对面。我们几个助手，就跟着搬到他家。正是因为这样，我们才能读一点书，不然的话，那就是成天搞运动了。他无形中帮我们挡掉了很多事情，让我们真正地读了些书。他写书的办公桌上经常摆着很重要的两样东西，一个大事记，一个地图。大事记是时间的概念，地图是空间的概念，大事记可以把前后事情连贯起来，地图则可以弄清事情的地点。他这样的做法是很科学的，所以我要特别说一下。

范老不拿稿费。在延安出的书当然没有稿费，在上海出版得到的稿费由周恩来带回，他存起来没有用，死后交了党费。中华人民共和国成立之后他所写的这么些书和文章，一分钱稿费也没有拿过。在人民出版社出书，到年底他写一封信去，将稿费交党费。那个时候到处办“干校”、生产基地，知识分子要下放，到农村去种田，盖房子、买农具，实际上都是花钱的事情。近代史所有一位行政副所长，实际上是一个蠢人，跑来和范老说：范老，您这么多的稿费又不用，都交党费了，不如拿些出来，给我们办生产基地。范老把他臭骂一顿。最后范老亲自写了一封信，说：任何人不得以任何名义动用我的稿费，使用必须由我的亲笔签名。他平常的很多信都是由我起草的，而且常常由我们代送，但这封信是他亲自写好，到门口投入邮筒。他是担心我们害怕这个副所长，不敢替他送这个信。后来人民出版社对他解释，请他放心，绝不动用稿费。这种具体的事情，他是一抓到底的。范老从来不拿稿费，而且还宣布一条：你们助手跟我写书，没有稿费。范老明确说跟他写书，既无名也无利，只是书中提一下名字。但实际上这已经是一个很大的宣传了，人家知道我，就是看到范老的书上有我的名字。我们在外面写书、写文章，照拿稿费，他不限制。所以他这个人是很通情达理的。跟他做事不要拿钱，但自己写书，照拿。

〔补充〕他不拿稿费，当然这件事情很难得。尤其难得的是，他从来没有宣扬过，就是我们几个人知道。他和我们这样讲：“我的工资已经很高了，贡献很少，自己已经很惭愧，如果再拿稿费，就格外惭愧了。”中华人民共和国成立之初的工资不低，后来才变得真低了。我就拿范老来说，当时要交工会会费，一百元交一块钱，范文澜每月要交六元一角钱。他是一级教授，工资三百六十块，北京地区的标准；兼所长，加五十块；兼《历史研究》编委，加五十块；兼《考古学报》编委，加五十块；人大常委办公费，加五十块；政协调查费，加五十块；实际上的工资六百一十块钱。章士钊是文史馆长，文史馆长的工资并不高，才二百五十块；加上营养费，因为他的年纪较大，所以章士钊的工资总共五百块。当时北京地区的大学毕业生分到研究所，叫作实习研究员，相当于大学助教，工资六十二元，与一级教授三百六十元，相差很大。后来大学毕业不拿六十二了，十二级变为十三级，五十六块，这个五十六元一拿就是十几年不动，直到改革开放后。但这个工资也不错了，当时一块钱可以买一篮鸡蛋。所以，中华人民共和国成立之初，知识分子特别是高级知识分子的待遇是不低的，只是后来逐步变低了。正是在这种情况下，范老觉得自己工资很高，贡献不够，不能再拿稿费。后来外面怎么知道他不拿稿费的呢，在“文革”之前，形势已经开始朝极左方面发展，所以一种事情发生都是有渐变过程的，当时提出一个口号，叫作“取消资产阶级法权”，教授要放弃职称，稿费也要取消，此前要造舆论，于是开始调查，叫各个出版社开个单子出来，稿费拿的最多的都是些什么人。结果，比如人民文学出版社是茅盾、巴金、冰心等，人民出版社当然就是郭沫若、侯外庐、翦伯赞这些，单子开出送上去了，没有范文澜的名字。上面说你们是不是把范文澜的名字漏掉了？他的书发行这么多，怎么没有稿费？出版社回复说他从来不拿稿费。这样，外间才知道这件事。

范老的字写得也蛮好，但不是那种书家的字。过去不常有这样一种风气吗，请某某人写个毛主席的语录，或某些地方如博物馆请人题些字，等等。很多博物馆都来信请他写个条幅，他就叫我回信，说：我的字写得蹩脚，不能写，请你们原谅。过去我没有在意，最近搬家，还找出了

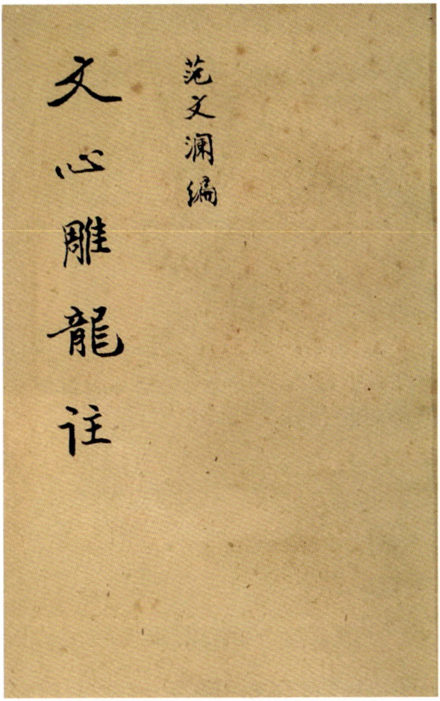

范文澜题“文心雕龙注”（书影）

一封人家的来信，他在上面有批语，叫我回复。但是“文心雕龙注”五个字是他自己写的，你们要看他的字，不妨就看这个。他平常用过的纸，包括来的信、开会的通知，他都留着，打草稿用。我现在也是用废信纸、废信封写东西，就受他的影响。他是因为从延安来的，延安的纸非常珍贵，当时在纸上写东西都是“顶天立地”，先拿铅笔写，后拿钢笔写，再拿毛笔写。他的初稿都是写在开会通知、香烟壳、信封的反面等废纸上的，写了之后成了篇了，再誊到纸上，也不是什么好纸，普通的白纸，然后再改。定稿了，找人钞到稿纸上，请我们传观、提意见，最后装定成册，送到出版社。我们为书选配插图时，他有批语，说：某某两张图，可以并作一张，省点成本，使书卖得便宜些，减轻读者的负担。这事虽然很小，但说明了他节省的风格。

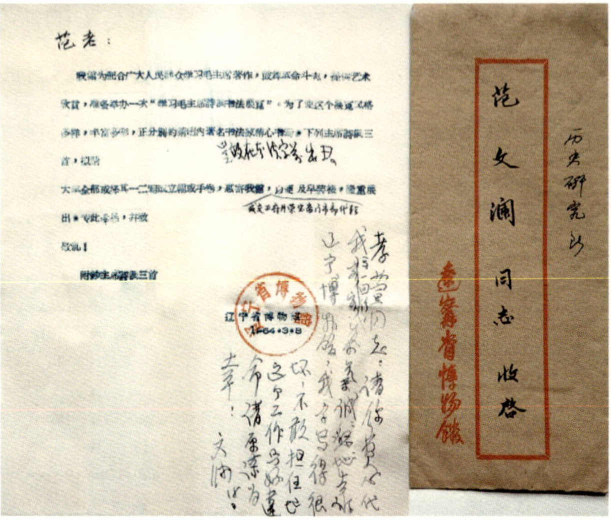

范文澜信件

范老喜欢昆曲。我也受到他的影响，喜欢昆曲。晚上我们还在用功，他就看看电视，遇到有昆曲节目，就喊我们下来看。他最喜欢的是《太白醉仙》等俞振飞的曲目。他有一次看到电视上演《复活》,《复活》是一部名著，当中有一个情节是讲一个公子强奸一位妇女，导致那位妇女最后做了妓女，他就写封信给电视台，不署名，只说是“一位电视爱好者”，认为当中有一个镜头不好，放的时候应该删掉。他就是这么一个迂夫子。当时电视机很少，华罗庚家有一台，范文澜家一台，黑白电视，华家平常不放，星期六、星期天才放，所以华罗庚的孙子要看电视，就到范老家来看。

许多我们不注意的小事，范老却很注意。写唐朝这一段，有的新发现的墓志铭上写得不是汉文，而是某种民族文字，有的还是突厥文、波斯文等，我不认识，范老也不认识。他就叫我打电话给北京大学一位懂的人，我拿起电话，很简单地说：某某先生，我是受范老的指示，打电话给你等等。打过之后，范老跟我讲：你怎么能称“范老”呢，你要称范文澜同志。平常我们在家里称呼惯了，但他在这时仍要求我们称同志。他下面的助手给他上签呈之类，用了一个“职某某”，他说：我们又不是做官的，用什么“职”！这事说明他一点官气都没有。这都是一些小事，但小事之中见精神。

他有两个儿子，大儿子是某部的一个局长级干部，二儿子是留苏学生，学科学的。二儿子书生气足，从苏联回来，跟他父亲讲话，讲了一些赫鲁晓夫的言论。实际上这不过就是在家里同父亲的谈话，既不是在大庭广众之下，又没有发表到报纸上去，在今天看来，没有什么大不了的。他写信给上面，说我的儿子从苏联回来，有赫鲁晓夫的言论。结果送到湖南去劳改，回来后人简直都不像样子了，都不敢在饭桌上吃饭，而是躲到厨房里去。一直到邓小平出来工作后，方才平反，吃了很多年的苦。在这件事上范老是做错了，但即使错了也有了不起的地方，今天哪有一个高级干部会将儿子送去劳改？还不是都为子女开公司、开条子、批东西。每一个共产党员如果都像范文澜，“八荣八耻”就全做到了。所以，范老在这件事尽管错了，但我还是钦佩他的。

范老三条遗嘱：第一条，全部存款上缴；第二条，全部书籍归近代史所；第三条，骨灰撒到钱塘江。当时，周建人是浙江省负责人，由其主持将范老骨灰撒入钱塘江。第一个撒骨灰的恐怕就是他。

中华人民共和国成立后，他除了著书以外，还受上面委托，做了一些事情。第一，当时有一个中国史学会，主席郭沫若，不过是挂名。执行副主席是范文澜。他主持编写了一套书《中国近代史资料丛刊》，包括太平天国、义和团、辛亥革命等等共十几种，当时中国史学会的机构就设在我们所里。后来研究近代史者，颇依赖此书。我举个例子：山西有一位近代史学者叫江地，他原来是一位中学教师，根本没有什么书看，他就是买了一套《捻军》六本，把这套书都翻烂了，结果成为捻军史的专家，写了两本关于捻军的书，成为山西大学的教授。我举这个例子是说明这套书确实发挥了作用，当时很多人根本看不到什么书，而他在山西穷乡僻壤，根据这套书就成了专家。第二，毛泽东指示他主持标点《资治通鉴》，当时就组织北京包括北京大学、北京师范大学以及社会科学院著名的教授，在北海租了房子，待遇优厚。现在《资治通鉴》每册后都有诸如“顾颉刚标点，聂崇岐复校”等等，这些人都是他请的。第三，二十四史也是毛主席指示他做的，他就交给中华书局，当时中华书局的总经理金灿然，就是当年范文澜在延安窑洞里写《中国通史》时的一个助手，他和范老的关系很好，很多事情都来请教范老。第四，当时全国大搞建设，要测量地震的力度，所以要普查地震的历史资料，就由竺可桢、范文澜领衔，由金毓黻主编，查遍中国地方志，做出一个《中国地震资料年表》两本，我也参加了这一工作。竺可桢根据我们做的东西，绘制成图，最后并为书作序。第五，西藏发生叛乱时，周总理交给他一个任务，编了一本《西藏地方历史资料选辑》，证明西藏自古就是中国的领土。另外还有一件事情是他保护《大藏经（赵城藏）》有功，八路军在炮火中抢救出《赵城藏》，后来交给范文澜，他就派人保护，尽可能地利用当时的条件，把这一文化宝藏保存了下来。中华人民共和国成立后，范文澜主持将《赵城藏》移交给北京图书馆。后来由任继愈主持，以《赵城藏》为主要底本，编辑《中华大藏经》。任继愈先生专门有文章谈及此事。这事还牵涉到另外一个人，名字我就不讲了，当时范老很重视这一工作，把它交给手下的一位助手，中华人民共和国成立后也做了不小的官，这个人认为叫他做这件事是轻视他，因此怨恨范老。但实际上范老交他做这件事，完全是因为范老重视这个工作。

关于《中国通史》，我主要协助他的工作就是隋唐五代部分。开始的时候，我分搞经济史。范老对几个助手是有选择的：政治史他不要助手，因为在政治史方面，他是有“微言大义”的，我们的思想和他相差很多，无法代他做；而且政治的材料比较集中，主要在《二十四史》中。魏晋南北朝以前部分，没有助手，魏晋南北朝以前的很多书他甚至都能背诵，有时我在他面前念错了书，他立刻就能纠正，记忆力特别好。从隋唐部分开始，才需要助手。最初我开始做经济方面的助手，因为经济的材料很散，需要收集。我替他收集的材料原稿我还有保存，上面有他的批改、涂抹等。在我之前做这部分的人都没有成功，我是第一个成功的，所以他对我很好。经济史部分搞好以后，他看到我写的一些文章都是关于文化方面的，就叫我搞文学、文化。他后来生病了，最后还剩下两章，一章是《唐代的文化》，就把我叫到他床前，对我讲了几句话，让我依据他的话来写这一章。他讲的精神主要有：唐初唐太宗下诏纂修了好几种前朝史，这就为中国开了一个官修史书的好头，后一个王朝有替前朝修史的责任，设史馆、修史书、宰臣监修。关于宰臣监修我多说几句：因为史书关系重大，故非宰臣不得驾驭，比如宋、辽、金这三史，讨论了好多年没有结果，有人主张宋为正统、有人主张辽为正统、金为正统等等，结果宰相一句话，没有什么正统，写三本，这个事情就解决了，历史的政治性很敏感。总之，这个头是唐朝开的，唐初官修史书，建立了中国正史连续不断的传统。唐朝史学的名著，范老叫我着重写两部：《史通》和《通典》。我就问他，《史通》研究的人很多，我应该写它什么东西呢？他说你就写《史通》的“直笔”。后来我就依据他的精神写，反复强调“直笔”与“曲笔”。中国历史上有“直笔”的传统，历代的史家，特别是在改朝换代的时候，为“直笔”而牺牲生命的，不乏其人。书法方面，他叫我写颜真卿。他说：“颜真卿之前，中国书体以‘二王’为正宗，颜真卿出来就变法了，从颜真卿起，颜字就取代了‘二王’的地位，一直到后来都是写颜字。”我们小时候写字临帖，大家都临的是颜字或柳字，柳字也是颜字的一个支派。宋代的四家，都是颜字的支流。他往往就说一个头，下面就由我来发挥。他又说：“颜真卿的字和王羲之的字不同，王羲之的字风流潇洒，这是反映了当时清谈的风气，只有在这一风气之下，才能出现像王羲之这样的字。”所以他反对郭沫若说《兰亭集序》是假的，这我以后还要讲到。他认为颜书代表的是盛唐气象，方严端正；唐朝雕塑壁画中的妇女，都是很胖、很高大、很健美的形象，也都反映出盛唐的气象。唐朝雕塑、绘画中的马都是大马，唐朝以前的都是瘦马。颜真卿的肥字、雕塑绘画中的胖女、画家笔下的大马，都是反映盛唐气象。他对改定的《唐代的文化》很满意，原稿我还保留着。最后，他写了“简短的结论”，这等于是范老的绝笔了。“简短的结论”是《中国通史》每册后面都有的。当时他已经有病了，他在楼下，我在楼上，他就到我房间里去，叫我写这最后的结论。我说我不敢写，他说你放心大胆地去写，写完后我来改。我写了初稿以后，范老改定。他修改的重点有二：一是强调文化交流，比如亲自撰写的这一段：

> 各种文化必然要取长补短，相互交流。娶妻必娶异姓，男女同姓，其生不蕃，文化交流也是一样，所以文化交流愈广泛，发展也愈益充分。文化输出国不可自骄，文化输入国不必自卑，某一国文化为别一国所吸收，这种输入品即为吸收者所拥有。譬如人吃猪肉，消化后变成人的血肉，谁能怀疑吃猪肉的人，他的血肉是猪的血肉而不是人的呢！

这也是针对当时的情势而发。《中国通史简编》出版后，“文化大革命”就爆发了。当时除马恩列斯毛以外，只有三种书能看：一是医书，当时很多下放的人都会针灸什么的，就是因为无事可干；一是《鲁迅全集》，我看《鲁迅全集》，也是“文革”中，认真通读一遍，还做了很多卡

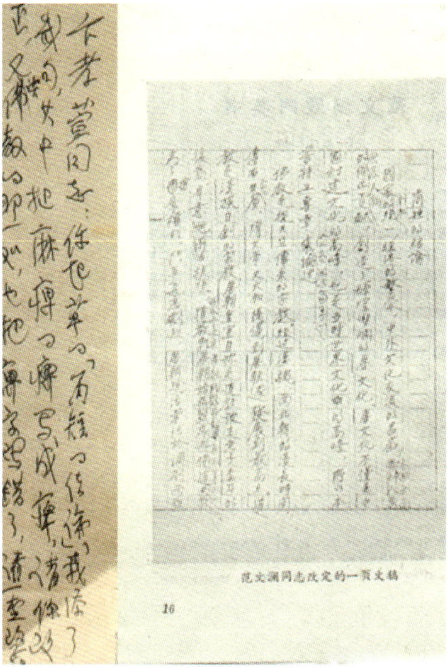

范文澜“简短的结论”

片；此外就是《中国通史简编》，在“文革”中印了22万部。所以很多学理科的人，都看过范老的书。“文革”开始后，我前面提到，毛泽东的女儿传话，叫范老继续撰写《中国通史》，他就开始选助手，我是其中之一。他和我谈过关于宋史的看法，当然最后没有实现，但他的这个崭新的看法，我一定要讲出来。他说，宋史应该这么写：第一章写西夏，第二章写辽，第三章再写宋，理由是西夏与辽是在宋朝之前就建立了。过去以宋为主，先写宋再写西夏、辽，这是大民族主义，我们应该按照王朝顺序来写。这样还有一个好处是，西夏、辽写好了，就能明白北宋的处境，两个“敌人”弄清楚了，北宋也就清楚了。第四章写金，南宋与金一起写，就相当于南北朝的写法。南北朝是并列的朝代，尚且一起写，南宋当时向金称臣，怎么能凌驾于金之上?！后来我无法实现范老的想法，所以不参加《中国通史》的工作。他还给我举过很多撰写宋史具体的例子，现在回想起来的有：范仲淹是一个非常清廉的人，没有疑问，但是范仲淹做了很多好事，如办义学、义庄等，这些钱是从哪里来的？绝不是贪污来的。因此可以通过这件事，写出宋代官俸制度以及士大夫生活状况等。欧阳修的母亲是守节的，如果欧阳修母亲不是守节的话，欧阳修这个孤儿就成长不了，所以在中国古代非常多的守节一事上，我们不能一味责怪；理学所谓“饿死事小，失节事大”，也不全是坏事。这是针对我讲的，因为他知道我也是孤儿。王安石变法，开始时许多人都赞成，后来都反对他，这是什么道理？难道说都是偏见吗？这个东西研究王安石变法的人都没有把它说清楚。我不多说，就举这几个例子，这些问题现在还都没有解决。安徽桐城派研究会，我是顾问，他们出论文集叫我作序，我就学习范老，提出四个问题，当中有一个问题是：姚鼐开始的时候崇拜戴震，要做戴震的学生，戴震拒绝了他。后来姚鼐骂戴震，这是什么原因？后来有一个人根据我的提问写了一本书，书也寄我看了，他的结论是：姚鼐是想学考据的，结果这方面不行，就是做不过人家，所以回过头来又到词章，但是又打着“义理、考据、词章”的旗号，三者并重，实际上在考据方面他并没有什么东西。这个说的还是比较好的。

〔补充〕范文澜前半生是经、史、子、集方面的四部书，后半生主要就是《中国通史简编》与《中国近代史》，这实际上是一部书分成两部。看这部书主要看前四本，这四本是他写的。现在外面印的后六本，不是他写的。我要强调的是：范文澜毕竟是一个传统文人，他深受孔子“微言大义”的影响，所以看他的书要特别注意这一方面，这也是其他书中所没有的。

我举几个例子：例如唐太宗，任何一家写唐太宗，都没有他写得多，这方面他有微意在。他写唐太宗在临死之前跟唐高宗讲：我不是一个十全十美的皇帝，有很多的缺点；由于我统一四海的功劳大，虽然有毛病，人民也能原谅我；你们是坐享天下，对人民本无贡献，如果再有过，人民就不会原谅你们了。这一段一般的书上是不讲的，而他讲的则特别多，意思就在于拿历史来告诫当前。例如他写到隋炀帝，好大喜功，外国使节来了，他让树上都挂满绫罗彩缎以示夸耀。这实际上也是一种“史谏”。当时范老的朋友就跟他讲：你不能这么说啊，这么说毛主席看到要生气的。范老说：我就是给他看的。所以你们看他的书，观点和毛泽东的并不完全一样。他自己曾说：如果和毛泽东观点一样，毛泽东看了还有什么意思呢！就是要写不同的东西，给他看了有所启发。确实，毛泽东也很愿意看他的书。

再例如他书上写了一个李泌，一般的书上都骂李泌，因为李泌这个人相信神仙鬼道，比如请人喝酒，李泌说这个酒是神仙麻姑赐予的，后来卖酒的人来取装酒的盒子了，等于戳穿了他的谎话，李泌也毫不惭愧。实际上李泌是故意装成这样的，原因就是安史之乱以后，经过三个皇帝肃宗、代宗、德宗，这三个皇帝都是才能很低，怕大臣造反，包括郭子仪，他们都非常猜忌他，一方面重用，一方面却很猜忌，大抵有一种“将来天下平定了，赏这些人什么官呢”的想法。的确是这样，当一个王朝实力强的时候，不怕人家推翻它，比如唐太宗，宫门的监卫都是少数民族的人，他并不怕，因为自己很自信。到了王朝摇摇欲坠的时候，皇帝就会有一种自卑的心理。结果就杀大臣，好多宰相都给杀掉，我关于唐人小说的研究就揭示出这一点，有贡献的宰相比如刘晏、杨炎，他们都是解决唐朝中后期财政问题的有功之臣，刘晏创立盐铁官卖，杨炎创立两税法，两税法一直到今天都有影响，两人全被杀，什么罪名都没有，就是皇帝疑猜，只要有一个人挑拨一下。那种挑拨的理由，在今天看来都是很幼稚的。李泌是这样一种人，他想要为天下做事，但先后所遇三个皇帝都是猜忌之主，不能很好的做事，弄得不好就要有杀身之祸，怎么办呢，所以他想出这么一种办法。在此情况下的办法不外两种，一是佯狂，但佯狂是逃世；另外一种就是李泌所采取的：我是散人，不在乎做官，不吃肉、不娶妻，相信神仙鬼道。别的历史书都骂他，而范老则揭示出其中深故：李泌是当时那种特殊时期下，既想为国家做事，又要避免杀身之祸的智士，他并不是真正地相信神仙鬼道，而是用这种方法来逃避。他在下面发挥道："统治阶级争夺的焦点所在，不外名与利二事，李泌自觉地避开祸端来扶助唐朝，可称为封建时代表现非常特殊的忠臣和智士。"

还有冯道，也是大家所不耻的，所谓"长乐老"，逢迎有术，历事五代皇帝，别人都下台，他下不了台。当时是把他当圣人看待的，直到司马光提出"礼义廉耻，国之四维；四维不张，国将灭亡"时，冯道的地位才降低。冯道是一个特殊时代的一个特殊产物。范老说冯道的本事大在什么地方呢，中国的朋友之交有各种，其中之一是"利交"，而冯道是把中国古代的"利交"发展到巅峰的一个人。他要逢迎某人，若正是时候，他才会逢迎，不早也不迟；他要抛弃某人，也是正在其时，让你连报复的机会都没有。范老举了一个例子：郭隗，当时他出去平乱，平乱后入朝，冯道

> 是三师，大家晓得郭隗此番回来就要做皇帝了，但是冯道安然地坐在那里接受他一拜，他把身份先定下来。第二天，他就拥戴郭隗了。一般的人，晓得郭隗要做皇帝，受其叩拜肯定是不敢当的，冯道不是这样，今天我的身份比你高，明天我就用这个高身份来拥护你，在你最需要的时候给你最有力的逢迎。
>
> 这些东西，当时任何一本历史书比如郭沫若、翦伯赞主编的，都是不可能写的。

除了工作内容外，我私人和范老的学术接触，举两个例子，一个是《胡笳十八拍》事。当时郭沫若写蔡文姬，而蔡文姬牵涉到《胡笳十八拍》，关于《胡笳十八拍》，传统的观点都认为是假的，不是蔡文姬之作。郭因为要写蔡文姬，便说它是真的，写了文章，引起反对意见，形成两派，一派是以郭沫若为代表的很多人，一派以第一个发起反对的上海刘大杰为代表的一批人。反对郭沫若观点的人中，大都是老先生，如刘盼遂等。当时在《光明日报》的周刊上，这一期发表的是郭派的文章，下一期便发表反对他的文章，针锋相对。这个是好现象，说明当时“百花齐放”还是能得到一定贯彻的，知识分子的顾虑还不多，不怕戴帽子，到了后来的《兰亭集序》事件时就不同了。有一天早上，那时还在城里，范老端了茶杯来，问我的看法怎么样，我说我不赞成郭老的观点。他就说：你写篇文章。因为范老不能亲自写文章，他对古代史分期的问题，与郭沫若不同，两人常写文章交战。后来上面就和范文澜打招呼说，当时郭沫若还不是党员，你是党员，这样批驳他对团结民主人士不利。所以自此以后范老就没有写过一篇反驳郭沫若的文章，但是他的书每再版一次，都要加强这方面的力度，意思就是我的观点并不放弃。最近我在纪念匡亚明先生的一篇文章之中，还提到这件事情，匡老写孔子，不可避免地要涉及到孔子所处的时代是什么样的社会，也就面临着郭沫若、范文澜两种针锋相对的观点，他说：我经过比较研究，范说符合实际，我只有采用范说。对此我很佩服匡老。回到话题上，范老当时不好写文章，就叫我写。每天早上第一桩事情，就是捧了个茶杯到我房间里，问我昨天看了什么书，得到什么观点，要我一一告诉他。初稿写出来给他看，二稿写出来还给他看，范老看得极仔细。我举个例子，初稿上曾说蔡文姬还有一个姐妹活着，二稿变成蔡文姬还有一个妹妹活着，他就问我：你初稿说的是姐妹，二稿说的是妹妹，有什么根据没有？我答说没有，他就质问：没有怎么行呢?!“姐妹”是姐姐或者妹妹，“妹妹”就肯定是妹妹，这一定要改。

我驳人家的文章，从来不从“风格”上着眼，这是范老在指导我写这篇文章给我的教导，我一直到今天还牢记不忘。说这个东西不像蔡文姬的，这个字不像某人的，都说服不了人的，因为“风格”比如诗的风格、字的风格，各人有各人的理解，而且能够模仿。不是有假画、假字吗？后人也能模仿前人。“风格”不像历史，历史是改不了的。我最近还写了一篇文章，有人说某某是柳宗元的文章，我说不是，从五个方面，完全根据事实来证明。我那篇反驳郭老的文章，也完全根据事实，主要从《悲愤诗》出发。蔡文姬传世作品有三：一是《悲愤诗》古体，一是《悲愤诗》骚体，一是《胡笳十八拍》。范老的意见是从《悲愤诗》起就是假的，到《胡笳十八拍》一路假下来。我就根据历史事实，进行验证。比如蔡文姬是被匈奴掳去的，汉朝当时与匈奴的关系，不是《悲愤诗》，更不是《胡笳十八拍》上说的关系；蔡文姬的情况，也不是诗上说的那样。说来话长，我就举对《悲愤诗》中两句话的讨论为例，这两句诗是“既至家人尽，又复无中外”，这是说被曹操赎回后，家人都已故去，同时中表之亲也没有了。作为文学作品，表达一种悲惨境遇以引起人同情，当然是可以的，但这不是蔡文姬的口吻，蔡文姬的家人没有“尽”啊，她的爸爸蔡邕是曹操的恩人，又是一代大儒，他死了之后有承继的儿子，有承继的孙子，都做官，史书上都有传，问题是大家没有注意到罢了。还有，蔡文姬有个姐妹，就是我刚才提到的，嫁给羊家，生的儿子是羊祜，晋大将；生的女儿后来是司马氏的羊皇后，说明羊家是一个很兴盛的家族。有这样的亲戚，怎么能说是“无中外”呢？所以，这一个证据是任何人也反驳不了的。

我的儿子卞岐认识《文学遗产》研究魏晋南北朝文学的某主编，名字一时不能记起，他同我的儿子讲过，说回顾《胡笳十八拍讨论集》的文章，就属我的这篇文章写得最扎实。这也是范老比较欣赏的一篇文章，文章写好之后，范老亲自送给何其芳，何其芳当时是文学所的所长。何其芳送给余冠英看，余冠英看过，认为可发表。我的文章是最后发表的。范老认为这篇文章写得好，才亲自送去，并认为“可作为定论”，这是他的原话，绝不是我自己说自己好。最近《文史知识》回顾《胡笳十八拍》的讨论，很多人都引到我这篇文章。

第二个例子是“兰亭”论争事。当时郭沫若认为《兰亭序》帖是假的，文章也是假的，是唐太宗主持的集体造假，郭的主张得到康生与陈伯达的支持，哪一个人敢反对？所以和《胡笳十八拍》论争时的情况就不同了，那时我们还都反对郭说，其中只有上海的王运熙和我还在，因为我们两个人最年轻，其他人包括赞成他的人和反对他的人，都已亡故。但到了《兰亭序》时，没有人敢反对。《胡笳十八拍讨论集》的前言说得很清楚，说“这样的学术讨论，今后还要继续下去”，而关于《兰亭序》最后出的书，就说这是“唯心与唯物的斗争”。郭沫若当然是唯物的，那么反对者自然也就成了唯心的了，哪个人敢戴这个帽子?!

关于《兰亭序》，范老认为是真的，他的观点跟我讲过，意思是王羲之的字写得风流潇洒，因为魏晋南朝清谈玄风特别讲究这个，所以只有那个时候才能产生《世说新语》，到了唐朝就没有这个氛围了。唐朝以后只能产生颜真卿那样的字，不能产生王羲之那样的字。我就问他：要不要我来写文章？他说：哎，你不能写！他说两个大后台在那儿，怎么能动他呢！后来郭沫若的文章再印，把提到陈伯达和康生的地方都删掉了。

在汇编《兰亭序》论辩的书中，正面的文章很多，反对的文章就三篇，这三篇实际上就是一篇，就是高二适的文章。因为章士钊的文章，当时并没有发表，是后来编集子时从《柳文指要》中拿出来的。商承祚虽也有一篇，但却是他后来发表在《中山大学学报》上的。因此当时就只有一篇反对文章，作者就是江苏的书呆子高二适。高二适是我的师兄，他是章士钊早年的弟子，我是章士钊晚年最后一位弟子，所以高二适跟我很好。高二适傻乎乎地出来反对，没有人敢发表，他就寄给了章士钊。章士钊与毛主席和中共有特殊的关系，这我下一次会讲到。章士钊写了一封信给毛泽东，信写得很婉转。章士钊有一种红信封，用这种信封写的信，由他的秘书王益知送到中南海，无论是给毛泽东还是周恩来，都可以在二十四小时之内送到。毛泽东看了之后，就立即写了封回信给章士钊，同时写了一封信给郭沫若，并把高二适的文章也附上给他看，这样郭沫若就同意发表高二适的文章。毛泽东写给章士钊的信上这样讲：我当说服康生、伯达诸同志，让高二适一文公诸于世。原信写了十二张的大信纸，我在章士钊家里亲眼看过。这说明《兰亭》论争时的氛围，颇有山雨欲来风满楼的味道。赞成郭沫若的人，也不是出于真心，而是没有办法，他叫你写你敢不写？一个人写得不好，还叫另外一个人写。版本方面先找了北方的赵万里，赵万里写了篇小文章不令他满意，又找了上海的徐森玉。徐森玉的文章是助手写的，助手后来都承认了。可以说赞成文章基本上是动员人写的，当然其中也有少量是出于自觉愿意。所以，关于《兰亭》我就没有写文章。过去赞成郭老的，现在也改弦了，比如启功，启功的字和学问是不错的，当时可能没有办法，所以写了文章，后来在某首论书绝句中表达了自己的立场。

范老对我的关于《胡笳十八拍》的文章很满意，但当面不对我说。一是亲自送给何其芳，并说可以成为定论；二是对其他助手，特别是对张遵骝说过，卞孝萱这篇文章写得好。张遵骝是张之洞的曾孙，他把范老的话告诉了我。范老对我帮助他收集《中国通史》的资料，写初稿，也很满意。后来新分配去的人，他曾对这些人说过：你们来，就要学习卞孝萱。这是当事人之一朱瑞熙告诉我的。

“文化大革命”开始后，我们这些人“靠边”了，还不够资格被打倒，只是“靠边”。当时范老接受毛主席的指示要重写《中国通史》，需要助手，他就把我提出来。当时造反派说由他们来，范老说不行；造反派又说可以来三个人顶他一个人，范老还是说不行，就要我一人。这说明了他对我的看法。

范老在没有人的时候，跟我说过几句话，他说：以你的才力，我相信能够成功的；但是你一定吸取我的经验，听党的话。他的话语重心长，我能体会他的深意。你们要知道，过去发表一篇文章，都是要党组织作政治鉴定，文章再好，党组织不同意是不能发表的。

他在接受毛泽东的指示后，召开了一个全所大会，他在会上讲“你们做学问是不知老之将至，我做学问是不知死之将至”，他说“我现在是日暮赶路程，欲行足不前啊……”。我每想到这个情景，都忍不住要流泪……

范老和我非亲非故，他是我生平第一个知己。

章士钊

章士钊家本来是长沙的一个农民家庭，到了他祖父这一代，就致富了，有田三千多亩。在江南一带，有三千多亩田那是很大的地主了，所以他自称“一方雄长”。到他父亲这一辈，有了钱就开始读书，其中一人中了举，做了官。中国封建社会有这样一种规律：第一代地主，第二代读书。但到了他这一代，二十几个人，都是吃喝嫖赌，不到几十年，把三千多亩田败光，人也渐渐死了，后来就剩他一个在外飘零。章士钊九十多岁的时候跟我回忆家事，讲到这里还十分“慨叹”。中国古代还有一句话：“一代做官，三代打砖。”“打砖”就是卖房子。实际情况的确如此，官宦、地主，能保持好几代是非常困难的。

章士钊的父亲是行医的，他的母亲是家庭妇女，喜欢喝茶，每天早上三大盅，喝过后把茶叶也吃下去。这是湖南人的习惯，毛泽东也是这样，茶喝完后用手去抓茶叶，他的警卫员说这样不是很脏吗，他回答说：茶喝掉茶叶不吃掉不可惜吗！

他小时候也做过八股，两次下场应秀才试，似都未取。二十一岁的时候，考取了南京的江南陆师学堂，鲁迅是江南水师学堂，所以他们两个人都是南京培养出来的。陆师学堂的总办叫俞明震，俞家是陈寅恪的姻亲。当时考试的题目是“无敌国外患者国恒亡”，试卷是格子纸，他跟我说当时不够写，于是双行写，一个格子写两个字。柳宗元有篇文章叫《敌诫》，也是发挥这个道理的，就是有敌人不是坏事。章士钊《柳文指要》上就谈到《敌诫》，毛泽东看到之后就很欣赏，让在报纸上登出来。“文化大革命”期间忽然在报纸上出现这样的文章，是有其独特背景的。毛泽东看过两遍《柳文指要》，康生看过一遍，这以后我还要讲到。后来章士钊闹学潮，领导学生运动，他晚年对此很懊悔，说当时没有把技术好好学下去，所以和他一起闹学潮的人后来都一事无成。但他本人当然不成问题，搞学生运动很有名，然后到上海，就参与辛亥革命。当时四个人结拜弟兄：老大章太炎；老二张继，后来成为国民党元老，做到国史馆馆长；老三章士钊；老四邹容，曾作《革命军》。章太炎浙江人，张继河北人，章士钊湖南人，邹容四川人。章士钊一生对章太炎十分恭敬，因为章太炎又是他岳父的朋友。

辛亥初期，章士钊就留学英国，同时兼做革命派报纸的海外记者。这个时候就跟杨开慧的父亲同学，这个机缘对后来发生了重大影响。章士钊学的是逻辑，杨开慧父亲学的大概是伦理之类。民国成立之后，袁世凯很重视他，什么道理呢？袁世凯曾是章士钊岳父手下的一个将领。章士钊做过老的北京农业大学的校长，北大图书馆的主任。最近我看到北大一个材料，北大图书馆主任最出名的第一个是蔡元培，过去都重视图书馆，所以蔡元培兼任；第二个就是章士钊；第三个是李大钊。李大钊做北大图书馆主任，是章士钊推荐的。这事大家都知道，但为什么推荐？

章士钊和我谈过，因为当时北大的教授都是英美派，胡适这些人都是留英、留美的；李大钊是留日的，留日的人比较多，很为当时学界所瞧不起。章士钊后来做教育总长，推荐一个人到北大做教授也很不容易，因为英美派很排挤外人。李大钊不能做教授，做图书馆主任总可以吧，所以章士钊就把图书馆主任的职位让给了李大钊。章士钊与李大钊的关系，就好像师生差不多。我在章士钊家里，看到过李大钊送给他的书。这也是章士钊和共产党发生关系的原因之一。还有，他和陈独秀的关系也很好，当时陈是文科学长。陈独秀后来被国民党逮捕，章士钊为他做义务辩护。听说曾关押陈独秀的老虎桥监狱被拆掉了，这太荒唐，近代史上很多人在老虎桥坐过牢，应该把它作为一个历史的见证。

章士钊为什么喜欢李大钊呢？因为章士钊做的文章是文言文，但他又反对桐城派，桐城派文是过去认为的最好的散文，五四时期两个口号：选学妖孽，桐城谬种。章士钊也瞧不起桐城文，他的文章可称作“逻辑文”，用西方逻辑之理来写中国古文，具有独特的风格。“逻辑”两个字是谁定的译名？是章士钊。在章士钊之前，严复翻译这方面的书，称为“名学”。章士钊认为“名学”的翻译，不很恰当，他就学习佛经音译，译为“逻辑”。章士钊在北大讲逻辑，和后来的金岳霖等逻辑大师，有所不同。后者是纯粹地把西方的逻辑搬过来，而章士钊是拿中国古代的墨子、名家，来印证西方的逻辑。他认为中国虽然没有“逻辑”这两个字，但逻辑的道理是被认识到了的。他认为二者是沟通的，他的书《逻辑指要》的特点就在于此。中华人民共和国成立以后印逻辑丛书，这本书得以重印，他过去的书都是讲义，没有出版，后来抗战期间才印成书。当时他的儿子章用在香港养肺病，就替他校勘。章士钊有两个儿子，最喜欢就是这一个，可惜早亡。周恩来曾说过：章士钊先生一生三《指要》。第一个就是《逻辑指要》，是找他最喜欢的儿子章用校勘的；第二个就是《柳文指要》，是找我替他校勘的；第三个是《论衡指要》，没有成功，本来也要找我帮他做的，但九十三岁时去世了。

逻辑是章士钊最大的特点。他治中国古代文学，完全用逻辑的道理来研究。他之所以喜欢柳文，是因为他认为柳宗元的文章合乎逻辑。章士钊一辈子喜欢柳文，喜欢到痴迷的程度，几乎等于和柳宗元合二为一。

别人反袁，袁世凯都要通缉，章士钊反袁，袁世凯不通缉他，这是袁看在他岳父的面子。他反袁的时候，和岑春煊在一起。岑曾是清朝的总督，民国时以反袁著名，岑春煊对他也是很好的，当时他们在桂林。抗战时章士钊则先后在桂林、重庆。中华人民共和国成立前夕，他是蒋介石方面的五位和谈代表之一。为什么要他做和谈代表呢，就是因为国民党知道他和共产党的关系深，特别是和毛泽东的关系深。所以，和谈代表中，毛泽东第一个接见的就是章士钊。以后就留下来，中华人民共和国成立后做中央文史馆副馆长。

当时文史馆成立，馆长副馆长共四个人，馆长符定一，符的名气并不如另三位副馆长大。毛泽东最先考的学校是符定一当校长的学校，考取了后没有去上，而是上了杨开慧父亲的那所学校，但是符定一很喜欢毛泽东的作文，所以毛泽东一直很尊重他，把他当作老师。毛泽东是革命家，但是他非常尊师，黎锦熙教过他，毛泽东和黎锦熙的感情特别好。因为章士钊晚年和我的关系好，所以我和湖南的很多老辈都很熟，跟黎锦熙也常来往，到他家里去玩。黎锦熙所藏的毛泽东的信件，我都看到过。比如一封信上有这么一句话："生得吾师，如婴儿之得慈母。"中华人民共和国成立后，毛泽东对黎锦熙也是很照顾的。符定一去世之后，就三个副馆长，第一副馆长柳亚子，柳亚子资格最老，是南社的发起人、主盟，而且和毛泽东有唱和，这是大家都知道的。第二个是叶恭绰，曾是北洋政府的交通总长，字、画、诗词俱佳。第三个才是章士钊。符定一死了，柳亚子后来也死了，叶恭绰又被打成右派，所以文史馆长必然就落到章士钊身上。

章士钊与毛主席和中共有特殊的关系，他和杨开慧的爸爸杨昌济是留学英国伦敦的同学，刎颈之交，回国之后章士钊做了教育总长，杨昌济只做了湖南一所师范的校长，章士钊就把他弄到了北大教书。杨开慧也去了，因此毛泽东也到了北大。这是第一个关系。当时留欧勤工俭学需要有钱，毛泽东写信给章士钊借钱，章士钊跟当时的湖南督军谭延闿借了三万大洋，就给了毛泽东。毛泽东分成二十几份，周恩来、陈毅等等都有一份，他自己也拿了一份，说“你们去，我不去，我用这钱在国内做调查研究”。当时能这样借钱给毛泽东，不管怎么说都是不容易的。所以中华人民共和国成立之后毛泽东对章士钊说：我要还你钱啊。最后就是除了工资之外，每年年底给他一张支票，章士钊拿到钱也不用，主要是周济别人。因为章士钊过去的那些朋友、旧部下，后来有不少穷得很，于是这个来给二百，那个来给三百。这是第二个关系。第三个关系，大概在上海开中共党代会的时候，章士钊也帮过忙，但这事我不清楚。第四个关系，周恩来在海外组织旅欧支部的时候，章士钊当时正好以教育总长的身份到欧洲去考察教育，他们这些人是不用检查行李的，周恩来去看章士钊，说有一个文件托你转交，你不能看，到某某地方交给某某人。章士钊帮周恩来做了这件事。中华人民共和国成立之后，周恩来对章士钊说：你知道这是什么东西吗，是旅欧支部的名单。还有一个，毛泽东到重庆与蒋介石谈判，谈判后期章士钊去看他，章就悄悄说了几个字“三十六计”。三十六计，走为上计。由于这种种关系，中华人民共和国成立后，毛泽东和周恩来对章士钊是出人意外的好，鲁迅骂过章士钊，但毛泽东竭力保他，章士钊与范文澜一样，人大常委和政协常委，这在过去是相当高的了。章士钊又是文史馆的馆长，文史馆馆长工资二百五十块，但我看过章士钊的工资单，五百块，其中二百五十块是营养费。他也不用，都交给章含之。

章士钊到香港，是毛主席、周总理派他去的。开张支票给他，空白的，随他去用。所以李宗仁回来后，毛泽东和李宗仁合影，旁边两个人，一个是郭沫若，一个是章士钊。

章士钊一生三个妻子。原配吴弱男，“弱男”的意思就是比男子稍微差一些，这是清朝末年妇女想要体现自身价值的表现，当时很多的女子都取名“亚男”、“弱男”等。吴弱男的父亲是吴保初，吴保初的父亲是吴长庆，吴长庆是清驻朝鲜总督，当时张謇、袁世凯都是他的手下。吴保初虽是将人子弟，但他好文，也有文集，是清末四公子之一。中国历史上有三次“四公子”，第一次是战国四公子，春申君、信陵君、孟尝君、平原君；第二次是明末清初，陈贞慧、冒辟疆、侯方域、方以智；第三次就是清末民初。很奇怪，都是王朝要垮的时候，有所谓“四公子”之号出现。这四公子都是一品大员的后人：湖南巡抚陈宝箴的儿子陈三立，湖北巡抚谭继洵的儿子谭嗣同，福建巡抚丁日昌的儿子丁惠康，此外就是吴保初。吴保初和章太炎关系不错，当时章太炎很穷，靠吴保初接济。章太炎有一个“秘事”，他患有羊颠疯，越是有病障的人，智慧越高，但聪明与疯子，往往就隔一条线，章太炎的学问很大，可是行事也比较奇怪。章太炎既然有羊颠疯，所以家里人就不替他娶老婆，怕害了人家的女儿。章太炎便和丫鬟生了三个女儿，这个丫鬟是没有名份的。后来他公开征婚，就与汤国梨结婚，生了儿子。吴保初两个女儿，大女儿吴弱男，二女儿吴亚男，都是当时的开通人物。吴弱男的英语很好，是孙中山第一任英语翻译，第二任是孔祥熙的夫人宋霭龄，第三任才是宋庆龄。吴弱男当然也是同盟会会员。章士钊年轻的时候非常英俊，吴家的门第比章家要高，章家不过是一个土地主，他的父亲是个医生，不过就是叔伯中有人中了举人做过小官，跟吴家的门第差得多了。

章士钊搞革命，但不参加党派，当时三个会兴中会（同盟会前身）、华兴会、光复会，黄兴是华兴会的创办人，黄是湖南人，章士钊和黄兴是最好的朋友，但他也没有参加华兴会。当时吴弱男和章士钊结婚，也有意思拉他参加同盟会，但他仍不参加。有一次把他关在房间里，必须要在入会盟约上签字才放他出去，他就是不同意，章士钊这个人倔得很。所以他始终不是同盟会会员。

吴弱男生了两个儿子，大儿子叫章可，我见过，以后我会讲到；二儿子叫章用，聪明得不得了。有一段时间吴弱男带着两个儿子住在德国，章可学画画，章用学数学，当时季羡林在德国学习东方语言，所以和他们认识。吴弱男很有气派，季羡林曾经回忆过她的事情，季羡林是农民家庭出身，吴弱男有一次和他谈话，说：我们是官宦人家，你是民家。意思是我们吴家要高出一头。章用觉得此话不妥，但又不好顶撞母亲。章用在数学方面真有天才，我在社会科学院的时候，院里设有一个中国古代科学研究室，古代科学研究既属于人文科学，又属于自然科学，其中有一位叫严敦杰，他和我谈过，说章用真是数学天才。后来因为章士钊不做官，经济发生问题，章用就回国了，到浙江大学当教授。抗战时期浙江大学内迁，流亡中非常艰难，上课时黑板都没有地方挂，有一位教授把黑板挂在自己身上，这个教授就是章用。可惜他很早就去世了，章士钊晚年和我谈到此事，还非常伤心。大儿子章可则差不多像一个傻子，这事真比较怪，兄弟两人，相差竟这么大。章可愚到什么程度呢，以他家这样的门第，还不能做个官吗？他在意大利出生，又在欧洲学画，回来后随便怎么样，也至少应该做个美术学院院长之类，结果他最后只在北京美术馆谋到一份差使。章可此人不大说话，当时我在章士钊家里，一张桌子吃饭，这边坐着章士钊，一边坐着章可、章含之，另一边就坐着我，每天摇铃通知吃饭。铃声一响，章可就扶着他的父亲过来吃饭，章士钊吃得很少，章可吃完后就等，把父亲吃不了的饭吃掉，每天如此。菜上来，章士钊给我夹一个，给儿子、女儿夹一个，章含之不喜欢吃肥肉，章士钊夹给她肥肉，章含之说：老先生强加于人啊。整个桌上，章可不讲话，我是客人也不讲话，主要就是章含之讲。章家住的是四合院，正面五大间，当中一大间是客厅，摆着沙发，沙发后面是玻璃书橱，放着《大英百科全书》，墙上挂着毛泽东和章士钊的合影；另一头放着吃饭的桌子。上房这边，原来是章含之的母亲和章含之住。另一边就是章士钊住，外面是书房，里面是卧室。四合院中间是个小院子，栽着苦瓜，湖南人喜欢吃苦瓜。四合院一边是章可住，另一边就是厨房以及保姆等人的房间。章士钊去世后，章含之和乔冠华结婚，仍住在这里。章可则与一个老中医结婚，住到那位老中医那里去了。

章士钊第二个夫人姓奚，就是章含之的养母。第三个夫人姓殷，章士钊在上海做大律师的时候，曾是杜月笙的法律顾问，杜月笙在上海是个无冕之王，青红帮最大的头子，许多人包括大银行经理都要拜他做老师，每年进贡些钱，不这样的话说不定哪天就给绑票了。章士钊抽大烟，中华人民共和国成立之后只有三个人可以公开地抽大烟，一个是刘文辉，林业部长，就住在章士钊家隔壁；一个是湖南毛姓家族某先辈的夫人，另一个就是章士钊。每个月由他们的秘书到北京医院，领大烟回来。我亲眼看过他抽，因为他是公开的，也不避我。这第三个夫人就是杜月笙送给章士钊，帮他烧大烟的。中华人民共和国成立后她就不敢呆在大陆，就住在香港，由章士钊供养。我直到章士钊去世后的追悼会上才见到她，因为她此前一直在香港，不敢回来。她也有一个女儿，是收养的，叫章眉。她是上海谢稚柳的学生，后来成为画家，住在夏威夷。章士钊追悼会上的家属，第一个是殷夫人，因为前面两个夫人都已去世，第二个是章可，第三个是章含之，第四个是章眉。吴弱男于 1973 年 4 月去世，终年八十七岁。中华人民共和国成立后她和章士钊不住在一起，一个在上海，一个在北京。他们夫妇二人个性都很强，我发现凡是有成就的人，往往如此。章士钊死在香港，因此在北京的追悼会之前，在香港也开了一次，都非常隆重。北京的追悼会上，毛泽东等送花圈，傅作义主持，郭沫若致悼词。

章士钊有几个笔名。最为大家所熟悉的是“孤桐”，他非常喜欢梧桐，因为书房前面原有两棵梧桐，被雷击死了一棵，只剩其一，所以起名“孤桐”，又有一个笔名“震余”。从这也可看出，章士钊是一个非常执着的人。他的母亲姓刘，刘是“卯金刀”，母亲死后，他用笔名“无卯”，

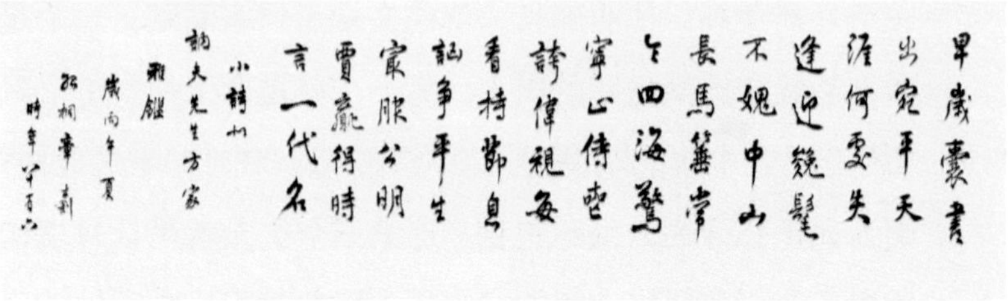

章士钊诗手卷

早岁囊书出宛平，天涯何处失逢迎。毵髦不愧中山长，马棰常令四海惊。宁止侍丧夸伟视，每看持节息汹争。平生最服公明贾，赢得时言一代名。

是章太炎帮他起的。其他还有一些小的笔名，我就不一一说了。

大家都知道章士钊被鲁迅骂过，但我知道他实际上是一个非常热血的人。我说几件事情：中华人民共和国成立之后，有一个满清的贵族载涛，“载”是皇族，是同治、光绪的弟兄辈。载涛当时非常穷困，章士钊写封信给毛主席，请毛主席帮助。毛主席的回信我看到过，给了八千块，最后一句话是“以为杯水之助”，那个时候八千块可不得了。中华人民共和国成立以后运动很多，以阶级斗争为纲，大家的关系处得都是非常小心，动不动就要划清界线，否则就要被株连。章太炎和汤国梨有个儿子，是工程师，因为贪污，也不知道是真贪污还是被冤枉的，在苏州被劳改。汤国梨当时岁数已经很大，非常痛心，就请章士钊想办法。她称章士钊为三弟，因为章太炎是他们结拜兄弟中的老大。章士钊就写信给毛主席，措辞很得体，说：章太炎是名人，他的儿子是名人之子，外国人到苏州都要去看他，而他被关在监狱里，我请求假释在外。后来真就被放出来了，汤国梨为此写信给章士钊表示感谢。在当时那种划清界线唯恐不及的情况下，他仍然敢为别人说话。为此上面都专门给他打招呼，说你不要惹事了，因为章士钊的面子大，弄上来别人又不能不替他去办。章士钊有一种红信封，专门是给毛泽东、周恩来两位领导人的信，由他的秘书送到中南海，必须在二十四小时之内送到毛、周的案前。这事确实是真的，我有两个例子可以证明，一个是关于《兰亭序》的事，一个是我调回来的事。章士钊和毛泽东、周恩来的关系之深，我前面已经谈过。

章士钊“一生三《指要》”，第二部是《柳文指要》。他从十三岁就喜欢柳文，不断写笔记。中华人民共和国成立之后住在北京，生活比较安定，开始进行整理。此书分为两部分，一是“体要之部”，二是“通要之部”。“体要之部”先写，对柳宗元每篇文章解释字义、发挥大义等等，“体要”之事，就是本体所有之事。写好之后，毛泽东要了去看，看得很仔细，秘书写的两个错字都看出来了。章士钊有两个秘书，一位名叫王益知，是所谓“外秘书”，是负责对外事务，包括为章士钊取个款子，甚至买点文具等等，因为高级干部有专门买东西的地方；另一个是章太炎的侄女儿，是“内秘书”，实际上事情也不多。这两个秘书，包括门房、司机和厨房人员，都是国家安排的。“体要之部”写好后，又写“通要之部”，“通要”的意思就是“观其会通”。中国古代做学问，不光是讲“专”，还一定要讲“通”。下部“通要之部”写好后，毛泽东又要看，同时还要再看上部，并说还有“友人”要看，这个“友人”就是康生。毛泽东看过以后，对此书有评价，前面是些套话，大意是说：这本书不是马列主义辩证唯物的，但是我们理解，章士钊是老一辈人，世界观已经形成，不要求他再去改变了。重要的是这么几句话：“此书翻永贞政变之案，申二王八司马之冤，扬柳子厚以民为主的思想，斥韩退之以民为仇的谬论。确有新意，引人入胜。”毛主席这段话，我是在康生回复毛主席的信中看到的，这是康生引用毛主席的话：“此书承主席之评：翻永贞政变之案，……”后来中华书局写述评的时候，大概也吸收了这个意思。凡是《柳文指要》中提到的“友人”，就是毛泽东。毛泽东赞成的，他写上去，毛泽东不同意的，他也记上去，他们都是很直率的。我举一个例子，从中可以看到毛泽东的政治思想。《柳文指要》上面谈到柳宗元写的《箕子碑》，后来南宋末年的谢枋得很推崇这篇文章，认为这是唐朝最好的两个东西之一，都是表达一种“忍辱负重”的思想。另外是杜牧过和州乌江亭所作的诗：“胜败兵家不可期，包羞忍耻是男儿。江东子弟多豪俊，卷土重来未可知。”毛泽东特别欣赏，章士钊就写道："有友见此记载，于小杜诗大为嗟赏。"并赋诗纪此事："柳州箕庙杜乌江，志大男儿总不降。两字叠山牢记取，人争隐忍定兴邦。""公孙落魄叟回肠，破庙题篇事可伤。一入有心人眼底，化为天地大文章。"

中华书局原来排过《柳文指要》，是小字排的，但始终不敢印。上面让出，中华不知真实意图，能拖就拖。直到"文化大革命"后期，方才出版，当时印了一万部。毛泽东把出版《柳文指要》的事交给周恩来，周恩来指示用大字印出，周恩来的意思是：看这个书的人，都是年纪大的人，小字看不清。出版之前，章士钊写了一封信给周恩来，说此书能出版非常高兴，但需要从干校调一个人回来，帮助他校订。他要调的人就是我。那时我们都在各地干校，包括俞平伯、钱锺书、余冠英、吕叔湘等等，留在北京的是极少数。承办此事的秘书叫吴庆彤，就打了一个电话到哲学社会科学学部，当时还没有中国社会科学院，说要把卞孝萱从河南干校调回，去章士钊先生家里报到。解放军、工宣队不知道我，就问人，巧了，一问就正好问到我妻子，她是机要打字员，她说"卞孝萱就是我爱人"。于是打电话到干校，叫我赶快回来，帮助搞《柳文指要》。头天晚上接到电话，第二天行李一捆，独自一个人回到北京，立即赶到章士钊家。章士钊又写第二封信给周恩来，说卞孝萱已经从干校调回，《柳文指要》出版，"指日可待"。送一件校样来，我就马上看，看好之后，发现什么地方有错字或其他问题，就提出来。要改动的话，必须有章士钊在旁边盖的一个图章，不能随便改。他交待得很清楚：观点方面你不要动，由我负责；你就负责校勘。

书搞好快要出版了，章士钊给周恩来写了第三封信，报告书已成功，稿子已交；并说我在他身边工作，表现很好。主要是这样一句话：在青年学者中，卞是独一无二的人才，再回干校太可惜。由此，我就没回干校，留在了北京。当然在家里也没有事，但是可以做学问了。他比我大四十三岁，我和他也是非亲非故，他为什么对我这么好呢？这是因为过去的前辈老人很重视人才，好提携后进，这是非常可贵的传统。范文澜对我这样，章士钊对我这样，匡亚明对我也是这样。

我结认章士钊的原因很简单。章士钊因为年纪大了，不能出去，他要查什么资料，就叫他的秘书王益知到北京图书馆或者科学院图书馆去查。科学院图书馆就在历史所办公室旁边，我经常在图书馆看到王益知，很多朋友都是在图书馆认识的。王益知是报馆出身，不是搞学问的，一般性的查资料没有问题，但深入的工作就不太胜任，我们经常在图书馆见面，因此他有时候就问问我，我也就告诉他如何如何。王益知这个人品德很好，回去以后就如实地告诉章士钊，章士钊就把我找到他家里去，由此和他认识，这个时候他的《柳文指要》已经写很多了。

章士钊让我专门为他找诗方面的材料，因为尽管过去的人古典文学都是很好的，但章士钊的特色是逻辑，他是从逻辑的角度来研究柳文，所以并不熟悉柳宗元的诗。这种“熟悉”不是指表面的东西，而是指深入的方面，因此他就委托我来搞。好的发现，他就引用到书中去，其中三件事情，他评价甚高。第一个，大家都知道，柳宗元他们的革新是内反宦官、外反方镇，后来就是宦官、方镇联合起来把他们搞下去了。但对此不能泛泛而谈，必须要有更多的特别是新的切实材料，我就从《册府元龟》发现了一条材料。当时的《册府元龟》并没有影印出来，卷帙巨大，又分成好多册，查找起来是极为困难的。这条材料就是：二王八司马一上台，就停了十九个宦官的俸钱，换成今天的话说就是停发工资了。宦官当时的权势已经很了不得了，将相大臣都要看他们的脸色，一次就停了十九人的俸钱，肯定是对宦官很大的打击。这在韩愈《顺宗实录》中都没有记载，所以《册府元龟》中有很多好东西。第二个，唐宪宗为宦官所杀，唐朝有篇小说《辛公平上仙》，陈寅恪认为就是影射此事。而我经过考证，认为此篇小说影射的是顺宗而不是宪宗。《辛公平上仙》的作者李复言就是李谅，是王叔文集团的一个小成员，二王八司马贬后一年，李谅才遭贬，当时的罪名就是“交友不慎”；同时在柳宗元集中有一篇《为王户部荐李谅表》，其中就提到要任用李谅。我把这些联系在一起，同时考证出李是什么人。这一点同时得到王芸生的肯定，王芸生是《大公报》社长，当时王为报社同仁讲韩柳文，因此对韩、柳关系也就很感兴趣，到章士钊家请教，章士钊就叫他去找我。王芸生此人有很多可贵的地方，我和他原不相识，当时我也不过只是社会科学院的一个普通研究人员，而他是全国政协常委、社会知名人士，但每次我去，他都站在楼梯口迎我。王芸生后来写了篇文章《韩愈与柳宗元》，在《新建设》上发表，有个附记，他说这篇文章写成这个样子，有四人看过，章士钊、卞孝萱、吴晗、郭沫若。那三个人是多大的大家？但关于他们各只有一句话，而关于我却写了一大段话。第三个，顺宗退位，大家都认为宦官方镇内外勾结强迫所致，至于宦官如何联系当时剑南西川、荆南、河东三方镇上表请皇太子监国，没有证据，而我则提供给章士钊一些材料和观点。怎么发现的呢？墓志铭能够证史，我在《金石萃编》中发现一通宦官的墓志，这个宦官是山西监军使。唐朝地方上的道都有一个监军使，皇帝不放心道节度使，派一个宦官来监军。当时山西最高的军政长官也就是节度使是严绶。墓志铭上说宪宗即位，为了表彰这位宦官的“殊勋”，将他擢升。严绶是上表请顺宗退位、宪宗即位的三个方镇之一，史书上评价严绶，政事多出于监军，“但拱手而已”。严绶政事一出于监军，而墓志上说这位监军于宪宗践祚，立有“殊勋”。宪宗做皇帝，他一个山西的宦官有何“殊勋”？显然严绶的上表就是他搞的。这就证明宦官与方镇的勾结。章士钊为此专门写了篇《二恨潜通史迹》，说我是用逻辑上的“钢叉证法”，“百不失一”，“孝萱既能从联锁中获得良证，而吾于子厚所云外连强暴之一大疑团，立为销蚀无余，诚不谓非一大快事”。这三件事把永贞革新的许多大问题都解决了，章士钊给予很高的评价。

章士钊第三个《指要》，是《论衡指要》。《论衡指要》的写作差不多是和《柳文指要》同时进行的，后来没有做下去。原本是打算《柳文指要》做好后，就继续做《论衡指要》，他也和我说好了，让我继续帮助他，可是不久他就在香港去世了。外间不知道，以为章士钊有成稿，其实并没有。不过，章士钊的《论衡指要》虽然没有成功，但以前一些阶段性成果，比如发表在《甲寅》杂志上的一些，都已经为人所引用，如刘盼遂的《论衡集解》，当然还有其他人。最近我写了一篇文章，专门谈此事。

改革开放以后，出版了《章士钊全集》。此书编者并不很用心，比如章士钊关于《论衡》的一些段性成果，一概失收。章士钊晚年写给别人的很多诗作，也基本未收，编者并没有广泛征求，仅是匆忙成书。我准备将来补一下，但现在暂时还不能做。

《柳文指要》的重点，不在解释柳宗元文章的艺术性，而是在解释文章的思想性。比如说大家都知道的《永州八记》，柳宗元很出名的文章，章士钊几句话就过去了。人们不太知道的，有政治含义的文章，他解释得很详细：柳宗元为什么这么写，当时有什么用意等等。二王八司马都被贬后，政治压力很大，所谓“永不叙用”，“重逢量移，不在恩赦之限”，因为宪宗最恨他们。柳宗元这个人和刘禹锡不同，尽管他们是很好的朋友，刘禹锡比较旷达，随遇而安；柳宗元对此则一直是抹不开，等于是说他认为自己做了一件好事，为什么还受到不公平的待遇？所以柳宗元四十多岁就去世了，非常可惜。他被贬的时候身体已经很虚弱，他得的病我已考出，我从医书“柳柳州救三死方”中考出他得的是脚气病，是维生素缺乏症。柳宗元晚年都住在佛寺中，倾向佛教，这是不能责备的，他这是寻求一种精神上的寄托。柳宗元有一桩事情做得好，刘禹锡不如他，柳宗元一直承认自己“罪状”最重，承认与王叔文关系最好，认为王叔文以利国安民为职志并没有错。他始终没有违背他的初衷，从未说过诸如交友不慎等违心的话。相反，刘禹锡就有过类似的言论，实际上说这些违心话也没有用，皇帝是不会听的。所以在这一点上，柳宗元是很了不起的。一般人在不利的情况下都退避唯恐不及，但柳宗元不是这样，他在贬所还和韩愈争论天人关系，公开表示不同意见，可以说是一个一心为道并且殉道的人。柳宗元被贬后就没有再结婚。顺便说一下，唐朝士人结婚，一定要娶高门大姓；娶不到高门大姓，情愿不娶。元稹的岳父叫韦夏卿，做的官很大，京兆尹，后来又做东都留守，他的夫人是当时大官裴皋的女儿，夫人死后韦就没有再娶，只有一个身份很低的类似于妾的女人照料生活，元稹的妻子韦丛就是这个女子带大的。柳宗元第一个妻子是杨家的女儿，杨家是大族，他的岳父叫杨平，也做过京兆尹。他的这位夫人身体有些毛病，大概是腿脚残疾，但是他们夫妻感情很好，所以杨夫人死后他就没有再娶。柳宗元的儿女，都是其侍妾所出。所以陈寅恪先生说，衡量唐士大夫有两点：一是“婚”，二是“宦”。“婚”就是要娶五姓女，娶不到五姓女，即使做到宰相也是很遗憾的。所以元稹要抛弃崔莺莺，跟韦家结亲。“宦”就是要做清流官，不能做浊官，比如秘书校书郎，元稹、白居易都做过，这种官不大，但却是清官；如果做个收税的官，就是浊官，永远也做不上去了。我讲这些的意思，主要是说章士钊重在强调柳文的思想性。

章士钊也涉及柳文的艺术性，主要强调两点。一是洁。“洁”是中国古文最高的境界，“洁”有两个含义：意洁、文洁。所以他专门写了一段《古文贵洁》，《人民画报》专门把这篇文字的手稿印出来。这是他比较得意的，

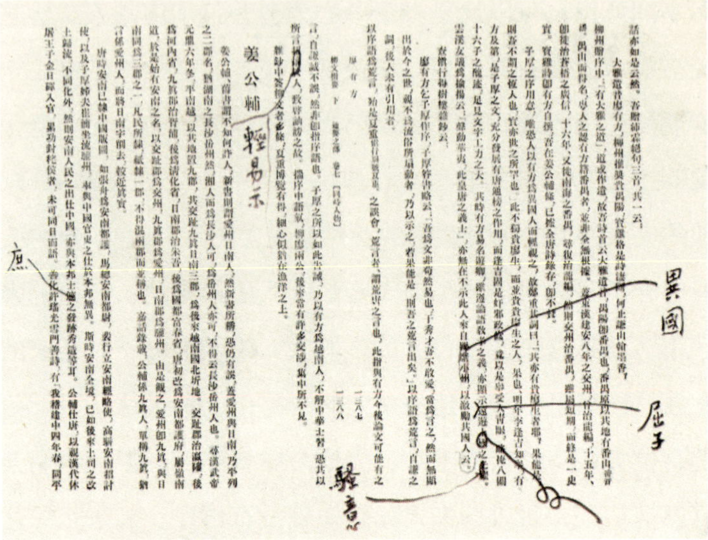

《柳文指要》校样

他认为柳文的“洁”是得到司马子长的长处。二是讲究虚字。他认为韩愈评柳宗元文“雄深雅健似司马子长”，所谓“雅”，就是助字用得好。助字用得不好，就谈不上“雅”。另外，章士钊论文主张画龙点睛，文章最后要点出立意，比如柳文《三戒》，都是最后一句话作结，有画龙点睛之妙。

鲁迅为什么恨章士钊呢，主要有两个原因。第一个原因是思想倾向方面的；第二个原因是章士钊当时为教育总长，鲁迅只是一个签事，因为鲁迅参与五四运动，所以章士钊就免了他的职。对学生镇压，并不是章士钊下的命令，但相对于鲁迅来说，章士钊是个思想守旧的人是不错的。

不过，我们不能因为凡被鲁迅骂过的，就是一无所取的人。

章士钊如果最后不去香港，很可能不会死。香港这个地方的气候并不好，闷潮、湿度很大，他一到香港就感冒，发高烧，在北京的时候条件好，生病都住最好的北京医院，在香港条件就比较差一些。

《柳文指要》出版上市推迟了一个月，因为发生林彪事件。

章士钊题赠

孝萱老棣指疵。此书出版荷君襄校之力，至为感谢。

章士钊敬赠

一九七一年十月廿六日

《柳文指要》出版后，共送来一百部。章士钊因年纪较大，每天只题两部赠人，首先是毛泽东、朱德等，还包括郭沫若、宋庆龄，第一轮都是领导。当中还有一个趣事，送朱德的书题错了一个字，把人大常委会委员长写成了副委员长，因此这部书也就作废了。题完了后，用红带子扎好，由秘书送去。题到最后就开始送学界，他就找我去，说要送一部给朱光潜，朱光潜是章士钊的老朋友。又问我北大研究古典文学哪一位最有名，我说据我所知，北大古典文学方面游国恩最有名，他是当时北京大学中文系古代文学教研室的主任，字泽承。章士钊就送了一部。他很慎重，事后还问他女婿洪钧彦，问他晓不晓得游国恩，是否有名。洪回答说知道，是很出名。两部书都是托我送去的，两人当然很高兴，那个时候根本也没有什么书可看。

金毓黻

金毓黻是辽阳人，生长在农村，父亲是一个私塾教师，所以他小的时候，受的是私塾教育。读书到十六岁，因为家里穷，就学做买卖。做了几年，兴趣不在买卖上面，又转而读书，读小学、中学，二十七岁才考取北大，这个年龄已经相当大了，一般人二十几岁大学已经毕业。金毓黻二十八岁时，黄侃到北大任教，成为他一生中最重要的一个人。他与黄侃的关系，比和范文澜的关系还要好，因为范文澜是一个学者类型的人，早年的四部著作都是学术类型，会做诗但他不做。金毓黻就今天来看当然也是个学者，但是他喜欢做诗写文，所以跟黄侃在性情上更相近。黄侃实际上是一位文人兼学者型的人，诗文都很好。

从北大毕业，金毓黻已经三十出头，先是在银号里做事。过去搞金融业的有三个等次，最低的叫钱庄，比钱庄高的是银号，这两种是传统旧式的，以后西洋的形式来了就是银行，银行最高。银行一起来，钱庄、银号就逐步消亡了。北大毕业去银号做事并不稀奇，范文澜刚毕业也在上海的实业银行里做事，那个时候在学校里找工作更不容易，太小的学校不行，大学里总共才几个教授，不像今天一大串人。而银行当时是铁饭碗，待遇非常好，最近我在研究钱锺书，他有一个朋友叫王辛笛，清华大学毕业，英国留学生，回来做银行。那时候钱锺书在上海，很穷，就经常到他家吃饭。银行比较稳定，钱多，一年可以拿到十八个月的工资，所以过去银行里有很多学者。举个例子，搞秦汉史很有名的陈直，就是中国银行的文书。银行当然也很难进，但进银行并不需要很大的本事，最重要的就是这个人要可靠。

金毓黻在银号做职员的同时，也教书。后来又做官，在九一八事变之前，做到辽宁省政府秘书长兼教育厅长。金毓黻和范文澜是不同类型的人，他很会做官。九一八事变，没有逃得出去，被日本人关了起来。关了三个月，由当时的一个大汉奸臧某保了出来。金毓黻做辽宁省政府秘书长兼教育厅长时，这个姓臧的是张学良手下的辽宁省省长，日本人来了，做奉天省省长，成为汉奸。金毓黻被保出来，就在这个姓臧的手下做事，等于是伪职了，做了四年，但他没有干坏事。这是他一生的心病。

金毓黻做的是奉天省图书馆的副馆长，借此机会就开始修志书，修《东北通志》。到一九三五年一月份，姓臧的去日本拜见天皇，金毓黻随行，这事和金毓黻一生有重大关系。他毕竟是个学者，到了日本后大概交结了一些日本学界的人，开始有心逃亡。第二年四月份，金毓黻借口进行私人学术考察，去日本并住了几个月，终于找了一个机会，坐日本到上海的轮船，逃到上海。到上海之后，第一个找黄炎培，黄炎培把他推荐给蔡元培，蔡元培是当时国民党中央研究院的院长。黄炎培入同盟会，是蔡元培介绍的，那个时候蔡元培是同盟会在上海的主盟，蔡元培后来到别处去，主盟就交给黄炎培，所以他们的关系是很密切的。金毓黻由此从上海到南京见蔡元培，蔡元培联合傅斯年把他推荐到中央大学。到中央大学后认识了柳诒徵，柳诒徵对他也很好，这样金毓黻就在中央大学做上了教授，时间是一九三六年秋，同时做了行政院参议，一九三七年五月，做安徽省政府秘书长，然后就是抗日战争，他从安徽到重庆，又做中央大学教授，兼当时在三台的东北大学教授、文学院长。冯沅君到东北大学，就是金毓黻请她去的。抗战胜利之后，做监察院的监察委员，同时还在中央大学任教。另外还代表教育部去东北接收，在东北也做了一阵子博物馆馆长之类。民国期间最后，他是国史馆的纂修。国史馆设在南京，馆长是国民党元老张继张溥泉，同时国史馆在北京设了一个办事处，金毓黻是主任。中华人民共和国成立之后，国民党的国史馆北平办事处被撤销，并入北大，在北大成立了一个近代史的研究机构，由金毓黻负责。后来这一部分又并入近代史所，所以金毓黻这样才到的近代史所。

金毓黻自述，他先搞理学，由清陆陇其入手，上溯至宋濂洛关闽，转入朱熹。朱熹有《通鉴纲目》，遂由此转入史学。同时他又钦佩顾炎武，所以又搞小学。他的宗旨是一个人要通四学：理学、文学、小学、史学。金毓黻不大谈经，所以刘师培尽管也是他的老师，金毓黻却很少提到。他说所谓的国学，主要就是这四学。隐隐自负的是，他四门学问都懂，但无可讳言的是，他在哪一方面都没有达到最高峰。

金毓黻认为要以理学为基础，以理学为基础治史，则明晓是非，“交济其美”。他也讲究文学，做文章开始时相信桐城，后来转到《文选》《后汉书》，所以现在有的书讲他是桐城是不对的，因为他后来转了。黄侃也是这一路。范老跟我讲过，他也最崇拜《后汉书》，说自己一生最有得的就是《后汉书》。这事很奇怪，黄侃的几个学生都推崇《后汉书》，认为《后汉书》文字最美。最近我在看李详的文集，李详说汪中的骈文清代最好，这是没有疑问的，范老亲自给我讲过，说袁枚这些人怎么能和汪中比，汪中骈文乃清代最高。我有一次在博士答辩中提出这个问题，大家都认为是确论，结果答辩会不讲论文了，变成说汪中好、骂随园了。汪中骈文最高，不光是李详和我的老师这么讲，缪钺也这么讲。而李详断言，汪中正得力于《后汉书》。可惜，我没有很好地研究过《后汉书》，但《后汉书》确实值得重视。金毓黻诗也写得好，学过很多家，最后归宗于苏轼。字也不错，最喜欢的是米芾。

我怎么认识他的呢，这是个重点。金毓黻在民国时期，搞了一部书《民国碑传集》，是当时国史馆的公事之作，大家集体做的。此书没有出版，只是在国史馆馆刊上登载了目录，金毓黻另外作了篇序。我看到之后，很高兴。我搞的碑传集和他有所不同：一是我的重点是搞清朝末年的人，他的重点是搞民国的人；二是他着重在政治人物，我则注重在书画、印章、诗文、宗教、学术这些方面的人物。中华人民共和国成立初期，他在北京大学近代史研究所，于是我就写了封信给他，说我也搞这个东西，想向他请教，他很高兴，就叫我去了。这时候柳诒徵还未给我写信。当时见面的人，除金老和我外，还有一个人叫王会庵，桐城派大家王树枏的孙子，后来也成为同事。金毓黻在日记中写道，编《民国碑传集》，“然以是语人，喻者亦极少”，意思是没有人知道其价值。又说：“近忽靓卞君孝萱发心撰《广碑传集》……，卞君年二十许，于公余手自抄校，期于一年内完成此编，此诚一世之显凤也。于举世不为之日而斯人独留意及此，岂非豪杰之士哉！”这是当时他对我的评价。但见过面之后，事情却停下来了。当时这种事被认为是为封建阶级树碑立传，弄出来后是没有可能出版的。两个人的书都不能出版，后来联系也就不多了，但是他还记得我。这个时候柳诒徵给我来信了，在此之前，我在给金毓黻写信的同时也曾给柳诒徵去信，请他介绍一位在北京能够指导我的人。柳诒徵信中说他有一位老友，金君静庵，“留心斯事有年”，不知道你们见面没有，如果没有见面，你拿这封信去跟他谈，“当能一见如故”。但收到信时我已经和金毓黻认识了，所以当时并没有把信给他看。

一九五六年三月，金老对范老说，他岁数大了，很多东西未能完成，需要找一位助手帮他。范老叫他提名，他就提出了我。所以我刚去近代史所的时候是做他的助手，当时叫助理。那个时候我也开始写点文章了，整理出闵尔昌家的东西在《近代史史料》上发表，范老也知道我这个人，所以就同意了。我先在人民银行，后来到中国民主建国会做黄炎培的秘书，近代史所就准备从民主建国会把我调去。民主建国会不放，纠葛了很长一段时间。到一九五六年七月，我写了篇文章《试论吴越国王钱镠的保境安民政策》。原来我都是写一些辛亥革命前后的史料性文章，很杂，从这时开始我转而研究五代。文章一万多字，一直到今天都没发表。当时我把这篇文章送给金先生看，他看了后很欣赏，在日记中说"颇能极运用史料之能事，不愧为新生力量之一，其长于写作，殊超出我所估计之外"。过去他认识我是因为编碑传集，此时他知道我在古代史方面也有些基础，所以调我去的心就格外强烈了。一直到现在，我对金老都是很感谢的，因为当时民主建国会就是不放，他们这边都是书呆子，而那边都是搞政治的，黄炎培表面上支持，但实际上反对，他说卞君我们也很敬重，你们要调，不是我一个人说了算的。而我的理由就是当时有号召，知识分子要归口，我搞历史，也已经有成果，而在这边的工作别人可以代替。从三月份开始调，到八月份才去。

那时候金毓黻在搞《中国地震资料年表》。因为全国要进行大规模的建设，担心地震，所以要测地震的力度，哪些地方是地震中心，哪些是地震边缘。这事由竺可桢总负责，范文澜则主要承担把中国地方志上关于地震的资料全部弄出来。范老不会亲自去做，就交给金毓黻，于是金毓黻带着手下一批人，天天看方志。我去的时候，基本上已经到尾声阶段了，所以我只是帮助校对。这个东西不能有错字，因为要根据这些资料，再加上现代科学的分析，最后制出一张表。金毓黻在日记中记道：“因有卞君孝萱为助，故进行甚迅速。”并在致黄炎培的信中说：“兹以卞君到所工作，将近一旬，其为公私之助，所裨甚大，感泐之忱，非可言喻。”

一九五六年八月，金老写了篇《北京古名简释》，其中引了白居易《长恨歌》“渔阳鼙鼓动地来，惊破霓裳羽衣曲”，认为渔阳就是范阳。而胡三省的《通鉴》注比白居易的诗更有权威性，他却没有引，我就告诉了他，他在日记中说：“现经卞君孝萱为我检出。”

我八月份到近代史所，十一月份，才把1950到1951年间柳诒徵给我的信交给他看。他在日记中感慨道：“可谓精神相通，无间千里。”当时金毓黻在北京，柳诒徵在上海。中华人民共和国成立初期，很多古书、古董流出，柳诒徵和谢稚柳、徐森玉在上海文物保护委员会，对抢救图书文物做出了很大的贡献。

金毓黻写书、写文章，常和我交流。他写了篇《唐代寺院经济》，和我谈过之后，当日写道：“立将困难一举而清之，可谓快事。”一九五六年十二月，金毓黻在日记中又记：“自下君来所助余研史，极为得力，其头脑清楚，随时随地能抓住主要之点，此为青年中不可多得之才，故余极重之也。”有一些小事，我也替他做，他的一方“辽阳金毓黻校读之书”印，是我找杭州韩登安刻的。连石头、寄费，才花六块钱。当时没有人去找他们刻章，治印的都很穷。韩登安治印非常有名。

一九五七年七月七日，我和金毓黻两人一起去冒舒湮宿舍拜访冒广生，这是冒广生被毛主席接见的前夕。

到一九五七年十月，我帮他做了件大事，校对《中国史学史》，改正了一些错误。十一月，他生重病，范老去看他，他请范老把《中国史学史》二校转交给我，托我校订。他本来想在《中国史学史》上写我的名字，我辞谢了。

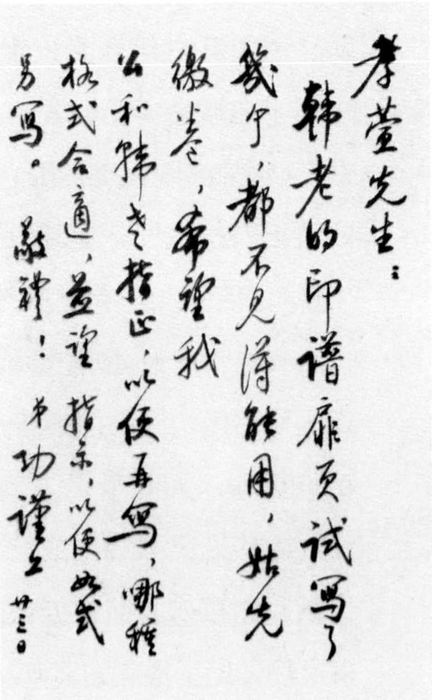
孝莹先生：
韩老的印谱扉页试写了几个，都不见得能用，姑先缴卷，希望我公和韩老指正，以便再写，哪种格式合适，并望指示，以便如式另写。
敬礼！
弟功谨上 廿三日

启功信

此后不久，整风反右开始，他写了遗言，自杀，但没有死掉。金毓黻一生有两个心病，最大的心病是在伪满做过四年。在我们今天看来，这完全是能够谅解的，而且他后来冒着很大的危险弃暗投明。但当时不是这样，那时候连有个亲戚朋友在台湾都说不清楚，更何况这种事情！第二个心病，对此他自己一再地检查，就是一方面做官，一方面做学问，不是像其他人一样一直是做教授，而且他做官又做的很大，做过辽宁省政府秘书长、安徽省政府秘书长，做过监察委员。触发点是荣孟源，荣孟源搞近代史，是从延安来的，被打成右派，金毓黻与荣孟源比较接近，关系也好，大家在批荣孟源的时候就捎带上了金毓黻。本来反右什么的和金毓黻关系不大，他老先生一个，既没有大鸣也没有大放，但就是因为他和荣孟源关系接近，批判场合中就涉及到他。提起旧事，金毓黻心里极难过，所以吃安眠药自杀。被发现后送到医院，差点死掉，我在医院陪了很多晚上，他昏迷了很长时间，后来慢慢才救活。此事官方不好对外明说，只是说“服安眠药过量”。读他的遗嘱，就知道他为什么自杀了，遗嘱中说：“我在中年时，不幸遭遇一九三一年‘九一八’事变，当时以受日寇拘囚威胁，不能以死自矢，平生引为憾事。经过四年，走许多弯路，逃回祖国。”其中最主要的就是“不能以死自矢”这句话，他和我说过，古人慷慨以死，他未能做到。实际上，他当时没有必要去死。遗嘱中还有一条：

“范老命我助理修订《中国通史简编》，未能完成任务，使我十分抱歉”，“孝萱同志年力富强，头脑甚好，定能完成助理任务，望范老时时指示裁成之。”本来是他做范老唐代方面的助手，结果就变成了我，他的推荐是非常关键的。遗嘱最后，他要求树一个墓碑，墓碑正面，题“中国史学工作者金毓黻埋骨处”，背面是铭辞：“嗜书如命，生死书丛。殚力文史，劳而少功。年逾七秩，讵非考终。委心安卧，长在梦中。呜呼！果吾之精神不灭兮，又何恤乎骸骨永闷于幽宫。”又“请卞君孝萱为我书石刻之”。当时他是预草遗嘱，“只求速死”，结果却没有死成，遗嘱上的交代也就没有办成。他实际上是到 1962 年才去世的，据说是又服了一次安眠药。

金毓黻的学问很好。老实讲，现在搞历史的人，像他这样还有那么好的文学修养，是没有的。他最有成就的有几个，最大的是东北史，大家公认他是中国东北史研究的奠基者。东北的文人比较少，内地人往往也不去研究东北史，而他是东北人，有乡情，同时他又有个愤慨，日本人研究东北史比较好，我们反而不如日本人，所以他一生主要研究东北史，做了《东北通史》，印了《辽海丛书》《渤海国志长编》，另外还有其他一些东西。大家都说金毓黻、于省吾、高亨是东北三大才子，实际上高亨算是他的后辈，于省吾原来是张作霖手下管税务的一个官，后来张学良办书院，于省吾

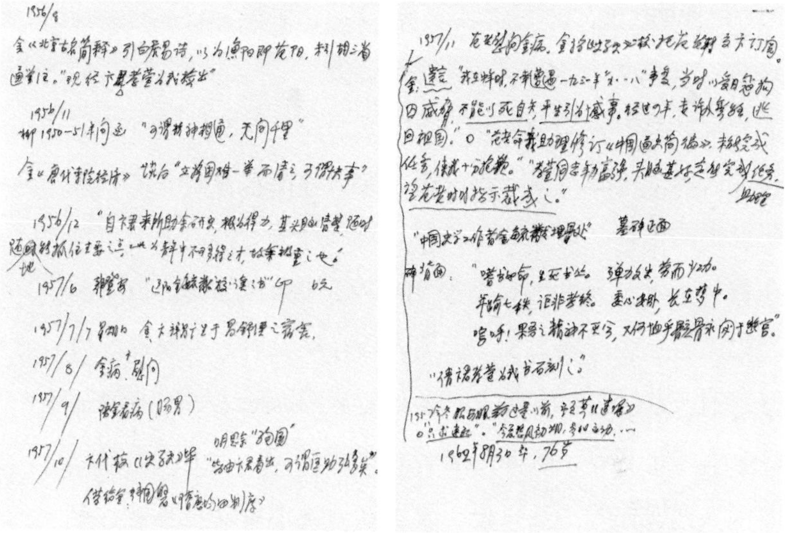

卞孝萱手录金毓黻《静晤室日记》部分

被命为提调，由此转向做学问。金毓黻由于研究东北史，又衍生到辽金史，陈垣请他去辅仁大学教书，教的就是宋辽金史，所以后来他有一本书《宋辽金史》，是当时国民党的部定大学用书，他的《中国史学史》也是部定大学用书。他提倡“三勤”：一是眼勤，要多看书；一是手勤，要多写；一是脚勤，要去田野考古。他还认为，做学问先要看《通鉴》，所以我治唐史入门，就先看《通鉴》，一页一页地看。我觉得唐史入门就两部书，一是《通鉴》，一是《全唐诗》《文》。《全唐诗》《文》我也是逐页通读，都做有卡片。

遗憾的是，我跟他的时间太短，大约只是一年多一些。

匡亚明

关于匡老，我只谈几件小事。

我怎么知道匡老的呢？我曾经到吉林大学去主持六个研究生的答辩，其中有王步高、萧瑞峰等。因为答辩，就在吉林大学住了几天，看看老朋友，他们都讲匡校长好。当时匡老已经到南大了，一个人还在单位时，大家都说他好，不一定就说明他真好；这个人走了以后，大家说他好，这个人才是真好。就像范老曾经跟我讲的，一个人活着的时候人家说你好不是真好，死了之后说你好才是真好。吉林大学的朋友，包括金景芳、于省吾、罗继祖，他们都举例说，匡老在吉大做校长、书记的时候，在路上见到他拖住他讲事情，他都注意听取并马上去办。匡老对知识分子是特别的好，对行政干部倒不怎么样。当时我还不知道我能到南京大学来，但对匡老已经了一个非常好的印象。

我快要调到南大来的时候，当时还有江苏教育学院、南京师范学院两家争着要。在这种情况下，我就不知道究竟到哪里去好了。南大方面说，你先住到我们这里来，于是我就住到西八舍，就是今天的女生宿舍，饭就在食堂里吃，白天到以前的中文系小楼上看书，要看什么随便看。这段时间还比较长。有一天晚上，忽然广播大作，南大学生自发出来游行，原来是因种种原因，匡老的书记职务不做了，南大学生拥护匡老，表示反对。这给了我第二个印象，匡老这个人受到学生如此爱戴，确实德高望重，了不起。

我与匡老的第三个因缘，匡老夫人丁莹如教授，她的哥哥丁原英，跟我在北京是同事，一起在范老主持的历史所工作。丁家也是一个世家，是清朝一个殉国将领的后人。当然这件事我并没有和匡老夫妇说过。

匡老后来修订《孔子评传》，写孔子必然牵涉到孔子的时代背景，孔子倒底处于什么时代？当时学界有两大流派，一以范文澜为首，一以郭沫若为首。范老的说法是：西周是领主封建制，春秋是地主封建制；郭沫若的说法是：西周是奴隶制，春秋是奴隶制向封建制过渡的时期。两个说法不同，而且相互有争论，但当时的教科书一概采用郭沫若说。而匡老则是经过研究，最后采用范文澜说。这说明匡老不是一般的所谓的在学术上势利的人。

我除了撰写《刘禹锡评传》《韩愈评传》以外，还替匡老《中国思想家评传丛书》审一些稿。每个审稿人都要和他对谈，或者书面汇报，他要同意签了字后才能印。其中审到《拓跋宏评传》，我请我的博士胡阿祥帮忙，一次带胡阿祥到他家里去向他汇报审稿意见，一进门我就向他介绍胡阿祥，匡老马上说："阿祥，这是个南方人的名字。"此事我记得非常清楚。谈到最后，他就说了几句话："外国有外国的思想家，例如马克思；中国有中国的思想家，例如孔子。汉族有汉族的思想家，例如孔子；少数民族有少数民族的思想家，例如拓跋宏。”并对拓跋宏有精到的评价，我很赞成他的观点。拓跋宏自觉地汉化，向汉文化靠拢，确实是很了不得的。

二、旧家往事

济阴开宗

从正史来看，卞家在二十四史中有传的不只一家两家，但最辉煌的有两个时期：一个是东晋，一个是清朝末年。东晋怎么回事呢，中国原来的士族都是北方的，卞家本来是山东济阴人，济阴就是今天山东菏泽一带。卞氏当时出名的人叫卞粹，字玄仁，卞粹弟兄六人，号称“卞氏六龙”，正史上说“同登宰府”，“宰府”不一定是做到宰相了，但等于今天都在国务院里做官，所以很有名。卞粹是其中最著名的一个，“卞氏六龙，玄仁无双”，这还是

卞壶墓碑

西晋时候的事。后来“五胡乱华”，晋室东渡，卞粹的儿子叫卞壸，卞粹做到西晋的中书令，卞壸在东晋做到尚书令。当时盛行清谈，柳诒徵著《中国文化史》，说东晋不清谈而做实事的人只有两个：一个是陶侃，陶渊明的祖上；一个就是卞壸。卞壸后来死于内乱，苏峻之乱，当时他是带病出战，结果战死。陈寅恪说得好，科举制之前的人都是文武不分、能文能武的，比如王羲之的官是将军。后来到唐朝兴进士科，所以就分化了。陈寅恪看问题是很有道理的，当然具体到每一个人情况会有不同。到清朝，文人连骑马都不会了，唐朝的文人甚至皇帝都会骑马的，后来比如说清朝的光绪，不要说骑马了，连路都难走了。

卞壸为平内乱而死，所以谥号为“忠贞”。他的两个儿子一同战死，夫人、女儿也自尽，就剩下两个小孙子，由他家族抚养，这才传下来。卞壸的墓在南京朝天宫，今天还剩了个墓碑。

今天所有姓卞的，不管哪一支，都奉卞壸为始祖。后来天津卞氏与扬州卞氏合谱，就请卢弼作序，为什么请卢慎之作序呢，因为天津卞家和扬州卞家都有一个代表，天津卞家的代表与卢慎之的侄子都是严修的女婿。严修是清末的学部侍郎，南开大学创办人。卢慎之的序自认聪明，批评姓卞的，说你们为什么不拿卞粹作始祖，而要以卞壸为始祖呢？卞粹是“卞氏六龙，玄仁无双”啊?！意思是他要和卞家后人商榷，为什么不以一世无双的卞粹为始祖，好像是我们没有学问，数典忘祖了。实际上他这是故作聪明了，卞家是有个前提的，卞壶在我们是“南迁始祖”，因为北方比如山东菏泽等地都还有姓卞的，如果奉卞粹作始祖，那还有更高的始祖呢！难道我们会连卞壶的父亲卞粹都不知道吗?！所以他这话是不对的，我是要驳他的。

王伊同的《五朝门第》也谈到卞壶，卞氏当时是士族，但我要说的是卞氏并不是一等士族，而是二等士族，一等士族是王、谢。卞壶的特点是做实事，不尚清谈，所以后来平乱就靠陶侃和卞壶两个人。卞壶死后，陶侃从江西带兵来，平定了内乱。卞壶是个牺牲者，陶侃则是个成功者。所以说，柳诒徵是很有眼光的。

卞家的本支就在南京。所以你看，别的大学很少有姓卞的，而我们南京大学几乎每年都会有姓卞的学生，就是因为姓卞的大宗在南京。后来逐步又分，南京这支主要分成两支，一支在扬州，一支在常州。扬州这一支又逐步朝北方推，徐州也有，连云港也有；常州这一支呢，则推至江阴等地，一直到浙江、台湾。所以最后形成三支：南京、扬州、常州。江阴这支本来不出名，现在因为出了很多人，修了一部很好的家谱。常州一支本来也不出名，后来清朝时常州卞家有个人在天津做了一名武官，因此在天津落户，所以天津卞氏是由常州迁去的。落户以后，其后人在天津经商，成为天津八大家也就是八个大商号之一，慢慢就出名了，严修的女婿卞肇新就是其一，他是出国留过学的。过去地主有钱，就使子女赴科举，后来资本家有钱，则送子女留洋。严修以兴学出名，做到学部侍郎，后来不做官了，就在天津办教育。卞肇新做了严修的女婿，身份就高了，商人必须和做官的结合，才能进一步抬高身份，后来做到天津中央银行行长，他是民国时期“常州—天津”一支最出色的代表人物。扬州一支在民国期间最出色的代表，就是“两世开府”的后人，卞寿孙，字白眉，做到天津中国银行经理和天津银行工会的会长。他是到美国留学的，后来成为李鸿章的孙女婿，先是在大孚银行，后来到中国银行。这两家后来就搞合谱，合谱就是两支一同往上推，推到共同始祖。

仪征卞氏

扬州卞家，住在扬州，但籍贯是仪征。这是什么道理呢，清朝科举是有名额的，比如讲秀才，每个县都有名额，大县多少，小县多少。因为大县人才多，竞争就厉害，小县人才少，相对就容易。扬州这个地方人文发达，所以好多人籍贯是仪征，家是住在扬州，阮元就是这样，我们卞家也是这样。还有一个现在很有名的人，厉以宁，他们厉家也是这样。厉家也是从清朝发家的，成为仪征最大的两个家族之一。我曾写过一篇文章，就是根据厉家的家谱谈他们的家族历史。仪征距扬州很近，县城小得不得了，有个笑话：仪征官衙门里打板子，四个城门都能听到。但仪征很有名，宋代是真州，主要就是盐的关系。

以前考秀才有一关，叫“廪保”，就是有一个人是廪生，秀才中资格比较老的人，就做廪保，为考秀才的人做担保。过去我家有个邻居，姓方，祖上就是做廪保的，签字为“书生有权”，不要看你是宰相了，但最初是我保你的，再发达，还要认这个帐。这个都是我亲眼看到的。这个姓方的孙子和我家是邻居，他就给我们讲他的爷爷做廪保，有收入，我的姑父中秀才，廪保也是他。他家有个本子，从清朝头一科一直到最后，所有仪征秀才的名字都在上面。这是他们家传下来的，作查考之用。我小时候都看过，我发现这个上面哪几个姓最多呢，是姓卞的、姓厉的、姓方的，每年都有，说明这几家仪征籍人，读书人比较多。阮家的并不多，因为阮元的父亲还是军功。

我为什么说这个事情呢，我是说明原来卞家尽管出了很多秀才、举人，也就是做做小官而已，始终没有人能做到大官。卞家第一个得法的是卞荣贤，后来中科举之后改名为士云，我的曾祖叫卞冠贤，与卞荣贤是同辈，宗缘关系很近。卞士云（荣贤）的父亲并没有做官，也没有功名，死得也早，卞士云早年就丧父，后来在庙里读书。过去人家里穷，晚上读书点不起灯，庙里有灯，所以就去庙里读书。他的母亲在一个冬天祷告上天，说自己守寡，就这么一个儿子，不知是做生意好，还是读书好，如果读书能够成功呢，庭中的一棵石榴树就开花，证明给她看。结果石榴树真的就在冬天开花了，开了两朵，成为卞家“两世开府”的瑞兆。此事不知真假如何，但一直就这么传下来。扬州最后一个做桐城文的陈懋森，我小时候就是跟他学的，有诗咏此事，并注曰：“忠丞幼孤，以家贫，将辍学。太夫人指庭前榴树祝之曰：儿如读书成名，榴当花。时隆冬风雪，是日，竟发二花，遂为两世开府之兆。”沈曾植、陈三立都有诗咏此事。钱仲联注沈曾植诗，专门来访我，并在诗注中引了我一段话，讲这件事情。其实很多书上有，不过当时钱仲联不知道。

卞士云两江举人第一，后考取进士，入翰林，最后做到浙江巡抚。卞士云最不容易，他完全是从孤寒中起来的。他的二儿子叫卞宝第，是举人，没有中进士，但是官做得更大，做到湖广总督、闽浙总督，《清史稿》有传，而且评价很高，卞士云反而没有传。正史有传是很不容易的。卞宝第的儿子就没能大得法了，三个儿子：卞绪昌、卞綍昌、卞绥昌，当然卞綍昌也很不错了。卞綍昌是张之洞的女婿，卞绥昌是黄侃的姐夫，卞绪昌的儿子卞寿孙是李鸿章的孙女婿。

所以外间提到姓卞的，首先问你是不是扬州的，因为卞氏三大支中，南京一支始终没有出名的人物；常州一支直到民国的时候才出了一个卞肇新，最大也不过做到中央银行行长，与卞宝第的清朝总督还差得很远了。只有扬州卞家，连续出了两个大人物，另外做道台、知府的也有一些。当时做到巡抚就可以称“开府”了，总督比巡抚更大，所以称卞士云、卞宝第父子为“两世开府”。因此只要是扬州卞家出去的，岁数大的人没有不知道的。我讲两件事：章士钊和我讲的第一句话，说：“卞宝第当湖南巡抚的时候，我还是个小孩子呢。”黄炎培和我讲的第一句话，说：“我有一个老朋友，卞白眉。”

但是民国后扬州的卞家，也寥落了。什么道理呢，我以前讲过，留在扬州的都是封建遗老式的人物，而出去的一些人都成为洋派，出国留学，或者搞科学，或者搞银行。

扬州一支的嫡系排行是：尊、宗、敬、祖、正、大、光、明，我的谱名是“卞敬堂”，是“敬”字辈，我的父亲叫卞宗礼，是“宗”字辈。我的祖父叫卞冠贤，他们是“贤”字辈，可能以前是另一种排行。现在有位音乐家卞祖善，是“祖”字辈，他是镇江卞氏，镇江卞氏属于扬州一支。常州卞氏，一般多往南。

扬州卞氏凭借“两世开府”，成为当地旺族。后来我家一房虽然已经衰落了，但凭着这个关系，认识好多当地的人，我由此得以从一些老辈学习，从而树立志向，这也是我治学的一个客观条件，治学是需要得到人的帮助的。

对我影响比较大的是族叔父卞綍昌。卞綍昌字经甫，号薇阁，晚号狷龛，是卞宝第的儿子，张之洞的女婿，在清朝做到日本横滨领事、湖北道员。清朝灭亡后他就无事可做了，没在民国做官，靠卖字画、收田租为生，家里是越来越萧条了，他这一房也没什么后人。我经常去见他，他也很喜欢我，我结婚时他送我一幅对联。他死于一九四六年的样子，死的时候我还曾去磕头、执孝。

卞寿孙（白眉）后来到上海做中国银行副总经理，我到上海去见他，是拿的卞宝书孙

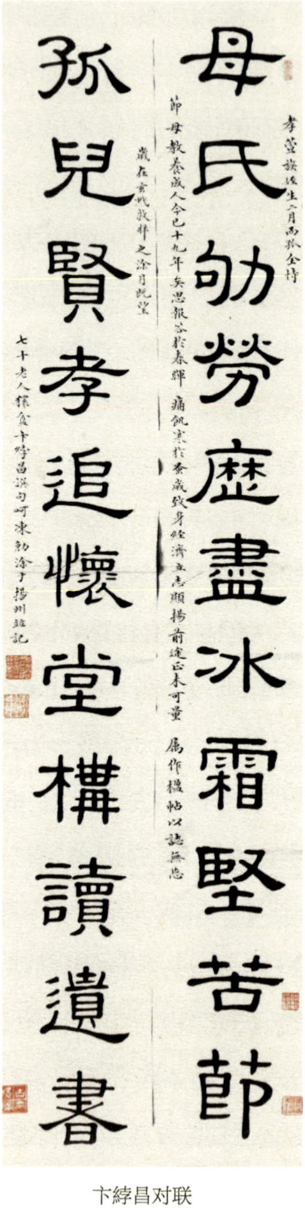

卞綍昌对联

子卞斌孙，也就是卞寿孙平辈堂兄弟的介绍信去的。那时卞綍昌已经去世了。卞寿孙是我们这一辈中年纪最大的，所以自称“白眉”，外间卞白眉的名声很大，天津专门拍过关于他的纪录片，认为他是中国培养的第一代银行家。我和卞寿孙他们出去的一些人并不很熟，最熟的还是留在扬州的卞綍昌等。

我们这一房的家业，全是曾祖卞冠贤挣起来的，我估计和卞士云也有一定的关系。我们家最多的时候有二十多处房产，在我懂事的时候，家里已经衰败得不得了，但还有三处房子，一处在旧城五巷，一处在旧城十巷，一处在运司街。我们家房子当时还是很气派的，门口两旁有门房，当中摆轿子，出门都坐轿子。运司街的房子是佃房，我读高中时就卖掉了，抗战期间不值钱，二百块。最大的一处房子现在已经变成某招待所了，抗战前因为穷要卖，值五千块银洋，这在那时已经不少了，但没有卖掉，因为民生凋蔽，没有人买。中华人民共和国成立后公私合营，全都没有了。

我小的时候听一些亲戚讲，当时镇江有个关，大概就等于后来的海关之类，每年都送银子给我们家。我当时对此也感到奇怪，后来想，可能是这么一种情况：我的曾祖也许在镇江的这个海关做过事，每年有俸钱，后来一直就挂着名，等于也是当时的一种陋习了，后来一直冒领这笔钱。到了民国时这笔钱没有了，因此我们家的生活就发生了问题，这是家里的一些老人和我们家的房客和我说的。

东北的卞家，和我们是两回事，他们是卞三元的后人，是旗人，可能是汉军旗。卞三元的儿子叫卞永誉，做到巡抚，清初与宋荦齐名，当时有诗称“一时难得两中丞”。当时巡抚都称中丞，因为巡抚兼御史中丞；总督则称尚书，因为总督兼兵部尚书。

附录一　蕲春黄氏与仪征卞氏的关系

在《黄侃日记》中，除了记载学术活动外，还记国事、家事。对国事的评论，反映出他的政治态度；对家事的叙述，反映出他的人生态度。这些都是研究黄侃的重要资料。在家事部分，除了记其父、生母、慈母外，以记“九姊”的最多，而且感情深挚，今择录八条如下：

《癸丑日记》七月廿二日（新八月廿三日，土曜）记：“晚至姊处，送彼四十寿礼百元。”

又七月廿五日（新八月廿六日，火曜）记：“九姊生日，以病未往。”

孝萱案：以上是1913年事。黄侃与九姊皆寓上海。此年黄侃二十八岁，九姊四十岁。黄侃所记九姊年岁、生日，与《卞氏族谱》相合，详见本文（二）所考。

《六祝斋日记》卷一民国十一年一月廿六日（辛酉十二月廿九日，木曜）记：“得九姊扬州书，云目疾略瘥，患气喘，身体消瘦。”

《感鞠庐日记》壬戌七月廿一日（西洋历九日十二号）附《母太夫人田氏事略》：“夫人所生四女：……季适扬子卞氏，皆有礼法。……卞氏姊守节，扶成嗣子，另为女宗，由夫人教也。”

孝萱案：以上是1922年事。黄侃居武昌，九姊居扬州。卞氏籍仪征（扬子）县而世居扬州府城（民国后废府，民间仍称扬州）。

《阅严辑全文日记》卷三戊辰六月三日庚申（七月十九日，礼拜四）记：“七日半过安庆，凭栏望迎江寺塔。十九年前省九姊于安徽巡警道署中，尝登此塔绝顶，据地趺坐久之。其时家国衰微，一身蓬转，思欲为浮屠以迁忧。然慈母在堂，义不得舍供养，遂浮沉世间，功业不建，天长丧乱，旧里难归。慈亲背违，忽已七载；九姊之没，未达再期。触感思亲，不禁凄叹已。”

《戊辰十一月日记》十日乙未（十二月廿一日，礼拜五）记：“燕侯甥自芜湖反上海，经此来省，相见悲戚……”

《戊辰十二月日记》十日乙丑（一月廿日，礼拜）记：“燕侯甥来自九江，谈竟日。此月十五日卞氏九姊葬，未能往送，甚怅恨也。二十日为其再期，日月逾迈，遂将祥祭，痛哉！燕侯夜去……又求九姊遗像。”

孝萱案：以上是1928年事。黄侃居南京，九姊逝世。九姊终年五十五岁，守节三十三年。详见本文（二）所考。

《己巳治事记》二月廿八日壬午（四月七日，礼拜）记：“午前十一点八分，亦陶举一女，……九姊字静仪，行为女师，冀此女能效法，爰名之曰念仪。”

孝萱案：以上是1929年事。黄侃居南京。

黄侃父黄云鹄（字翔云），嫡母吴氏，慈母田氏，生母周氏。黄静仪是田氏所生小女。吴氏、田氏所生子女合并计算，静仪排行第九，故黄称她为九姊。静仪夫死无子，守节，抚教嗣子成立。黄侃对九姊极为崇敬，尊为“女宗”、“女师”，希望自己的女儿能效法姑母而取名念仪。

请问湖北蕲春黄家怎样与江苏仪征（扬子）卞家联姻？九姊夫是什么样人？过继的外甥是什么样人？九姊与安徽巡警道有什么关系？读《黄侃日记》者虽多，无人能回答上述问题。黄焯《黄季刚先生年谱》中，称黄侃“孝友淳深”，而误“扬子卞氏”为扬州[1]，更不知卞氏具体情况，又避开1910年（清宣统二年）

① 据《清史稿》卷五八《地理志五·江苏·扬州府·扬子》：“明为仪真。雍正二年，改‘真’为‘征’。宣统元年，复曰扬子。”今案：因避胤禛嫌名，改“真”为“征”。又因避溥仪讳，改仪征为扬子。

黄侃过安庆，省九姊于安徽巡警道署一事不谈。殊不知事关黄、卞两家族。特撰此文，略作考论，供研究黄侃以及家族文化参考（临文不讳，族长姻长一律称名）。

一

咸丰、同治间，黄云鹄做京官时，有两位最知心的友人：许宗衡和卞宝第。宗衡字海秋，上元人，1811 年（嘉庆十六年）生。宝第字颂臣，号幼竹，又号娱园，仪征人，1826 年（道光六年）生。云鹄 1820 年（嘉庆二十五年）生。宗衡比云鹄长九岁，比宝第长十五岁。云鹄比宝第长六岁。宗衡虽是上元人，自云："余方髫龀，居金陵。年二十四，移家扬州。"[①] 又云："余居扬州二十年。"[②] 可见宝第从九岁至二十九岁期间，宗衡皆住扬州。无论在年龄上，还是在文章上，宗衡都是宝第的前辈。

在云鹄《实其文斋文钞》和宗衡《玉井山馆文略、文续、诗、诗余》中，除了与宝第唱和之什外，有两篇同时为宝第撰写的文章，今对照如下：

许宗衡《卞颂臣愚园觞月图记》："卞君来居，独以愚名。卞君不为巧宦，遂若拙工。斯园斯名，盖即柳子厚愚溪、愚谷之意也。……秦君谊亭因为作图，属同人赋诗，而余为之记。"（《玉井山馆文略》卷五）

黄云鹄《愚园觞月图书后》："自上圣之兢兢业业，栖栖皇皇，及贤人君子之先忧后乐，先民后身，履丰不熖，穷约不悔，由当世智巧之士观之，皆所谓大愚也。故常人患愚，学士大夫患不愚，不患大愚，患大不愚。知此意者，旦暮遇之。卞子以直谏

① 许宗衡《玉井山馆文续》卷二《旧游日记序》，家刻本。

② 许宗衡《玉井山馆文略》卷三《程义庭传》、卷五《杨季子传》，家刻本。

为时所庸，树立方未有艾，遇与子厚殊，其命斯园也，亦犹子厚之意欤？则园之不愚也，有时如不在彼而在此也，则卞子所到之处，愚与之偕，当世所倚赖，后世所瞻仰，与吾侪所责望于卞子之愚者，俱无已时矣。”（《实其文斋文钞·初集》卷一）

孝萱案：卞宝第先后任顺天府府丞、府尹。府署有园，宝第名之曰“愚园”。同治三年二月，许宗衡撰《愚园觞月图记》；五年九月，黄云鹄撰《愚园觞月图书后》。宗衡撰文在云鹄之前，意味着这时卞、许关系较卞、黄关系为近。

黄云鹄《送卞颂臣方伯之官河南序》：“卞子素寡交，有宿友曰黄云鹄，楚迂生。卞子过辞，征言焉。黄云鹄乃称曰：卞子，天为斯世生贤人君子，非将安乐之，盖危苦之，俾不得一日享庸人之福，自古以然。卞子知之乎？中州吏治，号最难，……得刚正廉明如吾卞子者往藩之，事必集。虽然，刚者多任己，正者常不达物情，廉者或苦操切，明者往往小察自务，……权经异施，刚柔异用，期于事有济，于君民之疾苦有瘳而已，愿卞子垂意焉。”（《实其文斋文钞·初集》卷四）

许宗衡《送卞颂臣方伯之河南序》：“（同治丙寅秋九月）宗衡病初起，不能以言勉卞君，黄君言之，固无异乎宗衡之言之也。”（《玉井山馆文续》卷一）

孝萱案：同治五年九月，卞宝第任河南布政使，许宗衡、黄云鹄皆撰文送行，云鹄撰文在宗衡之前，意味着这时卞、黄关系较卞、许关系为亲。后二十六年云鹄补述曰：“已而公以直言亟谏，出藩汴。京宦得此，亦异数，顾屡上疏，乞留都拾遗补阙。人咸以为怪，云鹄滋敬爱之。既不获请，则走别云鹄与许海秋先生，索文以行，曰：‘宁规毋颂。’阅日，云鹄持文往，公大喜。海老见之曰：‘予所言，黄某已言之。’但跋数语于文后。公属重书为一横卷，出自藩汴、抚闽、抚湘、督两楚、督闽浙，暨乞养家居，廿余年，日张之座右，外此无只字悬壁。嗟乎！恶规喜颂，亘古人情类然，虽贤者不免，而颂臣顾喜规如是之久且挚，岂独今人所无，宜建树卓卓如此。”[①]综观许宗衡、黄云鹄、卞宝第三人异同：许长于文学，“澹于仕进”[②]；卞以政事气节著称[③]，不多作诗文；黄则政治文学皆有建树。黄与卞，比许与卞，有更多的共同语言，所以黄、卞关系日益亲密。

光绪十八年九月三日，卞宝第卒，黄云鹄撰《诰授光禄大夫闽浙总督兵部尚书都察院右都御史卞公颂臣传》，传中对宝第作了崇高的评价，并总结“京门交旧”：“黄云鹄曰：世动谓今人不古若，思上交古之人。予年垂耄，回忆京门交旧，达者若公与黎简堂，达而未甚达者若桂德山、许海秋、冯鲁川诸君，先后俱成古人，其学行政事气节文章，亦实足追踪古人，非阿也。公与云鹄交尤挚，重以婚姻。顾临文嗟叹无已不在此，而在乐受规箴，终身服膺无致也。天容后死，为故人作传，穆然若重对古贤，容非大幸，何暇自悲哉！”

孝萱案：黄云鹄说出他与卞宝第以政事气节相“敬爱”，故“交尤挚”，而成为儿女亲家。卞宝第“子三”：“长绪昌”，“次纶昌”，“季绥昌”，“季，予（云鹄）婿也”。卞绥昌是今存《黄侃日记》中未出现的九姊夫。

---

① 黄云鹄《诰授光禄大夫闽浙总督兵部尚书都察院右都御史卞公颂臣传》，载《卞制军奏议》卷首，家刻本。

② 闵尔昌辑《碑传集补》卷一一《许宗衡传》引《江宁府志》，排印本。

③《清史稿》卷四四八《卞宝第传》，中华书局点校本。

二

黄云鹄女婿卞绥昌的生平，需要查考。《黄侃日记》中多次提到卞喜孙、卞燕侯、喜甥、燕侯甥，这是黄静仪的嗣子；《日记》中还提到卞家的许多人，这些人的生平以及卞绥昌、黄静仪的婚姻情况，也都需要查考。今据光绪二十五年己亥（1899）重修《江都卞氏族谱》，先编制仪征卞氏四世主要成员简表如下：

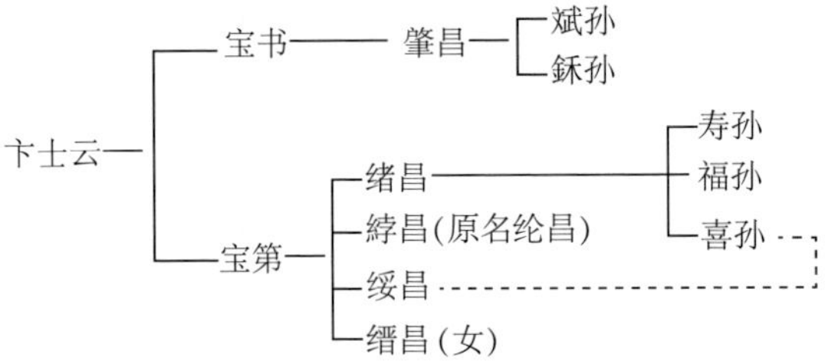

卞士云，原名荣贤，字光河，号竹辰，又号季青，“生于乾隆戊申年五月十三日未时”(《族谱》)。士云“少孤贫”①，以进士起家，官至署理浙江巡抚、浙江布政使。著《退思斋诗存》《省斋试帖偶存》。“卒道光癸卯年五月初四日未时”(《族谱》)。子宝书、宝第，皆宦达。宝第“生于道光甲申年十一月初九日午时”(《族谱》)，官至署理湖广总督、闽浙总督。著《方岳采风录》《闽峤輶轩录》《抚湘公牍》《卞制军奏议》。“卒于光绪壬辰年九月初三日子时”(《族谱》)。士云、宝第“两世开府”②，海内推为“甲族”③。

---

①《续纂扬州府志》卷九《人物志一·卞士云》，同治十三年刊；《重修仪征县志》卷三一《人物志·宦绩中·文治下·卞士云》，光绪十六年刊。

② 陈懋森《休盦集》卷下《卞公弢传》，排印本。

③ 瞿宣颖（瞿鸿禨子）赠我诗中有“真州之卞推甲族”句，墨迹。

又据《族谱》：

卞绥昌，字缉甫，号桃山，“生于同治甲戌年九月十八日酉时。太学生。赏戴花翎，三品封典，盐运使运同衔，随带加二级，诰授朝议大夫，晋封中议大夫。卒于光绪乙未年十二月二十七日丑时”。

“配黄。咸丰癸丑科进士、二品顶戴、四川永宁道黄名云鹄公女。生于同治甲戌年七月二十五日□时。”

“嗣子喜孙，继绪昌三子为嗣。”

可见宝第子绥昌、媳黄静仪同岁，皆生于同治十三年甲戌（1874）。比黄侃大十二岁。绥昌卒于光绪二十一年乙未（1895），仅二十二岁。黄静仪二十二岁夫死，守节，命运与《红楼梦》中贾家的李纨相似。黄侃称赞九姊“有礼法”，“号为女宗”，“行为女师”，以传统礼教衡量，黄静仪是当之无愧的。

卞喜孙，字赞侯，一字燕侯。《族谱》：“生于光绪乙未年九月二十四日戌时。”比黄侃小九岁。据我所知，喜孙任天津中央银行经理；中华人民共和国成立后，任天津人民银行副行长。当时只有声誉好的旧人员被留用为领导。黄侃生前，虽没有见到此事，但他称赞九姊“抚成嗣子”，是有眼光的。喜孙未辜负黄侃之期望。

此外，《黄侃日记》中提到的卞绪昌、卞綍昌是黄侃姊夫之兄，卞缙昌是黄侃姊夫之妹，卞寿孙是黄侃姊夫之侄，卞斌孙、卞鉌孙是黄侃姊夫之堂侄。从《黄侃日记》记载中看出黄、卞二氏关系之密切。

时间	卞宝第官职	张之洞官职	备考
同治六年	十一月乙亥，福建巡抚。	七月，浙江乡试副考官。 八月，湖北学政。	《清史稿》卷二百《疆臣年表四·各省总督》卷二〇四《疆臣年表八·各省巡抚》、卷四三七《张之洞传》、卷四四八《卞宝第传》。 许同莘编《张文襄公年谱》、胡钧重编《张文襄公年谱》。
八年	正月庚子，假。寻回。	湖北学政。	
八年	正月庚子，假。寻回。	湖北学政。	
九年	七月丙戌，告养。免。	湖北学政。	
光绪七年		十一月壬寅，山西巡抚。	
八年	三月乙未，湖南巡抚。	山西巡抚。	
九年	五月壬寅，署湖广总督。	山西巡抚。	
十年	湖广总督。	三月壬辰，入观。 四月壬申，两广总督。	
十一年	二月乙未，回湖南巡抚任。	两广总督。	
十四年	二月丁未，闽浙总督。	两广总督。	
十五年	闽浙总督。	七月丙辰，湖广总督。	
十八年	五月己卯，病免。	湖广总督。	

从表看出，同治六年至光绪十八年，卞宝第、张之洞未在一个地方、一个衙门做官。既无年谊，又无寅谊的卞、张二人无交情可言。而且卞綍昌、张仁准结婚时，卞宝第已卒。封建婚姻注重门第。张之洞选中卞綍昌为女婿，首先是门当户对，湖广总督的女儿嫁给闽浙总督的儿子，是多么般配呀！而且卞綍昌才貌双

全。论才，是贡生；论貌，是“人如玉”（据程颂万《十发居士全集·画松寄卞狷盦五十》），可谓翩翩浊世佳公子。

从张之洞这页墨宝，也可看出他对卞綍昌的喜爱。

宣统元年张之洞卒，卞綍昌的挽联是：“勋隆中外，身系安危，一夕大星沉，岂独哀思遍江汉；公自冰清，甥惭玉润，十年慈荫在，那堪回首望京华。”（据《张文襄公荣哀录》卷十《挽词》）此联反映出岳父女婿之间的感情，略加注释如下：

（1）“公自冰清”：张之洞室名“抱冰堂”，世有《抱冰堂弟子记》。

（2）“十年慈荫在”：从光绪二十五年綍昌，仁准结婚至宣统元年，整十年。这十年中，光绪二十六年綍昌在南菁书院肄业。二十七年出使日本大臣蔡钧奏调綍昌为随员，任参赞、领事官。三十年，出使日本大臣杨枢奏保綍昌为随员，仍留原差。三十四年，农工商部调綍昌在商务司行走，督办津浦铁路大臣吕海寰调綍昌为铁路南段总稽查。綍昌官场得意，这固然由于他德才兼优，也与岳父的照拂分不开的。（举一个例：据《张文襄公荣哀录》卷八《挽词》，吕海寰之挽联，自称“受业”。吕海寰提携卞綍昌，因吕与张之洞有师生关系。）

（3）“岂独哀思遍江汉”：《清史稿》卷二十五《宣统皇帝本纪》云：“（宣统二年十一月甲子）予故大学士张之洞于湖北省城建祠。”张继煦编《张文襄公治鄂记》。

（4）“那堪回首望京华”：《清史稿·张之洞传》云：“（光绪）三十二年，晋协办大学士。未几，内召，擢体仁阁大学士，授军机大臣，兼管学部。”同书《宣统皇帝本纪》云：“（宣统元年八月）己亥，大学士张之洞卒。”此时卞綍昌为湖北道员，故曰“望京华”。

三

张之洞的墨宝，原为卞綍昌珍藏，怎么从卞家流失出外呢？我分析其原因，或是辛亥革命时在武汉丢失的（程颂万《十发居士全集·卞狷盦王父竹辰中丞〈夜灯圆〉二首》序曰：“辛亥国变，狷盦所奉《夜灯图》亡于武昌兵间。”就是辛亥革命时綍昌丢失文物之一例）；或是綍昌卒后，其不肖幼子卖给古董商店的。王贵忱先生云在扬州购得，当是后一情况。

三、诗人丛谈

甲午三诗人

甲午这一年，举人很多，当中有三个人，诗最出名，可以说是中国旧体诗人中的最后一辈。因为再到钱锺书这一辈，诗作中无论如何都有些新的味道了。在诸多甲午举人中，这三个人活的寿命也长，晚年都住在上海。一位叫冒广生，字鹤亭，如皋人，冒辟疆的后人。三人中，他的岁数最大，同治十二年（1873）生，诗集名《小三吾亭诗》。一位是夏敬观，江西人，字剑丞，光绪元年（1875）生，诗集为《忍古楼诗》。另一位是李宣龚，福建人，字拔可，诗集为《硕果亭诗》。他岁数最小，光绪二年（1876）生。

三位诗人的关系很微妙。清朝末年至民国期间，大家公认中国旧体诗实际上有三大流派，或三大势力，一是以郑孝胥、陈衍为领袖的福建派或闽派，李拔可是其中的一员大将；一是以陈三立为首的江西派，夏敬观是其中大将；此二派力量最大，都是做宋诗，当时称为同光体。同光体的特色就是做宋诗，标榜“以学为诗”。冒广生不属于这两派，而是宗唐一派，他是学李义山的，为我写的一首诗，就是李义山的路子。这一派是福建、江西同光体以外的另外一种势力，其中江苏人比较多，例如著名的樊樊山。非常巧的是，这“甲午三诗人”正好代表了从清末到民国的三大旧体诗派。当然，三人的感情私交是非常好的，但他们并不属于一派。

汪辟疆做《光宣诗坛点将录》，晁盖是王壬秋（闿运），两个重要的人物宋江、卢俊义分别是陈三立、郑孝胥，陈衍则被放在地煞星一类，遭到贬低。陈衍对此很不满意，他不便明说，只好通过攻击王闿运来表达，认为王闿运比晁盖并不恰当，应代以张之洞。李拔可曾有诗说这件事情。陈衍对《光宣诗坛点将录》不满意，并不说明汪辟疆做得不好，因为汪辟疆自己是属于江西这一派的，所以他抬高江西诗人。冒广生在《光宣诗坛点将录》中排位也很低，比为薛永。别人也有为冒广生抱不平的，如钱仲联，因为钱钟联不属于福建、江西两派，而是宗唐一派。这说明文学批评是仁者见仁、智者见智的，赏析、考证是两回事，考证错了就是错了，抓到你的把柄你就不得翻身；赏析则是你说你的、我说我的，究竟是陈三立的诗好，还是郑孝胥的诗好，那实在是很难讲的。

冒氏是蒙古后裔，冒广生一家的长相都是眼睛往下抠，鼻子很高。从元朝到现在几百年了，仍然如此。冒广生有五个儿子，我认识其中三个：二儿子冒景瑜，字仲周，和我是同事。三儿子冒效鲁，字叔子，他是冒广生最喜欢的，能做诗，和钱锺书关系很好。钱锺书《槐聚诗存》中，与冒效鲁唱和的诗最多。五儿子冒舒湮，也是我同事，曾创作话剧《董小宛》，也会做旧诗，但他出名不在旧诗，而是新文学方面。冒舒湮写《董小宛》还有个故事，过去有个说法，说董小宛没有死，是被清兵掳去了，做顺治的妃子，称董妃；董妃死了，顺治皇帝就出家了。这是一个传说，实际上是不对的。但这个传说很有影响，所以孟森他们都写文章辩驳。陈寅恪大概有这么一个看法：董小宛是没有死，坟是假的，清兵南下时被掳走，但并不一定做了顺治的妃子。但是冒家不肯承认，因为在过去这是件不光彩的事情。《董小宛》演出的时候，黄侃曾去观看，回来后在中央大学演讲时说，董小宛去清宫是顾亭林定的计策，是学习西施入吴的故事。他还说自己有秘本，但不能宣布。当然这都是黄侃编造的，他是为了表彰顾亭林的反清。所以当时人说黄侃是厚诬古人。黄侃这个人学问很大，但有些时候说话也很荒唐。

冒广生的朋友，我举一个人，汪曾武，太仓人，现在几乎没有人知道他了。他和冒广生是同年的举人，当然也就和李拔可、夏敬观同年，但并没有他们出名，后来在张之洞手下做事。汪有一方印“景皇帝天语：有胆有识”，当年甲午举人“公车上书”，列名者一千多人，冒广生、汪曾武都在其中。冒广生认为这是汪的自我标榜，光绪有没有看到公车上书还有疑问，就是看到，也不一定说过此话；即便说过这句话，也是对一千多人说的，岂汪曾武一个人可以当之，还刻成图章。

冒广生在清朝官做的并不大，做到刑部郎中、工商部郎中，衔头是四品京卿。到了民国，一直做海关监督，先后在淮安关、温州关任职。海关监督是很有钱的官。他毕竟是个文人，所以在淮安关的时候就刻了很多书，如《楚州丛书》，唐朝时淮安为楚州。到温州做海关监督的时候，又刻了《瓯海丛书》，都保存了很多文献。后来又做过中山大学的教授，晚年做国史馆纂修。甲午三诗人晚年的情况大不相同，冒广生代表那种没有转型的旧人，成为遗老一类。中华人民共和国成立后，陈毅对他很敬重，因为陈毅是个儒将。后来毛主席在北京还接见了他，周恩来也曾到他在小儿子的

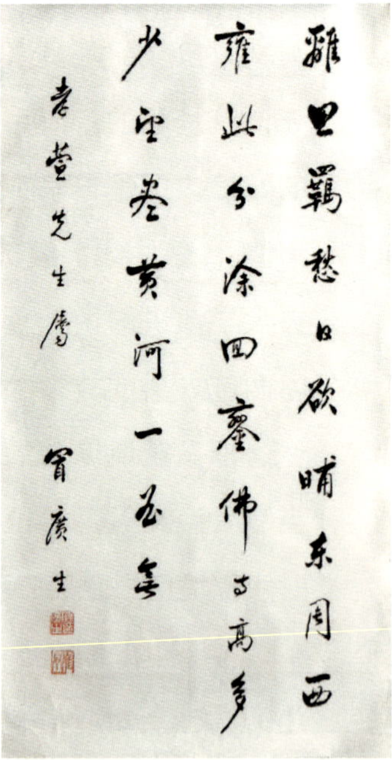

冒广生题诗

住处去看望过，谈了两个小时。

我开始知道冒广生不是因为诗。大概在我二十岁的时候，南京有个刊物，叫作《古今》，很有名也是很好的一个刊物。当时有部有名的小说叫《孽海花》，以当时的妓女赛金花一生的荣辱为线索，把当时许多政治上的事情都勾了出来。里面牵涉到好多人，如翁同龢、陆润庠，多了，我仅举这两个例子。冒广生是一直做京官的，而且有名，这些人他都认识都知道。于是他就写了一个东西，他说我的小孙子从书店拿了本《孽海花》回来，我看了好玩。这个是个引子，然后他就把他知道的，《孽海花》上面有谁，一一地指出来。这是我第一次知道他的小孙子，就是后来我的同事冒怀辛。冒广生说的是可靠的，因为这些人冒广生都认识，而且他都能讲些道理出来，有些什么有些什么。比如张三影射的是翁同龢，李四影射的是陆润庠。他不光讲这些，他还把自己的意见说一说，就是《孽海花》对这些人的评价公平不公平。这个《孽海花》是谁最初想做的呢，是有名的文人金松岑想做的，金松岑的笔名叫作“爱自由者”，署名“爱自由者金松岑造意”，这个反映出清朝末年的人思想上要追求解放。金松岑做了四回，他母亲去世，要丁忧，不能做了，稿子就给了曾孟朴，这个曾孟朴当时办了个书店叫作小说林书社，曾孟朴就继续写下去了，署名叫作“东亚病夫”，这个署名也很有意思，这是讽刺的话，因为外国人不是骂我们中国人东亚病夫吗？我就承认我是东亚病夫。要是金松岑写了还不一定能写这么好，因为金松岑毕竟是个旧式的文人，他是做旧诗做古文的。曾孟朴是留学外国的，所以做这个就比较好，后来他就写了这部叫《孽海花》的小说。冒广生的文章连续登在《古今》上，登了大概好几期，这个对冒广生来说是小玩意无所谓，是岁数大了寓居上海时作为消遣的，但是对我们了解《孽海花》很有用，他都是有所指的。我大概二十岁时看的，今年八十三岁，已经过去六十多年了。我印象最深的有两件事，第一件事是关于陆润庠的，陆润庠是苏州人，最后也做了清朝的大学士，等于宰相了。这个《孽海花》上很多都是嘲讽他的话，大概的意思是说他无用，赛金花把他驳得口瞪目呆等等。冒广生就说了这个是不公平的，陆润庠这个人政治上谈不到什么大贡献，但是这个人是忠于清朝的。这些东西笔记上看不到的，墓志铭上也没有，墓志铭虽然有用，但墓志铭说的都是官话。陆润庠是个医生，陆家家世岐黄，世世代代都是中医，所以陆家有人生病都不看医生，都是由陆润庠开方子。后来有一次陆润庠并没有患大病，就生了一个小病，就自己开药方吃药，大家都不知道，越吃病越重，这样赶快就请名医汪逢春，当时北京四大名医之一，江苏人。汪逢春来给他看病，一来就发现陆润庠简直就是自杀，头一天开的热药，极热极热的药，第二天开的凉药，极凉极凉的药，反复的热药凉药，七十多岁人的身体就吃得消了吗?！于是汪逢春就把情况告诉了他家里人。这时大总统徐世昌去看他，他们都曾是清朝的大官，他临死之前和徐世昌拱拱手：我没别的事，就托你一件事，民国政府不要对我有什么褒扬，这样的做法反而害我。这说明他对清室很忠，徐世昌做民国总统，和他相比应该惭愧。所以我觉得冒广生讲的这段很有用，他讲了陆润庠这么忠于清朝。陆润庠政治上有什么大贡献谈不到，也不是什么坏人，但晚年这一件事是很可取的。别的我都忘记了，手上也没有杂志，我还记得这件事情，就说明这些东西有用。碑传等资料是研究一个人必须要的，但是还不够，还必须有这些东西。这些东西有的可靠，有的不可靠，像冒广生这个就是可靠的，是纠正小说上不正确的东西。冒广生在前面还做了几首诗，当时岁数也很大了。《古今》杂志还有一件轶事，当时编纂这个杂志的人，就因为办这个杂志的关系，认识了梁鸿志的女儿。梁鸿志当时很跩了，跟后来的汪精卫一样，是当时伪政府的头。他的女儿喜欢看这个杂志，于是就和它的主编结婚了。一结婚，他就宣布杂志停办了。

第二件事是关于赛金花的。小说是以赛金花为主，冒广生就提到一点：赛金花这一生既下贱，又高贵。她做妓女，后来嫁给状元洪钧。洪钧做清朝驻英大使，应该是洪钧的夫人去的，但她是旧式的女人，和外国人握手这些不行，硬叫赛金花去，并愿意把自己的衣服借给她。赛金花在英国出名得很，英国的女王还跟她合影，后来她做了妓女，把这张照片挂在家里，英国女王只好花钱把它赎回去了，这多难堪啊！赛金花是先做妓女，后嫁给状元做状元夫人，后来又做妓女。冒广生记载了她的一件事情：赛金花有个本事，比如一天有好几个客人来了，她或者用眼神，或者用手势，或者用言语，她能让在座的每个嫖客都感觉到她关心着他们，这是她独特的本事。这是冒广生讲的，他肯定也曾是她的座上客。

冒广生既然与其有过交往，赛金花后来又重做妓女，晚年很穷，大词人况蕙风就代她出个主意，由其捉刀，写封信给冒广生，大概是想要和冒广生要点钱。冒广生当时做瓯海海关监督，很有钱。信是用骈体文写的，我看过影印本，可惜没有留存下来。后来冒广生汇了一百元钱给赛金花。

夏敬观是江西人，年纪很轻的时候就很出名。冒广生做的官最大的就是四品京卿，夏敬观做的最大的官是江苏提学使。江苏提学使就相当于今天的江苏教育厅长，不算低了，那时夏的年纪还很年轻。原来两江办的学堂是三江师范学堂，当时的两江总督张之洞就委命夏敬观为三江师范学堂提调。他是三江师范第一任提调，不能忘记这一点。后来才有两江师范学堂，才有李瑞清那些人。

民国之后，冒广生也好，夏敬观也好，都无太大的事可做。冒广生做海关监督，夏敬观则做过一任浙江教育厅长。后来夏敬观长期在商务印书馆，跟着张菊生编书。《四部丛刊》的很多东西，都是夏敬观代张元济搞的。夏敬观和商务印书馆，关系很深。南大有个硕士陈谊，做了一篇《夏敬观年谱》，我作的序。其中提到的很多书外面没有，我都有；很多事情大家不知道，我却比较清楚。

夏敬观晚年也任国史馆纂修，写了很多东西，其中还有不少学术性的文章。夏敬观诗文很好，学问也不错。中华人民共和国成立之后，中风，瘫痪在床，生活很困难，我就代他卖些旧书。他和我谈到，他有一部稿子，是续《疑年录》的。所谓《疑年录》，是钱大昕创立的名字，就是考订某人哪年生哪年死，享多大岁数。换句话说，就相当于今天的名人生卒年表。钱大昕首创之后，后人一续、二续、三续等。夏敬观有一次在地摊上看到一部稿子，是补续前有疑年录的，但是稿子既不署名，也不知从何而来。他就买回来加以补充，题为《疑年录六续》。这部稿子一直都没有印出，当时他说，要卖也可以卖掉。我把这个过程讲给胡先骕，胡也是江西人，很钦佩夏敬观。胡先骕表示，由他写信给郭沫若，请郭推荐这部书。夏敬观认为不妥，他说郭沫若是新派人物，肯定不会赞赏这本书。夏敬观他们这些老人很注重这方面。我就转告胡先骕，不必多此一举了。我最后想了一个办法，把稿子卖给了钱基博。钱基博当时在武汉的教会大学华中大学任教授，教授的工资当时是比较高的，老先生手上还有些钱，经常托我买书，我也帮他买了不少。那时候书便宜得很，我前面讲过，《晚晴簃诗汇》八十册，我才卖了八块钱。钱基博一般是给我汇钱，有一次他好像没钱了，就叫他的儿子钱锺书垫，于是钱锺书就叫杨绛把钱转交给我。由此，我就想这部《疑年录六续》就卖给钱基博吧，卖的价钱是二十块。钱基博对此是非常感慨的，他的《现代文学史》中也提到夏敬观，想不到夏晚年是这样一个情况。可惜钱基博写给我的信都没有了，我在历次运动中毁掉了很多信。卖的时候我做了一个有心人，抄了一份副本，用当时的练习本抄了两本，一直放着。到 1987 年，我代他发表在《西南古籍研究》上。这种东西没有杂志能刊登，《西南古籍研究》是云南大学的刊物，云南大学有位老教授我认识，因此就通过他帮忙发表出来。

夏敬观还有很多稿子未能发表。比如他专门研究梅尧臣，写过梅宛陵的诗注，对此吕贞白曾写信给我，说原稿已经毁掉了，所幸的是他和我一样也誊了一本，交给他儿子，但后来也无下落。吕贞白本人的诗集，也是在中国台湾出版。所以在三个人中，夏敬观的晚年是最困苦的，我也最同情他。冒广生还能走动，他却瘫在床上，与世隔绝，生计困难。他们在清朝做官，历经民国到中华人民共和国成立，也就是有些旧书，已经没有什么钱了。

我觉得夏敬观与南京大学，如果有更多的材料，还可以写出东西来，可惜的是材料不多。但他曾做三江师范学堂的提调，是事实。《中国大百科全书》有夏敬观条，这是不容易的，这一条是钱仲联写的，钱仲联和他关系很好，钱仲联也提到三江师范学堂提调的事情。

李宣龚，字拔可。他做的官并不大，在清朝做了江苏的某个知县，苏北桃源，大概在盐城那一带。当时樊樊山在江苏做布政使，布政使就相当于今天的民政厅长，樊感觉李拔可的官声好，要把他调到南京来，也就是提拔他，李拔可不肯，怕应酬。樊樊山就说他是个“强项县令”，李拔可反而很高兴，就请陈三立的儿子、陈寅恪的哥哥陈衡恪刻了个“强项县令”的图章。后来，他和张謇兄弟的关系比较好，张謇的哥哥叫张詧，行三，称“张三先生”，张謇称“张四先生”，合起来叫“张七先生”，当时在南通提起“张七先生”，没有人不知道的，实际上是弟兄两人。张詧的墓志铭就是李拔可做的。过去一个人死了，做墓志铭的不外两种人，一种是其人的下属，一种是其人的学生，总之是所谓门生故吏，不然不了解。李拔可由此也转向实业，在南京搞水泥，在上海创办商务印书馆。大家只知道商务印书馆的张菊生，实际上商务印书馆中福建人的势力最大，李宣龚就是其中之一。商务印书馆出版的很多书中，发行人都是李宣龚。

李拔可好就好在后来不做官了，搞实业。经过这一转变，与冒、夏就有不同。他很有钱，在上海住的是花园洋房。钱仲联他们都知道，李拔可经常请客，坐在床上，看大家吃饭，自己很高兴。所以在民国之后，他有商务印书馆的基础，什么事也不用做。人要转变，这是很重要的。冒广生、夏敬观在晚年，都要出来做事，不是他们自己想出来，而是经济上确实比较困难，要维持生活，没有办法。由此说他们晚年还贪图利禄，是不对的。冒广生经常说家里只有几块钱了，儿子要钱都拿不出来等等。旧时代做过官的人不一定都有钱，有些的确是很穷的。我认识的老辈中有很多，就靠替人家做个诗写个东西什么的养活自己。

李拔可藏画很多，而且藏的都是宋画，涵芬楼替他都印了出来。

钱锺书好臧否人物，但有两个人从来不骂，一个是陈衍陈石遗，一个就是李拔可，他称为“拔可丈”。钱锺书对夏敬观也不骂，关系很好，钱锺书与冒效鲁两个人经常一起去拜访李拔可和夏敬观，他们的诗集中都有记载。不过，钱锺书的诗集中没有与夏敬观来往的诗，不是实际上没有，而是没有收。钱锺书诗集中与李拔可来往的诗很多，当然陈石遗的也有。

这三个人都曾送给我诗，李拔可、夏敬观的诗集中都有，冒广生晚年刻不起诗集，但他孙子编的年谱中有记载。看过的人都公认，李拔可的诗最好，因为李拔可诗有个特点，他最工七律，一唱三叹，“何尝识字始能诗，教学相兼恃一慈。苦节至今天下少，深恩真有几人知。违时彩服仍娱母，循例篝灯不入诗。善述文章根血性，雷同岂受望溪訾”。章士钊念到“深恩真有几人知”句时，特意用他的湖南话吟诵再三。三首诗都给他看过，他最欣赏这首诗，说了一个字：“真。”夏敬观的一首也好，他是黄山谷一派的路数：“学诵辛勤资转授，比之画荻更艰难。字音忆昔含声

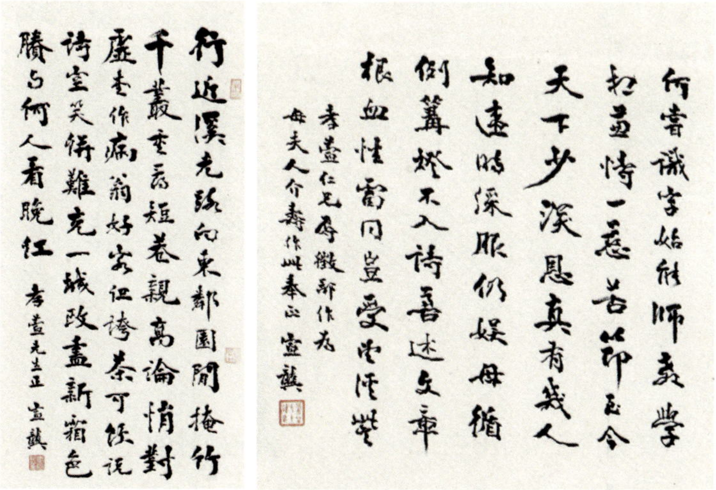

李宣龚题诗

（左图）行近溪光路向东，邻园间掩竹千丛。重寻短卷亲高论，悄对虚堂作病翁。好客但夸茶可饮，说诗空笑饼难充。一城改尽新霜色，剩与何人看晚红。孝萱先生正。宣龚

泪，恩意无涯蕴肺肝。倦眼屡窥仍夜绣，饥肠相忍弗朝餐。即兹余行皆庸行，敢谓雷同不足观。”冒广生的最次，因为什么道理呢，浮泛。

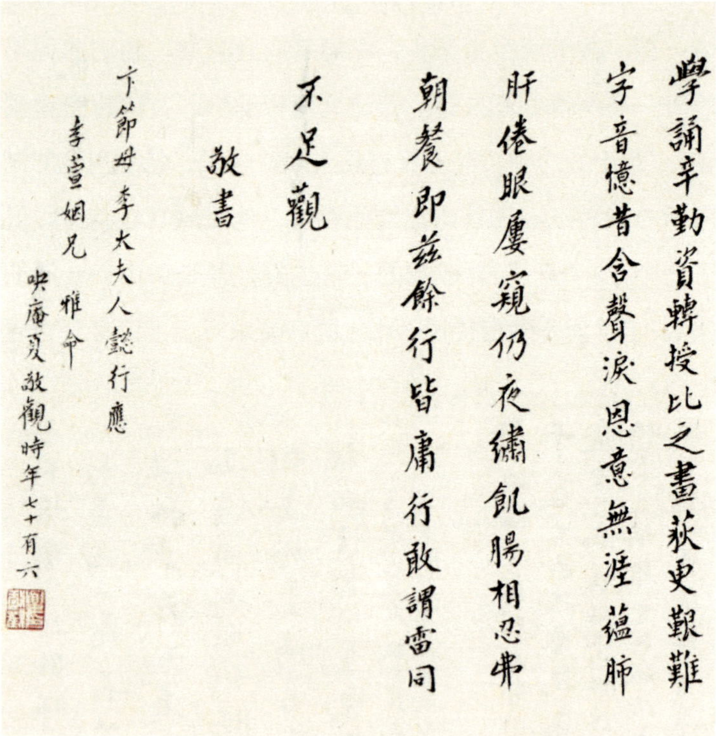

夏敬观题诗

我觉得在“甲午三诗人”中，学问最好的，又是学人又是诗人的，是夏敬观。李宣龚的特点，是收藏品多。三个人要说低点的，就是冒广生，所以他遭人骂，当然骂他的人也不见得对。夏敬观的诗，在江西派中，除了陈散原就他了。另外他学问好，冒广生被陈石遗看不起，就是认为他没学问。李宣龚也没多少学问，也就作诗、藏画，不过人品好，不像冒广生，说李宣龚不好的人没有。但夏敬观有学问，诗学、文学都好，特别的是人也好。我出了两本书，一本《辛亥人物碑传集》，一本《民国人物碑传集》。我这几天回想，这里面好多稿子都是夏敬观提供的，有两种方式：第一种是夏敬观发表过的，我感觉到有错字，我把这个稿子从杂志上剪下来寄给他，他亲自校改；第二种是没有发表过的，把他文集中的稿子剪下来寄给我，我用完了再寄给他，过去没有复印，他岁数大了也不能叫他再重抄。他的文集后来就没下落了，诗集是中国台湾出的，文集就没有了，所以我这些客观上给他保存下来了。这是冒广生做不到的，我的《碑传集》上也有冒广生给别人做的碑传，但不是冒广生提供给我的，我也不敢跟他要。因为碑传不是他一个人有，当事人家也有，我是从当事人家拿出来的。钱锺书的父亲钱基博又不同了，他是抄给我的，我手上他抄给我的稿子就有一沓子，这么大岁数，拿纸抄给我啊！他比夏敬观年轻些，还能抄，夏敬观已经不能抄了。

钱冒双雄

民国二十七年，公元1938年8月，钱锺书、杨绛带着他们的女儿钱瑗，乘坐法国轮船回祖国，在船上碰到一个人：冒效鲁。当时冒效鲁在中国驻苏联大使馆做文官，因为个性比较傲，与人不合，所以被调回国。因此冒效鲁带着夫人贺翘华及子女，取道欧洲回国，即从莫斯科到马赛，然后再从马赛坐船，于是认识了钱锺书夫妇。这真是一件很巧的事情。两人相识后，一见如故，气味相投，并在船上谈诗、唱和，成为一生的朋友。

冒效鲁生于清宣统元年，1909年；钱锺书生于宣统二年，1910年，冒效鲁大钱锺书一岁。他们两人在马赛舟中相识的时候，按照虚岁计，冒效鲁三十岁，钱锺书二十九岁，可以说正是青年诗人，才华横溢，意气风发，目空一切。详细的情况，我就不说了，这里就谈一谈他们两人的特点。一个是“狂”，他们两人都是很“狂”的；一个是“痴”，“痴迷”的“痴”，都痴于做诗。诗做得好，所以就狂。他们两个人自己也承认，冒效鲁曾说过：没有药可以救自己的狂。当时李宣龚看到他们两人一同来拜访，称他们为“二妙”。夏承焘是他们的平辈，在他的《天风阁学词日记》中，称他们为“二俊”。我认为“二妙”“二俊”太泛，不足以反映出他们两人的性格。如果要反映出他们的性格，用钱锺书自己的话来说，应该称“双雄”，“篇什周旋角两雄，狂言顿觉九州空”。所以两个人都是诗方面的“狂人”，“双雄”最能表达他们的个性，所以我就要写一篇《双雄诗案》。

钱锺书的《槐聚诗存》中，与冒效鲁唱和的诗最多；冒效鲁的诗集中，与钱锺书的唱和也是最多的。冒效鲁的诗集《叔子诗稿》现在外面已很难找到，钱锺书题的签，是冒效鲁送我的。他们的诗集不是全稿，都经过筛选的，钱锺书就把好多诗都删去了。诗删去不存，不外两个原因：一个是其诗不足存，就是说自己认为做得不好的不足留存；一个是其人不足存，也就是说这个人不值得留在自己的诗中。比如冒广生、夏敬观，在钱锺书的诗集中都没有提到，他的诗中前辈只有陈衍和李拔可，而且对两人没有一句不好的话。钱锺书认识李拔可，是陈石遗介绍的。为什么钱锺书对陈石遗那么好呢？其中有个关系，当时陈石遗已是晚年，住在苏州，在唐文治的国学专科学校教诗歌，唐文治做过清朝的尚书，和陈衍是同年。那个时候苏州的人才很多，章太炎在苏州，写《孽海花》的大文豪金松岑也在苏州。钱锺书是无锡人，他的父亲钱基博也在国学专科学校教过书。钱锺书年轻的时候就受到陈石遗的赏识，《石遗室诗话》续编中有两处提到钱锺书，说他家学渊源，英文好，记性也好等等。《石遗室诗话》中没有冒效鲁。

赠仪征卞孝萱。与君闻声相思，逾三十载，感其人纯孝笃学，挽近所罕，幸赐教焉。如皋水绘庵叔子。兼呈孤桐丈教正。

薄海闻声逾卅年，独持不匮匹儒先。文章经术汪容甫容甫事母甚孝，孝萱亦然，合有传人后胜前。

文词略近归熙甫，史稿须蒐吴任臣吴任臣史学著述多散佚，有待蒐访。老阮诸刘俱往矣，絖絖一士又仪征。

少日扬州逐队鱼余少时负笈扬州圣公会中学，无成揽镜白髭须。龙蛇壁上仍飞动，待写红桥感旧图君拟挽启元白为绘图。

先君遗稿阙幽光，孤露余生百感伤。痛似涪翁忆双井，吟魂破碎永思堂承询先君遗稿。

堂堂楚彦数双园谓葵园与郋园，善化皮鹿门湘潭王壬秋德并尊。一老长沙谓行严丈孤月朗，羡君露纂奉寒温。

小诗匆匆写成，尚非泛泛率尔应酬之作，俟行严丈归后，转呈粲正可也。

冒效鲁送我的诗的第一稿，共五首。第五首，“堂堂楚彦数双园”，说的是叶德辉、王先谦；“善化湘谭德并尊”，“善化”是皮鹿门，“湘潭”是王壬秋。“一老长沙孤月朗”，说的是章士钊。那个时候，我正在协助章士钊搞《柳文指要》，他在诗下注：“俟行严丈归后，转呈粲正可也。”结果

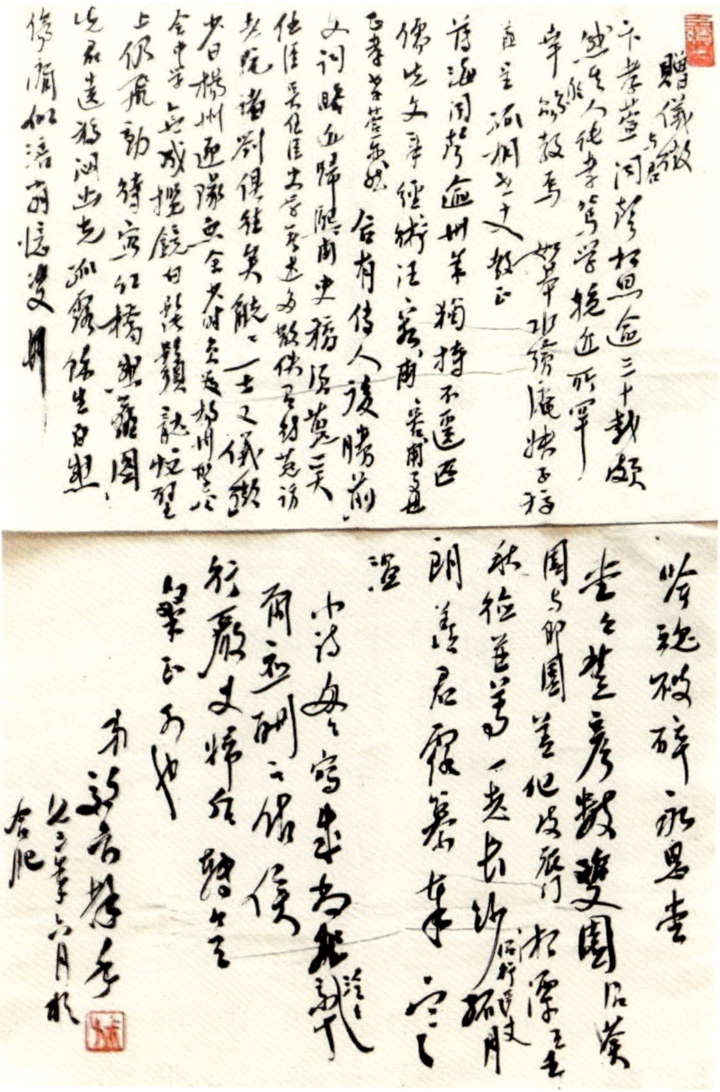

冒效鲁题诗

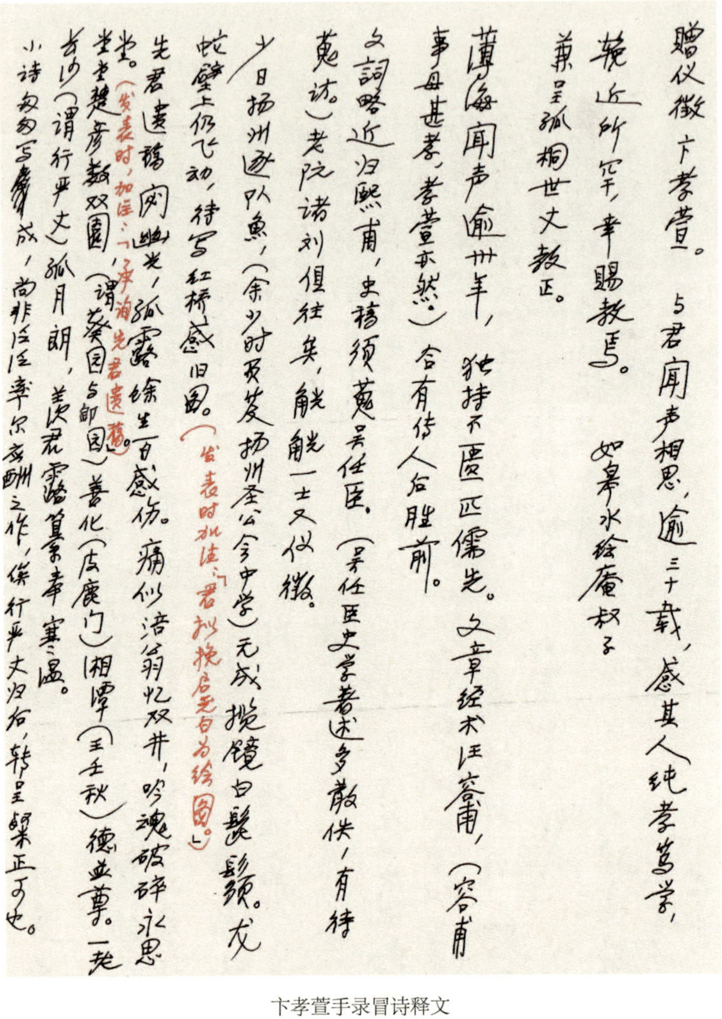
赠仪徵卞孝萱。与君闻声相思，逾三十载，感其人纯孝笃学，赋近所作，幸赐教焉。如皋水绘庵叔子
兼呈孤桐世丈教正。

薄海闻声逾卅年，独持不匮匹儒先。文章经术汪容甫，（容甫事母甚孝，孝萱亦然。）合有传人启胜前。

文词略近归熙甫，史籍须蒐吴任臣。（吴任臣史学著述多散佚，有待蒐访。）老阮诸刘俱往矣，能能一士又仪徵。

少日扬州逐队鱼，（余少时负笈扬州圣公会中学）无成揽镜白髭须。龙蛇壁上仍飞动，待写红桥感旧图。（发表时加注：“君拟挽启元白为绘图。”）

先君遗稿閟幽光，孤露馀生百感伤。痛似涪翁忆双井，吟魂破碎永思堂。（发表时，加注：“承询先君遗稿。”）

堂堂楚彦数双园（谓葵园与郇园）善化（皮鹿门）湘潭（王壬秋）德益尊。一老长沙（谓行严丈）孤月朗，羡君露箕奉寒温。

小诗匆匆写就，尚非往往率尔应酬之作，俟行严丈归后，转呈斧正可也。

卞孝萱手录冒诗释文

章士钊死在香港，所以冒效鲁后来在其诗集中就把这首诗删掉了。第一、二首说的是我，第三首说的是他自己，冒效鲁在扬州读的中学。他还托我找启功画一幅《红桥感旧图》，红桥就在扬州瘦西湖，后来启功画了。第四首说他父亲的遗稿还未出版，他很感伤。诗都做得很好。

冒效鲁一直在安徽大学外语系，我估计莫砺锋可能还见过他。他的专长是俄文，徐悲鸿在莫斯科办画展，梅兰芳在苏联演戏，都是他作的翻译。

冒效鲁弟兄三人我都认识，我跟冒效鲁的弟弟冒舒湮更熟，因为同在北京，又是同事。冒家再下一代的冒怀辛，就是冒广生的孙子，算是我的后辈了，也和我是同事。

钱锺书的父辈弟兄四人，他的大伯伯没有儿子，钱锺书被过继给他，所以钱锺书成了长房长孙。二伯伯早死，老三就是钱锺书的爸爸钱基博，老四叫钱基厚。钱基博、钱基厚是双胞胎，这两人我都认识，因为钱基厚是民建会的，我也是民建会的，常在一起开会。钱基厚喜欢直言，结果被扣成右派，关进牢里，是

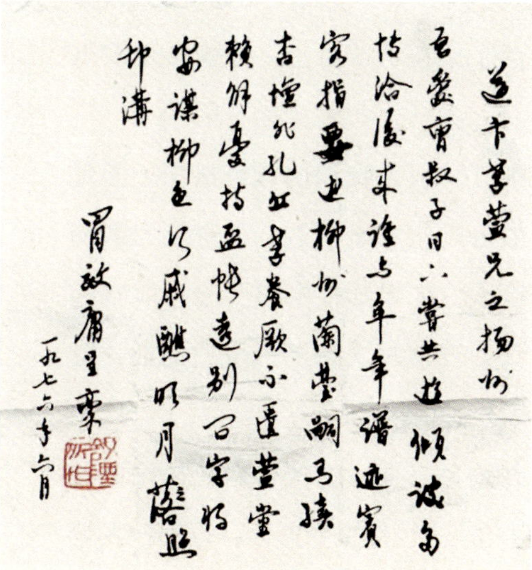

冒舒湮赠诗

死在牢里的。钱基厚本来是江苏工商联合会会长、政协副主席，他的儿子钱锺韩是东南大学的前校长，后来也做了江苏省政协主席。（钱锺书是钱基博的大儿子，因为大伯没有儿子，所以过继给大伯。后来大伯去世，他就又回到家里。）钱锺韩比钱锺书小一岁，两个人读书都很好，钱锺韩虽然读的是自然科学，但文学也很好。钱锺书、钱锺韩这一辈，我也认识好几个人。除了钱锺书、钱锺韩以外，钱锺韩有个兄弟，叫钱锺汉，也是民主建国会的，所以我也很熟悉。钱锺汉也是喜欢讲话，结果被打成右派。非常有趣的是，我和钱家，和冒家两代人都认识。

钱锺书真是有高风亮节，他不过问政治，要叫他写应景文章，他一概拒绝，保持晚节。一个人只要看轻名利，那就没有什么可怕的事情了。在这一点上，钱锺书是做得很好的。

钱锺书对我还比较客气，因为我和他爸爸认识。但是我和他接触不多，和冒效鲁则接触多一些。我也不大敢和他多接触，因为他好批评人，如果给他批评了一下就永远洗不掉了。有别人告诉我，说他写文章还引用我的话，赞成我的说法，但是我没有看到。

钱锺书是清华大学外语系毕业，冒效鲁是在扬州读的圣公会教会中学，后来到北京去读俄文专修馆，以第一名毕业，转去东北哈尔滨政法大学。他们两个人的共同特点是外文都好，不同的是冒效鲁是俄文好，钱锺书是西欧语言英文、法文好，冒效鲁有很多翻译著作，当然钱锺书后来的名气更大了。他们属于那种新式知识分子又能做旧诗的人，和我以前说的李拔可那些人不同，但他们的旧诗做得也很好。

他们两人的论诗观点不同，我简单讲几点。

陈石遗不赞成冒广生，钱锺书实际上和陈石遗的观点相同。换句话说，钱锺书和冒效鲁是朋友，但对他父亲的诗并不赞成，这是受了陈石遗的影响。从陈石遗的诗话，从《石语》当中，我发现陈石遗批评冒广生有几个地方，第一个是说冒广生从年轻的时候起就“并力”要做名士，因为想做名士就不读书，到晚年已弥补不及，时常要露马脚。“同光体”是所谓学人之诗，而冒广生的诗没有学问，所以陈石遗的意思就是冒广生的诗不行，甚至于《石语》上说冒广生用典故都用错了。第二个是说冒广生的诗接近黄仲则一流，黄仲则一些人的诗是陈石遗他们瞧不起的。钱锺书在《谈艺录》中就说到，冒广生诗哪些地方不好。冒广生有一本书，大概叫《后山诗注补笺》，钱锺书和冒效鲁谈的时候说，如果要是注一下的话就更好了，冒效鲁就说了一句话“谈何容易”。钱锺书在《谈艺录》上接着就说：我少年气盛，注几个给你看看。冒效鲁在提到光宣以来诗人的时候，称人都很客气，比如陈散原丈、樊樊山老人等，称陈石遗则直呼其名“陈衍”，而且说他媚世，

“平生师友都轻负，不负萧家颖士奴”，你一生对老师、朋友都有辜负，就是不负你的仆人。这是什么一个话呢，原来陈衍有个名著《近代诗钞》，最后收的一个人，是他的厨子张宗扬。把自己厨子的诗都选上去了，不是有私心吗！《石遗室诗话》中也有两处提到张宗扬，他说我的仆人喜欢做诗，书虽然读的不多，但诗也有做得不错等等，比较维护他的这位厨子。冒效鲁对陈衍的态度，在这个地方才流露出来。在钱锺书的《石语》中，可以看到冒广生对陈衍的不满，他在挽陈石遗的话中说：“我好名君好利。”钱锺书在下面加的话是：“盖反唇也。”钱锺书的立场还在站在陈石遗一方的。所以钱锺书和冒效鲁是诗友，但在最敏感的问题，也就是对冒广生的评价上，非常不同。我注意到，冒广生晚年自己也说：中年溺于词章，到晚年才做校勘，已经晚了，赶不上顾亭林这些人了。实际上陈衍、钱锺书的批评，也确实是打中了他的要害。

在对陈衍的态度上，两人不同。钱锺书批评人是很刻薄的，但他对陈石遗没有什么贬词，相反非常感激。因为陈衍把他介绍给李拔可，他对李拔可也非常尊敬。而冒广生、冒效鲁对陈衍不怎么样，冒广生曾经在陈石遗在世的时候就批评过他的诗，这个我不是看的原文，而是从陈衍的诗话中看到的。

第三个不同，是在对陈三立的态度上。陈石遗不赞成陈三立，《石语》上已经讲了很多，比如说陈三立诗晦涩，钱锺书也是反对晦涩的，实际上与陈石遗不谋而合，不过他自己没有公开地指说陈三立。钱锺书和陈三立也没有交往，而冒效鲁对陈三立是最感激的。

所以，钱锺书、冒效鲁两人论诗是有争辩的，在许多地方甚至是针锋相对的，具体地就是在对待当时三位大家陈三立、陈衍、冒广生诗作的态度上有不同。但是值得我们尊重的是，他们两人并没有因为这些分歧影响感情，一直到死都是很好的朋友。在漫长的岁月中他们一直互相感念，钱锺书约冒广生去北京，冒广生约钱锺书游黄山，来信了都恨信太短，等等。而且他们是通家之好，冒效鲁羡慕钱锺书有杨绛为伴，晚上用功有红袖添香；钱锺书羡慕冒效鲁有“丹青妙手”的夫人贺翘华，“绝世人从绝域还”。

大家都知道钱锺书有个《石语》，是钱锺书记载陈石遗跟他一夜的谈话。有一年过除夕，就是年三十晚上守岁，陈石遗特别把钱锺书请到家里谈了一夜，钱锺书就把谈话记录下来，编了一本《石语》，把陈衍对许多人不满的话全讲出来了。平常做文章、做诗往往都是“官话”，而这些都是正面不讲的“实话”。钱锺书把它记下来后没发表，因为牵涉到骂好多人。稿子很早在他外国留学时就做成了，一直到晚年才发表出来。《石语》上面提到一本书，钱锺书说在他之前，陈石遗有个学生叫作黄曾樾，也是跟陈石遗谈话，谈得次数多，结果就写了一本书，叫作《谈艺录》。钱锺书特别说《谈艺录》上有的，他就不说了。现在已很难找到《谈艺录》，所以我就专门买这种书，谁注意这种小书啊？当时仅两毛钱。作序的人是鼎鼎有名的林庚白，很狂傲的一个人。

作学问必须要资料，我凭这些资料就能写篇文章，谈从《谈艺录》到《石语》的问题。钱锺书记的《石语》，黄曾樾记的《谈艺录》，同是记一个人，但这两书前后有发展，我举三个例子：第一个是陈三立，就是陈寅恪的爸爸。《谈艺录》上也说到陈三立，说陈三立喜欢用僻涩的字，什么意思呢？他是因为当前诗太俗太熟了，所以就用深奥僻涩的字来医治这个病。这话不坏啊，这是陈三立成为一大家的道理，他故意用生涩的字就是当前的诗太俗太熟了，这话没贬义啊。要说贬义，到钱锺书记《石语》就不同了，他说陈三立就是喜欢把通俗的字改成不通俗的字，比如“柳暗花明”，他不用的，而用什么“花高柳大”，举出好多例子，说过之后，拍手大笑，这完全就是讽刺陈三立的。他又说了一个人文章要传，必须要后人懂，你这个诗后人都看不懂了，还传什么东西呢？不要看你生前名大，死了就完了，这不都是骂陈三立的话吗？这个就是发展，从不置褒贬到完全否定。什么道理呢？因为黄曾樾记《谈艺录》时陈石遗的年纪还没有后来大，还不敢这么狂妄，后来对钱锺书谈话时就不同了。第二个郑孝胥,《谈艺录》上面说郑孝胥也不多，就说郑孝胥的诗好，是在一两联好，其他的也不怎么样，这个也还可以的意思；到《石语》上就不同了，说郑孝胥怕老婆，娶小老婆，半夜里跑进小老婆房间，这些话都是人身攻击的话了。第三个王壬秋，大名鼎鼎,《谈艺录》对王壬秋也有批评，但也就说他除了《湘军志》之外没有什么好东西等等，仅此而已罢了。《石语》上面就不同了，说王个子矮什么的，牵涉到对诗人的攻击了。我从《谈艺录》到《石语》就可以写篇文章，我这才举了三个人，把它所牵涉到的人一起做个比较，看看哪些发展了。最后说为什么黄曾樾的笔下和钱锺书的笔下出现这么大的差异呢？我估计不外两个原因：一个原因是姓黄的比较谨慎，陈石遗可能说了这些话，但他不记，因为发表的时候陈石遗也没看过——我今天讲的好多，你们将来发表的时候有些加有些不加——黄曾樾有意识地把这些话删掉了；而钱锺书素来是骄傲的，他正好把陈衍批评人的话记下来，这是一个原因。第二个原因，是陈石遗他年纪大了，倚老卖老，骂人也无所谓了。

提到陈石遗，顺便再讲一事。《石遗室诗话》有两部分，一部分是《石遗室诗话》正编，是公开出版的，一部分是《石遗室诗话》续编，早先并没有公开出版，是无锡国学专科学校自印的。我这个书是从名人家里流出来的，它是陈柱送给史学家何炳松的，陈柱是王蘧常的学生，王蘧常是写章草的。陈柱，广西人，广西出名的人很少，陈柱是一个，曾作《中国散文史》。他的诗集叫作《待焚稿》，章士钊《柳文指要》讽刺他："你不焚何待?"陈柱自谓一生有三大乐事：第一大乐事是受文于唐文治，唐文治是无锡国学专修馆的创办人；第二大乐事是受诗于陈石遗；第三大乐事是得天才英才而教育之。大家都知道陈石遗标榜自己不仅诗好，文也好，但是很少有人看过陈石遗谈文的东西。我这有《石遗室论文》，也是无锡国学专修馆印出来的，陈石遗的东西我就买了这三种。

钱锺书有些单篇的文言文文章现在仍没有发表，我就得到三个：一个是为冒效鲁诗集作的序，当时冒效鲁的兄弟冒舒湮给他哥哥印集子的时候，写信给钱锺书，问他为哥哥的诗作的序能不能寄过来，钱锺书说他家经过"文化大革命"，东西都乱了散失了，找不到，要问问你的嫂子还有没有。后来大概是冒舒湮找到了。这不是全诗的序，是早年为冒效鲁诗作的，但很有价值，他也没有对冒效鲁全部肯定，既说了好处，也说了不足的地方，这是钱锺书的特点。第二个是为胡先骕诗作的跋，因为胡先骕请他校阅删存。这个大陆没有印出来，中国台湾出的胡先骕诗集上有。第三个就是为卢弼《慎园诗选》作的序。这个我还有话讲，牵涉到很多事情。卢慎之并不是诗人，他是个史家，做《三国志集解》的，和钱基博、钱锺书父子都很要好。卢弼哥哥叫卢木斋，南开大学有木斋图书馆，里面藏的书好得不得了，木斋文集的序是钱基博作的，卢弼自己也作了一个跋，跋说："我的哥哥是以事功出名，不以文章出名，他的文章大部分都是我作的。"这是事实，卢弼另外又送了我一个稿子《代伯兄木斋作》，说明原委，这种事情过去常有。严复的《天演论》就是卢木斋第一个刻的，他一生收藏图书。总之，卢慎之的诗序是钱锺书作的，哥哥卢木斋的文序是他爸爸钱基博作的。当时正是中华人民共和国成立初期，这些老先生苦了一辈子做的东西没有办法出版，又没刻的，又没石印的，排字也不行，这就出现一种书：油印本。过去学校的讲义就是刻了再油印，这种形式就抢救了一批书，不然这些书就没有了。像这样的书一次至少印五十本吧，多也不多，因为蜡纸印多了会破，但毕竟有几十本传下来了。图书馆又不收，全靠诗人送，所以很宝贵。这些书我遇到就藏，你们如果碰到就买，不买就没有了。民国的这批老先生，当时都七老八十了，自己感到一辈子的东西散失掉可惜，就用这种方法印出来。我收藏的不只这几种，收了一批，其中还有钱基博送我的经过他校订的一些。我曾问徐雁他有没有，他说他也不多。我的意思是他如果多的话，可以合起来编一个书目。

钱锺书一生就碰了这么一个钉子，为《慎园诗选》作序惹出麻烦来。钱锺书的序把卢慎之的诗说得很好，拿当时湖北的樊樊山等四个人来比，认为这四个人都不如卢慎之好，说卢慎之好在既是学人又是诗人，就好在这个地方，那些人学问不如他。钱锺书甚至讽刺樊樊山，说天下的好对联都被他用光了，但他的诗有个毛病，是“花瓣上看桃李”。这话很讽刺，在花瓣子上看桃李，不识大树，不得根本了。结果这个序出来，说不定卢慎之还接受了，他就写信给钱锺书表示感谢，结果天津另外一个不出名的人物，姓金的，叫金钺，他反对，说卢慎之把前辈压低了说自己好，这个给后人看了怎么办呢？应该要钱锺书改写。这个时候卢慎之就为难了，没有办法，他就把事情向钱锺书和盘托出，钱锺书就回了一封信，例举典故，说诗文评上没有什么禁忌的，皇帝不好要说，老子不好也要说，意思就是说一个字也不能改。卢慎之就把这封信给那个人看，那个人就说：你把我们来往的信件都发表出来给后人看吧！这个可以说是钱锺书一生所碰到的唯一的这样一件事情。

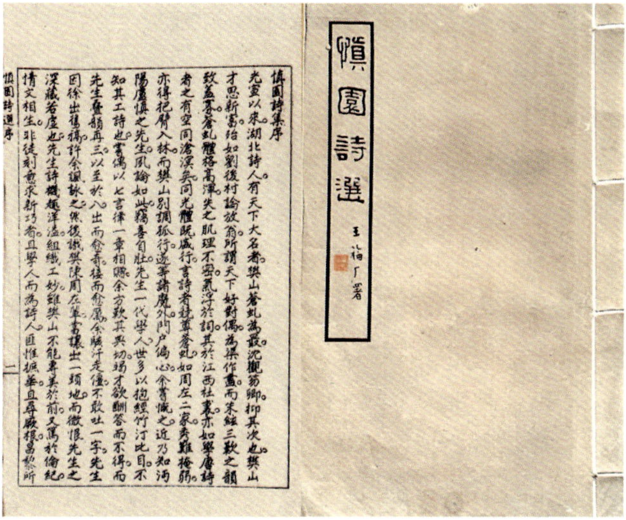

慎園詩選
王福厂署

慎園詩集序
光宣以來。湖北詩人有天下大名者。樊山蒼虬爲最。沈觀葯卿。抑其次也。樊山才思新富。殆如劉後村論放翁所謂天下好對偶。爲渠作盡。而未能三歎之韻致蓋寡。蒼虬體格高渾。失之肌理不密。氣浮於詞。其於江西杜袁。亦如舉唐詩者之有空同滄溟矣。同光體既盛行。言詩者鼓箑蒼虬。如周左二家。秀雅掩弱。亦得把臂入林。而樊山別調孤行。遂等諸魔外。門户偏心。余嘗慨之。近乃知沔陽盧慎之先生。夙論如此。獨喜自壯。先生一代學人。世多以抱經竹汀比目。不知其工詩也。嘗偶以七言律一章相贈。余方歎其典切。竭才欲酬答而不得。而先生疊韻再三。以至於八。出而愈奇。接而愈厲。余駭汗走僵。不敢吐一字。先生因徐出舊稿。許余諷詠之。然後識樊陳周左輩當讓出一頭地。而微恨先生之深藏若虛也。先生詩機趣洋溢。組織工妙。雖樊山不能專美於前。又篤於倫紀。情文相生。非徒刻意求新巧者。且學人而爲詩人。匪惟摭華。且尋厥根。昌黎所

慎園詩選序　一

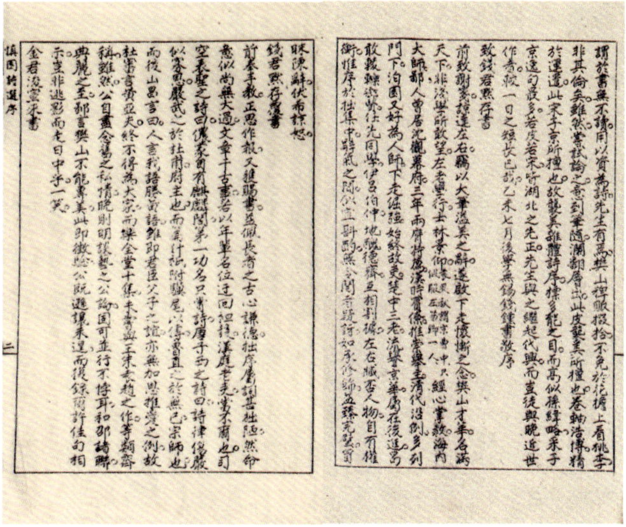

謂於書無不讀。用以資爲詩。先生有焉。樊山稗販掇拾。不免於花擔上看桃李。非其倫矣。雖然。嘗試論之。意到筆隨。瀾翻層出。此皮襲美所擅也。卷軸浩博。精於運遣。此宋子京所擅也。故襲美雜體詩序。標多能之目。而高似孫緯略采子京遠句最多。若皮若宋。皆湖北之先正。先生與之繼起代興。而豈徒與晚近世作者較一日之短長已哉。乙未七月後學無錫錢鍾書敬序

致錢君默存書

前致謝箋。諒達左右。竊以大筆溢美之辭。遂啟下走懷慚之念。樊山才華名滿天下。非淺學所敢望。左老盛行士林景仰。[illegible] 經心書教海內大師。鄙人曾居沈觀幕府三年。兩膺特薦。深時賞係。惟樊主清代沿例。多列門下。洎園又好爲人師。下走總強始終故吏。楚中三老。流譽京華。曷在後進。曷敢數蹤。[illegible] 先同學伊呂伯仲。地擬德齊。互相引據。左右臧否人物。自有權衡。惟序於拙集中。辭氣之間。似宜斟酌。無令閱者疑訝。如承修飾。益臻完美。寔貽陳辭。伏希諒恕。

錢君默存覆書

前奉手教。正思作報。又辱賜書。益佩長者之古心謙德。拙序措詞甚拙陋。然命意似尚無大過。文章千古事。若以年輩名位迂回捉搦。漢庭老吏當不爾也。司空表聖之詩曰。儒家自有麒麟閣。第一功名只賞詩。唐子西之詩曰。詩律傷嚴似寡恩。嚴武之於杜甫。府主也。而僅附驥尾以傳。曾鞏之於無己。宗師也。而後山思言曰。人言我語勝黃語。雖即君臣父子之誼。亦無加恩推讓之例。故杜審言黃亞夫。終不得爲大宗。而樂全堂十集。未嘗與王宋表趙之作等類齊稱。雖然。公自盡念舊之私情。晚則明談藝之公論。固可並行不悖耳。和鄙詩聯典麗之至。鄙言樊山不能專美。此即徵驗。公既選錄未遑。而復錄爾許佳句。相示豈非逃影而走日中乎。一笑。
金君漫雲承書

慎園詩選序　二

钱锺书《慎园诗集序》

附录三　钱锺书冒效鲁诗案

——兼论《围城》人物董斜川及其他

公元1938年（民国二十七年）8月，“游学欧洲”的钱锺书（字默存，号槐聚）、杨绛（原名季康）夫妇，抱着小女钱瑗，乘法国邮船阿多士Ⅱ（Athos Ⅱ）回国。这时，原在中国驻苏联大使馆工作的冒效鲁（原名景璠，字孝鲁、效鲁，以字行，号叔子），与妻贺翘华，携子女，由莫斯科取道欧洲回国。“在法国马赛舟中”，钱、冒相识。

冒效鲁生于1909年（清宣统元年），钱锺书生于1910年（宣统二年）。相识时，冒三十岁，钱二十九岁（皆按中国传统虚龄计算）。两位才华横溢、意气风发、目空一切的青年诗人，气味相投，一见如故，唱和从此开始。

冒效鲁《马赛归舟与钱默存论诗次其见赠韵赋柬两首》略云：“邂逅得钱生，芥吸真气类。行穿万马群，顾视不我弃。谓一代豪贤，实罕工此事。言诗有高学，造境出新意。滔滔众流中，盍树异军帜。”“云龙偶相从，联吟吐幽思。苦豪虽异撰，狂狷或相类。……登高试一呼，响应万邦帜。舍我其谁欤？孟言愿深味。”钱锺书原唱，因系少作，未收入《槐聚诗存》，从冒诗略见二人在舟中初逢论诗的情景。高谈阔论的内容，不同见解的争辩，下面有专题介绍，这里先说一说二人初逢论诗就感到“狂狷或相类”。

恃才而狂，是钱、冒共同特点之一。李宣龚（字拔可，号墨巢、观槿）《硕果亭诗》卷下（己卯）《喜锺书孝鲁见过》云：“大难二妙能相访，令我犹生八九狂。”冒效鲁《次答墨巢丈喜余偕默存见过》云：“倒屣已叨宽礼数，却愁无药可医狂。”诗坛前辈赞赏钱、冒的才华，称为“二妙”，并宽容二人之狂。（冒效鲁《呈观槿年丈》云：“公独容我狂，骨鲠任吐弃。”）

李宣龚是最早将钱、冒合称者。夏承焘《天风阁学词日记》中称钱、冒为“二俊”。钱锺书《答叔子》云：“篇什周旋角两雄，狂言顿觉九州空。”“二妙”“二俊”之称，不如“两雄”肖其人，“雄”与“狂”相连也。1953年冒效鲁《雨后独游兆丰公园忆默存北京》云：“书来北客狂犹昔，梦到西湖句未空。”自少至老其狂不改。

钱、冒之狂，与痴相连。冒效鲁《红海舟中示默存》云：“苦殚精力逐无涯，我与斯人共一痴。”二人都痴迷于诗，因诗雄而狂。痴之僻性不能改，狂之习气亦不能改，确是“无药可医狂”。

大家知道，曹操对刘备说，天下英雄惟备与操。白居易曾用这个典故，比拟他与元稹之诗齐名。钱锺书、冒效鲁以“两雄”自喻自勉，可见自命不凡[①]。二人自马赛舟中相识以后，唱和不绝。钱锺书《槐聚诗存》中，与冒效鲁唱酬之作最多；冒效鲁《叔子诗稿》中，与钱锺书赠答之什最夥。钱、冒都不轻许人。冒效鲁对钱锺书说“君诗工过我，戛戛填难字”，可见冒对钱之尊重。钱锺书《谈艺录》卷首云：“余雅喜谈艺，与并世才彦之有同好者，稍得上下其议论。二十八年夏，自滇归沪渎小住。友人冒景璠，吾党言诗有癖者也，督余撰诗话。曰：‘咳唾随风抛掷可惜也。’余颇技痒。”《谈艺录》撰成后，钱锺书又有函致冒效鲁，略云：“此书之成，实由兄之指使，倘有文字之祸，恐兄亦

① 元好问《论诗三十首》之二：“曹刘坐啸虎生风，四海无人角两雄。”此“曹刘”指曹植、刘桢。

难逃造意犯之罪耳。呵呵！”可见钱对冒之尊重。

钱、冒互相尊重，并互相称赞夫人。钱锺书妻杨绛是作家，冒效鲁妻贺翘华是画家。才子才女，佳偶天成。钱锺书有《题叔子夫人贺翘华女士画册》诗，称赞贺翘华为“绝世人”、“丹青妙手”。又，《叔子五十览揆寄诗遥祝即送入皖》云：“然脂才妇长相守，粉竹金松共岁寒。”冒效鲁1947年《茗座赠默存》云：“儇慧怜娇女，居然有父风。”1955年《得默存九日寄怀绝句逾旬始报》云：“几回北望倚危栏，袖里新诗锦百端。想得添香人似玉，薰炉一夕辟邪寒。”自注：“谓夫人杨绛女士。”称赞杨绛、钱瑗。

以上介绍了钱、冒“文字定交”，从相识到成为密友的实况，但这只是表面现象，要进行深层分析，才能发现二人既是诗友，又是论敌。冒效鲁《送默存讲学湘中》云：“我生寡朋俦，交子乃恨晚。……回思谈艺欢，抗颜肆高辩。睥睨一世贤，意态何瑟僴。每叹旗鼓雄，屡挫偏师偃。光景倏难追，余味犹缱绻。”这首诗反映出，钱、冒论诗，旗鼓相当，见解不同，互不相让。难能可贵的是，二人不以争辩为嫌，反以为乐，感到余味无穷。1939年冒效鲁作《光宣杂咏》，钱锺书作《叔子寄示读近人集题句，媵以长书，盍各异同，奉酬十绝》。对比钱、冒之诗。二人论诗的见解，虽有分歧，但能互相尊重，“盍各异同”，即不强求观点一致。这个原则，使二人能够长期保持诗友论敌关系。本文首次提出这个问题，并以二人对陈三立、陈衍、冒广生三位诗翁的态度为例，进行论证。

一　钱锺书、冒效鲁对陈三立态度之比较

要了解钱锺书对陈三立的态度，先要了解陈衍对陈三立的态度。

汪国垣《光宣诗坛点将录》云，“诗坛都头领二员：天魁星及时雨宋江——陈三立”，“天罡星玉麒麟卢俊义——郑孝胥”，“一同参赞诗坛军务头领一员：地魁星神机军师朱武——陈衍”。此说影响甚大，流传甚广。陈衍虽对其评价甚为不满，然亦承认陈三立、郑孝胥为江西、福建两大诗派之领袖。据陈衍《石遗室诗话》卷三一云：“近来诗派，海藏以伉爽，散原以奥衍，学诗者不此则彼矣。”附录《奚无识诗叙》云：“自吾友陈散原、郑海藏以五七言，提倡于大江上下且三十年，江表之为诗者日益众。……大略才调俊爽者，多与郑近；思力奥衍者，多与陈近。”

陈衍虽承认陈三立、郑孝胥是学诗者所祈向，实际上他对陈三立的诗，甚为非薄。如《石遗室诗话》卷一云：“伯严论诗，最恶俗恶熟，尝评某也纱帽气，某也馆阁气。余谓亦不尽然。”卷三云：“语必惊人，字忌习见。……近日沈乙庵、陈散原，实其流派。”这两段话，对陈三立似乎未作严厉的批评，其实只说了一半（不重要的一半）。在私人谈话中，才流露出那重要的一半。

门人黄曾樾笔记《陈石遗先生谈艺录》云：“（师云）陈散原文胜于诗。”“师云：所谓高调者，音调响亮之谓也。如杜之‘风急天高’，是矣。散原精舍诗，则正与此相反。”“师云：散原精舍诗，专学生涩，盖欲免俗免熟，其用心苦矣。”

陈衍石遗说，钱锺书默存记《石语》云：“陈散原诗，予所不喜。凡诗必须使人读得、懂得，方能传得。散原之作，数十年后恐鲜过问者。早作尚有沉忧孤愤一段意思，而千篇一律，亦自可厌。近作稍平易，盖老去才退，并艰深亦不能为矣！为散原体者，有一捷径，所谓避熟避俗是也。言草木不曰柳暗花明，而曰花高柳大；言鸟不言紫燕黄莺，而曰乌鸦鸱枭；言兽切忌虎豹熊罴，并马牛亦说不得，只好请教犬豕耳。丈言毕，抚掌大笑。”

1927年冬，黄曾樾向陈衍学诗时，“将所闻于函丈者，随时记录之，其已见于先生著作者，均不记”。1930年发表出来。1932年阴历除夕，陈衍招钱锺书“度岁”，锺书“退记所言，多足与黄曾樾《谈艺录》相发。”至1996年亦刊布于世。从《（陈）谈艺录》到《石语》，陈衍两次私人谈话，都是不见于《石遗室诗话》者，是他内心深处真实思想的倾吐，而且一次比一次坦率。陈衍严厉批评陈三立因“恶俗恶熟”，而“免俗免熟”“避熟避俗”，而“专学生涩”，力求艰深，至“老去才退，并艰深亦不能为矣”！陈衍直言自己“不喜”陈三立诗，甚至断言“数十年后恐鲜过问者”。从“言毕，抚掌大笑”，反映出他得意之至。

钱锺书与陈三立不相识，无往还。锺书《谈艺录》二九批评竟陵诗派云“竟陵派钟谭辈自作诗，多不能成语”，举其“磬声知世短，墨迹引心遐”、“虫响如成世”等句，认为“酷肖陈散原”（页102）。《谈艺录补订》批评陈三立之表章阮大铖《咏怀堂诗集》，是“未了然于诗史之源流正变，遂作海行言语。如搔隔靴之痒，非奏中肯之刀”（页103）。此二例可见锺书对三立之非薄。《围城》小说中对“散原体”有嘲讽，与陈衍观点一脉相承（详下）。

冒效鲁对陈三立极为钦佩。1928年效鲁在北平，拜谒三立。《次韵赋呈散原先生》云：“每闻佳作惊潜采，才接高谈已别筵。”1939年效鲁在上海，《光宣杂咏·陈散原丈》云：“‘所忧直纳无穷世，敢死翻余自在眠。’（自注：集中句。）不解茂先渠自瞶，散原诗法本游天。”所谓“渠自瞶”，指诋毁“散原体”者。1962年效鲁在合肥，《黄山樵子，夜过谈艺，臧否人伦，推倒元白，舌底澜翻，势不可当，去后戏为三绝》之二、三云：“强口马兮决鼻牛，呶呶争辩几时休？（自注：渠诋散原翁为豁鼻老牛，余意不能平。）钉座黄花应笑我，踏携明月送髡囚。（自注：此散原句法，当撄樵子之怒耶。）”“前人朴质今人笑，面辱乡贤邵祖平。（自注：散原尝为年家子同乡邵某诗作序，恭维未餍其欲，邵于散原面将序文撕碎以辱之，散翁貌益谦下。）诸老风流难仿佛，得君狂者竟何人？”前一首学习陈三立句法，以表钦佩，反对诋毁者；后一首歌颂三立德艺双馨，陈之谦恭与邵之骄傲形成鲜明对比。1962 年效鲁在合肥，《癸卯岁暮杂咏》之六云：“伯瑟工诗狎二陈，（自注：后山、简斋。）散原月旦最持平。诗坛老宿今俱尽，年少俄惊白发新。（自注：君与余少日同以诗受知散叟，今各垂老。）”此首感念三立对己之赏识。又《忆散原老人仍次前韵》云：“旷代难逢唯此老，平居永忆隔孤灯。摇天鬓影谁夸得？誓墓文词世鲜能。唾弃钟罍尊盎缶，鸡鸣莫便误苍蝇。”此首极表对三立钦佩之忱，对诋毁三立者当头一棒。

二　钱锺书、冒效鲁对陈衍态度之比较

《石遗室诗话·续编》卷一云：“无锡钱子泉基博，学贯四部，著述等身。肆力古文词，……哲嗣默存（锺书）年方弱冠，精英文，诗文尤斐然可观，家学自有渊源也。性强记，喜读余诗，尝寄以近作，遂得其报章云：‘新诗高妙绝跻攀，欲和徒嗟笔力孱。自分不才当被弃，漫因多病颇相关。半年行脚三冬负，万卷撑肠一字艰。那得从公参句法，孤悬灯月订愚顽。’第六句谓余见其多病，劝其多看书少作诗也。”

《石语》附录：“余二十一年春在北平得丈赐书，问病并示《人日思家怀人诗》，亦敬答一首，以少作删未入集。”

对照二文，陈衍所云“尝寄以近作”，即锺书所云之《人日思家怀人诗》。陈衍所云“得其报章”，即 1932 年 3 月锺书在

《清华周刊》第 37 卷第 5 期发表，后载入《石语》附录之《敬简石遗诗老》。《石遗室诗话·续编》所载者，为锺书之初稿；《石语》所附录者，为锺书之定稿。第七句“句法”改为“句律”，第八句改为“孤灯悬月起痴顽”。

《石语》附录：“二十一年春，丈点定拙诗，宠之以序。”序略云：“默存精外国语言文字，强记深思，博览载籍，文章淹雅，不屑屑枵然张架子。喜治诗，有性情，有兴会，有作多以示余。余以为性情兴会固与生俱来，根柢阅历必与年俱进。然性情兴趣亦往往先入为主而不自觉。而及其弥永而弥广，有不能自为限量者。不臻其境，遽发为牢愁，遁为旷达，流为绮靡，入于僻涩，皆非深造逢源之道也。默存勉之。以子之强志博览，不亟亟于尽发其覆，性情兴会有不弥广弥永独立自成一家者，吾不信也。”

1932 年阴历除夕，陈衍招锺书“度岁”，锺书“退记所言”为《石语》。

《石语》前言：“民国二十四年五月十日，石遗丈八十生辰，置酒苏州胭脂桥寓庐，予登堂拜寿。”此年冬，锺书“在牛津”，陈衍寄诗给他，锺书“复书谢”，“以后音讯遂疏”。

1937 年陈衍逝世，锺书闻讯，“欷歔惝怳，为诗以哭”，即《槐聚诗存》之《石遗先生挽诗》二首。第一首云：“几副卿谋泪，悬河决溜时。百身难命赎，一老不天遗。竹垞弘通学，桐江瘦淡诗。重因风雅惜，匪特痛吾私。（自注：先生诗学诗格皆近方虚谷，时人不知有《桐江集》，徒以其撰诗话，遂拟之随园耳。）”第二首云：“八闽耆旧传，近世故殊伦。蚝荔间三绝，严高后一人。坏梁逢丧乱，撼树出交亲。未敢门墙列，酬知只怆神。（自注：宋严仪卿之《诗话》、明高廷礼之《品汇》，皆闽贤挹扬风雅，改易耳目者。先生影响差仿佛之。）”

清末民初诗坛领袖之一的陈衍，对青年时期钱锺书所表现出的才华，极为欣赏，夸奖、勉励、教诲、期望，无微不至。锺书感念知己，对陈衍极为崇敬。陈衍生前，锺书歌颂其诗“绝跻攀”，祈求“参句律”，“起愚顽”，遗憾的是未列门墙。陈衍卒后，锺书在挽诗中，对他作盖棺之论：反对当时人以袁枚比拟陈衍，认为其诗学诗格皆近于元方回，学术之弘通则如清朱彝尊，在“闽贤”中可与宋严羽、明高棅并列为三。尚未见过锺书对当时的其他诗翁有这样的崇敬和深情。

冒效鲁与陈衍无来往。1939 年效鲁在《光宣杂咏》组诗中，尊称陈宝琛为“陈弢庵丈”，易顺鼎兄弟为“易实甫、由甫丈”，康有为为“康长素丈”，陈三立为“陈散原丈”，林纾为“林琴南丈”，而对郑孝胥、陈衍直呼其名。诸人皆为父友，而区别对待，可见其对孝胥、陈衍之鄙视。诗云：“白发江湖兴不殊，阉肰媚世语宁诬。平生师友都轻负，不负萧家颖士奴。”所谓“媚世”，指陈衍撰诗话，恭维权贵；“轻负”之“友”，包括冒广生在内；“不负”之“奴”，则指陈衍所宠之厨师张宗扬，表现在：（1）陈衍所选编之《近代诗钞》，“以厨师张宗扬之诗殿焉”。（2）陈衍所撰之诗话中，誉扬张宗扬父子，如《石遗室诗话》卷五云：“余仆张宗扬，侯官绅带乡人。……喜弄文墨，无流俗嗜好，行草书神似苏堪，见者莫辨，掞东、众异、梅生最喜之。欲学诗于余，余无暇教之，惟从余奔走南北，……无游不从，钉铰之作，遂亦裒然径寸，然识字甚少，艰于进境。前岁除夕，亦和余村韵三首云：……三首起句俱好。又九日次韵和余天宁寺登高之作云：……意自寻常，音节却亮。”《续编》卷六云：“张宗扬读书至不多，而诗句时有清真可喜者。”又云：“京生，宗扬子，有父风，喜为纪游诗。”冒效鲁这首绝句，痛斥陈衍轻负师友而不负奴。

孝萱按：非冒效鲁一人讽刺陈衍宠其厨师，当时之论诗者，亦表示不满。如汪国垣《光宣诗坛点将录》云："监造供应一切酒醋一员：地藏星笑面虎朱富——张宗扬，此脯掾也。小人张，主人衍。"附录章士钊《论近代诗家绝句》云："众生宜有说法主，名士亦须拉缆人。石遗老子吾不识，自喜不与厨师邻。"

三　钱锺书、冒效鲁对冒广生态度之比较

要了解钱锺书对冒广生的态度，先要了解陈衍对冒广生的态度。

《石遗室诗话》卷四云："（周）季贶外孙冒鹤亭早慧有声，长而好名特甚。……癸卯始见君诗，佳句甚多，率笔者亦时有。"摘引冒广生《饯春诗兼怀肯堂》"酒酣拍遍阑干说，今夜星无座客稠。忽忆论心范无错，落花如雪过扬州"数首，评曰："都可与仲则、船山得意之作相挹袖矣。"又云："君喜填词，诗中多词家语。……'酒酣'二句，又从仲则'忽忆酒阑人散后，共搴珠箔数春星'来矣。"陈衍非薄黄诗，曾劝钱锺书"黄仲则尤不可为"，可见他以黄景仁比冒广生，是贬非褒。

同书卷十二云："余生平论诗，稍存直道，然不过病痛所在，不敢以为勿药；宿瘤显然，不能谬加爱玩耳。至于是丹非素，知同体之善，忘异量之美，皆未尝出此也。孙师郑不厌其严，冒鹤亭则恶其刻，甚者丛怨成隙，十年之交，绝于一旦。"冒广生未与陈衍绝交，还往苏州庆祝陈衍八十大寿。陈衍也不因广生"恶其刻"而不再进行批评，更进一步地嘲讽广生"空疏"，"未能向学用功"。

《石遗室诗话·续编》卷二云："鹤亭当壮盛之年，即喜充老辈，留长髯，称老夫，此皆名士结习，欧阳公称醉翁时，年尚未

四十也。"《石语》云："为学总须根柢经史，否则道听途说，东涂西抹，必有露马脚狐尾之日。交好中……近如冒鹤亭，皆不免空疏之讥。……鹤亭天资敏慧，而早年便专心并力作名士，未能向学用功。前日为《胡展堂诗集》求序，作书与余，力称胡诗之佳，有云：'公读其诗，当喜心翻倒也。'夫'喜心翻倒'出杜诗'喜心翻倒极，呜咽泪沾巾'，乃喜极悲来之意，鹤亭误认为'喜极拜倒'，岂老夫膝如此易屈邪?"钱锺书"按,《小仓山房尺牍·答相国、与书巢》二札皆有此语，是随园已误用矣"。又"按，孝鲁见此语予云：原函作'喜心倒极'"。

钱锺书因冒效鲁而识冒广生。锺书非薄广生，试举二例：(1)《谈艺录》二九（补订二）云："(冒广生)《小三吾亭诗录·读公安竟陵诗》七古云：'公安以活法起死，竟陵以真诗救假。'……小三吾亭语殊模棱。"(页103)此条批评冒广生对公安、竟陵二诗派评语之非。(2)《谈艺录补订》云："游学欧洲，……归舶邂逅冒君景璠，因以晋见其尊人疚斋先生，并获所著《后山诗天社注补笺》。其书网罗掌故，大裨征文考献，若夫刘彦和所谓'擘肌分理'，严仪卿所谓'取心析骨'，非所思存。余谓补笺洵善矣，胡不竟为补注耶。景璠嗤余：'谈何容易。'少年负气，得闲戏取山谷诗天社注订之。"(页23)此条批评冒广生所著陈师道诗补笺，不具备刘勰、严羽论文评诗那种思路与方法。《围城》小说中贬冒广生诗，与陈衍观点一脉相承（详下）。

冒效鲁面对陈衍、钱锺书等对冒广生的批评指责，抱什么态度呢？他在《冒鹤亭先生传略》中说："他交游遍天下。交游既广则难免意气不投，有捧就有骂，我父五十多岁时，曾写一首诗悼念徐仲可说：'知交遍天下，宁免轻与妒。惟君无它肠，欸欸出情愫。'"这是冒氏父子对待批评指责广生的态度。《传略》又说："我父在评校过的《困学纪闻》的封面上写道：'庚寅八月疚斋七十八岁点读。顾亭林《日知录》仿此而作。恨吾中岁溺于词章，五十后专为校勘之学，秉烛余生不能将胸所积蓄，一一笔之于书，继两宁先生大业矣！'"（"两宁"指梁宁居士王应麟、宁人顾亭林）这是冒氏父子对待讥笑广生"空疏"的回答。

综合以上，钱锺书崇敬陈衍，非薄陈三立、冒广生。冒效鲁钦佩陈三立，鄙视陈衍；诗词是冒氏家学，效鲁不墨守庭训。据《叔子诗稿》附录《诸家评语》，1932年陈祖壬曰："作者力追西江。"1939年李宣龚曰："高处直与东野、后山为邻。""与效鲁为文字交逾三纪"的钱萼孙（仲联），为诗稿撰序，对效鲁的创作历程，作了小结："少学后山，而（冒广生）先生广以玉溪。"《石遗室诗话·续编》卷六云："鹤亭诗并不似黄陈，其自谓学后山者，结习也；'未得其拙'则自知之明，自以为不好处，吾以为正其好处。至为作年谱，为注诗，则钦仰其人，无不可也。"父学陈师道而"不似"，子学陈师道可"为邻"，举此例可见冒广生、效鲁诗法之异同。

附　录

（一）《围城》借描绘董斜川嘲讽冒广生、陈三立

1946年，《围城》在《文艺复兴》杂志第一卷第四、五、六期连载，后出版单行本。《吴宓日记》1946年8月3日记："旧诗人董斜川，则指冒广生之次子冒景□，锺书欧游同归，且曾唱和甚密者也。"当时看出《围城》以董影冒者，何止吴宓，但吴宓形于文字，本文不能不提到他。吴宓已以读者身份看出，冒效鲁本人更是"对号入座"了。钱锺书生前否认（例如他写给苏渊雷的信中说"非弟之有心描画也"），而杨绛承认。杨绛在1985年

发表的《记钱锺书与〈围城〉》文中说："有两个不甚重要的人物有真人的影子，……一位满不在乎，……锺书夸张了董斜川的一个方面，未及其他。"（此文又附录于《钱锺书集·围城》卷末）

吴宓未说明《围城》以董影冒之证据，又误云冒效鲁为冒广生"次子"。近年有考证钱以董影冒者。本文详举七证；有与别人相同者，也有别人未提出而我提出者，还有与别人不同者。

1. 杨绛说，《围城》中董斜川"有真人的影子"，未说此人是谁，此人以冒效鲁最合。理由如下：

（1）瞿宣颖撰冒广生私谥"文敏"议，特别说明是"如皋冒巢民先生之旁系"。冒襄字辟疆，号巢民，明末四公子之一，有爱姬董白（字小宛）。《围城》以"董"影冒。

（2）宋苏轼季子苏过，字叔党，号斜川。冒效鲁为冒广生第三子，号叔子。《围城》以"斜川"影冒效鲁。苏轼、苏过父子与冒广生、冒效鲁父子，均诗人，身份吻合。

（3）《围城》说："董斜川的父亲董沂孙是个老名士，虽在民国做官，而不忘清朝。"是不是以宋末元初的王沂孙影冒广生呢？我认为：沂、夷音同，沂孙者，谓冒广生是夷族后裔，而专指王沂孙不符合冒氏为少数民族。"（方鸿渐）说：'老太爷沂孙先生的诗，海内闻名。'"对董沂孙的描写（尤其是"老名士"），与冒广生吻合。

（4）《围城》说："另一位叫董斜川，原任捷克中国公使馆军事参赞，内调回国，善做旧诗，是个大才子。""董斜川才气甚好，跟着老子做旧诗。""大才子"之称，非冒效鲁当受不起。"跟着老子做旧诗"，与《叔子诗稿》附《家大人鹤亭先生作诗一首示景璠》"我有五男儿，璠也得吾笔"吻合。钱锺书以"捷克中国公使馆军事参赞"影冒效鲁原任中国驻苏联大使馆秘书。

（5）《围城》说："董太太是美人，一笔好中国画，跟我们这位斜川兄真是珠联璧合。"与冒效鲁妻贺翘华吻合。贺翘华是名画家贺良朴女。夫为才子，妻为才女，不愧"珠联璧合"之誉。

（6）《围城》说："（苏小姐道：）'不知道近代的旧诗谁算顶好。'""（董斜川：）'当然是陈散原第一。'"与冒效鲁称陈三立诗"旷代难逢"吻合。

（7）《围城》描写董斜川讲"掌故"，称樊增祥为"老世伯"。据《叔子诗稿·壬子岁暮沪游得口号如干首，纪实等于开米盐琐碎账，殊不成诗也》："玉台诗画结缡时，八六樊翁善颂辞。"自注："余于岁庚午腊八结缡北京报子街聚贤堂，……樊翁主婚并赠联云：'金鼎声华金马贵，玉台诗画玉人双。'""老世伯"之称，与冒樊两家之交谊吻合。

2. 杨绛说，钱锺书"夸张了董斜川的一个方面"，未说哪一个方面。请看《围城》是怎样形容董斜川的："一个气概飞扬，鼻子直而高，侧望像脸上斜搁了一张梯，颈下打的领结饱满整齐得使（方）鸿渐绝望地企羡。"据1932年冒广生《送播儿南行》四首之二云："汝性毗于刚，未识世路歧。凡心意所造，不避艰与危。"《围城》对董斜川"气概飞扬"的一段描绘，就是夸张了冒效鲁"性刚"。至于"鼻子直而高"，也符合冒效鲁的容貌，效鲁是成吉思汗后裔。

3. 钱锺书在《围城》中，借描绘董斜川，嘲讽陈三立、冒广生，与陈衍的观点是呼应的。请看：

（1）《围城》说："董斜川道：'我做的诗，路数跟家严不同。家严年轻时候的诗取径没有我现在这样高。他到如今还不脱黄仲则、龚定盦那些乾嘉人习气。'"这与《石遗室诗话·续编》认为黄景仁"尤不可为"，以黄景仁贬冒广生，桴鼓相应。

（2）《围城》说：“斜川把四五张纸，分发同席，……纸上写着七八首近体诗，格调很老成。辞军事参赞回国那首诗，有‘好赋归来看妇靥，大惭名字止儿啼’……可是有几句像‘泼眼空明供睡鸭，蟠胸秘怪媚潜虬’；‘数子提携寻旧迹，哀芦苦竹照凄悲’；‘秋气身轻一雁过，鬓丝摇影万鸦窥’；意思非常晦涩。（方）鸿渐没读过《散原精舍诗》，还竭力思索这些字句的来源。他想芦竹并没起火，照东西不甚可能，何况‘凄悲’是探海灯都照不见的。‘数子’明明指朋友并非小孩子，朋友怎可以‘提携’？一万只乌鸦看中诗人几根白头发，难道‘乱发如鸦窠’，要宿在他头上？”这与《石遗室诗话》《陈石遗先生谈艺录》《石语》对陈三立的批评，是呼应的。《围城》借描绘董斜川诗“晦涩”，追根溯源到陈三立，嬉笑之词，严于斧钺。据《槐聚诗存·代拟无题七首》，杨绛撰《缘起》，略云：“尊著《围城》需稚劣小诗，大笔不屑亦不能为，曾由我捉刀。”董斜川诗是杨绛“捉刀”，但其中也有从冒效鲁诗变化而来。如将《叔子诗稿·还家作》“妇靥犹堪看，儿啼那忍嗔”二句变化为“好赋归来看妇靥，大惭名字止儿啼”。

杨绛说，《围城》中“董斜川的谈吐和诗句……全都是捏造的”，本文只是补充说明，“捏造”中也有“影子”。

（二）钱锺书、冒效鲁之家世

钱锺书是五代时期吴越国王钱镠的后裔。今据《传叟文录》中资料，列无锡钱氏世系简表如下：

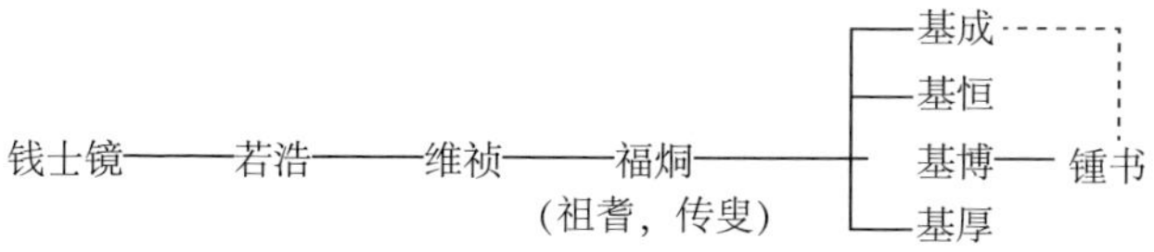

大家知道，钱锺书“家世儒者”。据《传叟文录》卷首所载唐文治《钱祖耆先生墓志铭》云：“永盛典者，先生家所设也，地处光复门外。”又云：钱福炯曾“习贾”[1]。钱基厚（孙卿）是江苏省工商界领袖之一。钱锺书生于一个亦儒亦商的家庭。

《传叟文录》卷末所载张一麐《钱母孙太君墓表》云：“基博以书生参淮上军事，民国二年八月，授陆军少校，加中校衔。”[2]钱基博由军界转教育界，历任圣约翰大学、清华大学、第四中山大学、无锡国学专门学校、光华大学、浙江大学、湖南蓝田师范学院、华中大学、华中师范学院教授。是著名学者，著作等身，古文词最有名。“南通张謇见其文而惊异，谓江以北，无敢抗颜行者；吴江费树蔚则曰：‘岂惟江北，即江南亦岂有第二人！’”[3]

冒效鲁的祖先中，最有名的无过于明末四公子之一的冒襄了。今据《冒氏宗谱》及冒广生《先墓纪略序》《木叶庄墓表》，列如皋冒氏世系简表如下：

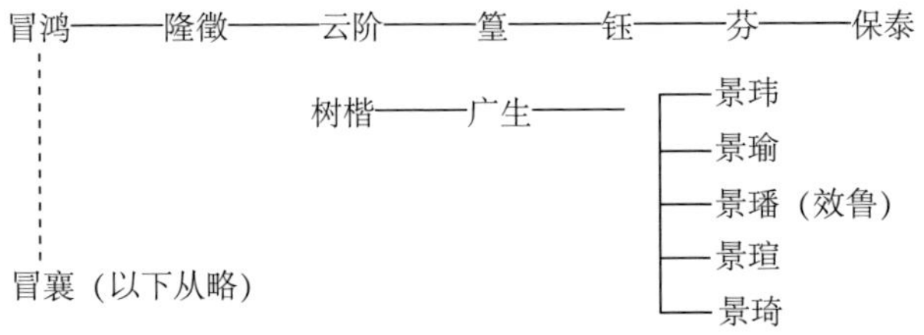

据冒效鲁《冒鹤亭先生传略》，冒广生（鹤亭）为清光绪甲午

① 见唐文治《茹经堂文集三编》卷八。

② 见张一麐《心太平室集》卷三。“民国二年八月”，《心太平室集》作“以民国七年八月”。

③ “南通张謇见其文而惊异，谓江以北，无敢抗颜行者”，《心太平室集》作“南通张謇称为江以北无能抗颜行者”。

科举人，刑部、农工商部郎中，五城学堂教员。民国瓯海、镇江、淮安关监督，考试院考选委员、高等典试委员，国史馆纂修，以及广州勷勤、中山大学教员，广东通志馆纂修，太炎文学院教授。建国后为上海文物保管委员会顾问。是著名文学家。卒后，友人私谥“文敏”。谥议略云：“能文博学，自幼闻名，……著作等身，为张文襄、王文勤、张文达诸名公所推许。”冒效鲁生于一个官僚家庭，他本人亦曾从政。

钱锺书、冒效鲁均为名父之子，自有家学渊源。钱基博、冒广生是传统文人，而钱锺书、冒效鲁兼娴西学，他们的学术思想、治学方法，均不为父所囿，锐意创新，努力实现自己的学术追求。

（三）叶恭绰对陈三立、冒广生之评价与陈衍不同

叶恭绰（字誉虎，一字玉甫，号遐庵）与陈三立子陈衡恪等交游，冒广生是叶恭绰祖父的弟子，均为世交。《遐庵诗乙编·闻陈伯严丈葬杭州西湖》云：“便抛世网神宁灭，仅冠诗坛志岂图。”《散原翁百岁纪念》云：“百年论定已千秋，高节何曾与世休。”（此指北平沦陷后，陈三立忧愤而卒。）《寿冒鹤翁八十》云：“骚坛独步老宗工，易代犹欣物望崇。函谷著书留李耳，河汾讲学继王通。四朝闻见心成史，三世交亲说不穷。……”[①] 从“冠诗坛”“骚坛独步”句，可见叶恭绰对陈三立、冒广生诗之推崇；“著书”“讲学”句，则称许冒之学术。叶对陈、冒之评价，与陈衍大不相同。

曾见叶恭绰致冒效鲁三函，今摘引要点如下：

① 近有人影印叶恭绰此诗墨迹，说“寿诗外间少有流传”，误。墨迹“尊李耳”之“尊”字，公开发表时改作“留”。

大集细读而不克细评，附贡所见，虽非人云亦云，然未必能合尊旨，姑述微意而已，兹奉还乞教。……拙作想承钳锤攻错，数十年来，罕得益友推敲，故并无成就。今当垂暮，犹冀一镜妍媸，故以奉烦，想不见却耳。

从者何时往汉，拙稿务望加以绳纠，其可取者，亦乞标出，因自知不易，故极望能助我推敲，非漫作应求也。

今闻从者将赴汉口，……拙诗切望不吝批评，俾得自镜，并祈于行前交下，能逐加评骘，至企至企。（四月十六）

叶恭绰与冒广生同辈，三函均称冒效鲁为“世弟”。冒请叶评其诗，叶亦请冒评其诗。叶不以前辈自居，以“益友”期待效鲁，可见其对效鲁诗学之尊重。又，四月十六日函中，叶恭绰提出了他对中外文化交融的一些意见，涉及钱锺书，有“默存才性及基础均优，然颇有散钱无串之憾”之评，此评当否？谨录供海内外之治“钱学”者参考。

（四）陈寅恪批评陈衍“晚岁颇好与流辈争名”

陈衍《宋诗精华录叙》云：“如近贤之祧唐宗宋，祈向徐仲车、薛浪语诸家，在八音率多土木，甚且有土木而无丝竹金革，焉得命为‘律和声，八音克谐’哉！故本鄙见以录宋诗，窃谓宋诗精华乃在此而不在彼也。”陈寅恪批云：“此数语有所指。其实近人学宋诗者，亦非如石遗所言，……乌睹所谓‘仅有土木而无丝竹者’耶？石遗晚岁颇好与流辈争名，遂作此无的放矢之语，殊乖事实也。”（据梁基永复印、张求会辑录）寅恪认为陈衍这几句话“有所指”，甚是。指谁？陈衍评陈三立诗“直逼薛浪语”（《近代诗钞》），此《叙》斥“祈向”薛浪语之“近贤”，联系起来看，

"近贤"指陈三立。钱锺书《叔子寄示读近人集题句，媵以长书，盍各异同，奉酬十绝》之五"论《宋诗菁华录序》"有句云"福建江西森对垒"，亦可为证。盖当时福建、江西两大诗派之"对垒"，亦即两派领袖陈衍、陈三立之"对垒"也。寅恪见过《近代诗钞》《石遗室诗话》等书，深知陈衍非薄三立，所谓"石遗晚岁颇好与流辈争名"，已表示出他对陈衍不满。"争名"必有与其声望相当之对象，此人姓名，不言而喻。寅恪不便为自己的父亲公开辩护，只斥陈衍"无的放矢""殊乖事实"而已。

附录四　怎样解读钱锺书《沉吟》

《槐聚诗存》1942 年有《沉吟》二首，最近国内有几篇文章探索钱锺书为谁“沉吟”，一种意见是针对吴用威、吴本钺父子而发，另一种意见是针对冒广生、冒效鲁父子而发，对其研究方法，我有一些不同的考虑：

（一）《沉吟》运用全祖望《七贤传》的古典，《七贤传》所评述者是群体——四个父兄奸，七个子弟贤，最近国内的几篇文章未从群体着眼。

（二）南京是沦陷区，上海也是沦陷区（太平洋战争爆发后，上海租界也为日军接管），失节附逆的知识分子，不是个别人，而是一群人。1942 年钱锺书在上海隐居，其亲戚、世交、同学、文友中的失节附逆者，有在南京任伪职，也有在上海任伪职，最近国内的几篇文章忽视了上海方面。

（三）《沉吟》第二首是说，对这一群父兄、子弟俱附逆者，是保持“私交”、“酬诗”关系呢？还是“挥刀割席”呢？最近国内的几篇文章只争论为谁沉吟，未考虑钱锺书为采取什么态度而沉吟。

特撰小文，略淡怎样解读《沉吟》。

一

《沉吟》第一首云：“史笔谁能继谢山，词严义正宅心宽。《七贤传》倘他年续，个里沉吟位汝难。”第二首云：“王周通问私交在，苏李酬诗故谊深。惭愧叔鸾能勇决，挥刀割席更沉吟。”

第二首每句一典：王褒与周弘让，苏武与李陵，阳斐与羊侃，管宁与华歆。这四个古典为人们所熟知，诗人常用，钱锺书用之，是考虑自己取法哪一种古人，王周、苏李呢？还是阳斐、管宁呢？

第一首只用《七贤传》一典，此典乃人所鲜知，诗人所罕用，钱锺书为何用它呢？其着眼点在群体，不止一二人。锺书博览群书，历史上父兄奸而子弟贤的故事很多，他岂不知，而皆不用，独选冷僻的《七贤传》，其着眼于群体可知。

为了便于讨论，将全祖望《鲒埼亭集外编》卷十二《七贤传》之主要内容，列表如后（见表1）。

表1

七贤父兄	七贤
周昌晋（侍御）既入奄幕，阴鸷深贼，罢官后尚多所残害。	弟昌会、昌时。两弟不与兄同居。丙戌后，昌会为僧，昌时弃官。
邵辅忠（尚书）附奄，尤为清议所恶。	子似欧、似雍。丙戌，兄弟微言劝父殉国，以盖前过，不能得。
姚宗文（学使）为浙党魁，隔绝复社人物不遗余力。	从子胤昌、宇昌。胤昌与冯留仙兄弟以气节相砥砺。遭改步，兄弟奔走山海间，以坎坷抑郁而卒。
陈朝辅（御史）附奄。	子自舜。甚愧父之所为，闻人言其父以某物赠奄，数日不食。

所谓“七贤”，指周昌会、周昌时、邵似欧、邵似雍、姚胤昌、姚宇昌、陈自舜。“七贤”之父兄，是周昌晋、邵辅忠、姚宗文、陈朝辅，可称为“四奸”。全祖望在叙述“七贤”事迹之前，先表明他撰《传》之用意：“揆之诸公之意，深不欲人道其

父兄之耻，以见其贤，然而是固百世孝慈所不能讳也，吾故特表而出之，使天下为父兄者，弗为败行，以贻子孙之戚，而子弟之不幸而罹此者，能慎所趋，则幸矣。”在叙述“七贤”事迹之后，又重申他撰《传》之用意：“如七贤者，绝口不敢白其家门之事，而但力为君子以盖之，是则可悲也已。呜呼！彼为父兄者，其谅之哉！”钱锺书以明末之附阉比喻当时之附逆，皆为群体。

《沉吟》第一首用《七贤传》古典，不是歌颂当时父兄为汉奸而子弟不同流合污者，而是叹息父兄为汉奸、子弟又同流合污者，所以说“续”写《七贤传》“位汝难”也。第二首进一步说，对这一群父兄为汉奸、子弟又同流合污者，应采取什么态度呢？取法哪一种古人呢？

二

《沉吟》是针对吴用威、吴本钺父子而发吗？

吴用威，字董卿，号屐斋。先世由歙县迁杭州。用威少流寓扬州。清光绪十七年（1891）举人，入资为官。民国后，在北洋政府、南京政府任职。抗日战争时期，大汉奸梁鸿志在南京组织伪维新政府，用威任伪行政院秘书长。鸿志转监察院长，用威随往，任监察使兼秘书长。民国三十年（1941）卒。

用威有诗名。汪国垣《光宣诗坛点将录》云：“地异星白面郎君郑天寿——吴用威：美矣君哉！太原公子，褐裘而来。屐斋诗，风神摇曳，不减张绪当年，新城而后，此其嗣音。至其风骨高骞，情韵兼美，并世诸贤，亦当俯首。”著《兼葭里馆诗》，有光绪二十年本，民国八年本，民国三十一年四卷本。

民国八年本，系吴用威“自编”，郑孝胥题耑，李宣龚撰序。民国三十一年本，系用威卒后，其子本钺捧遗编，请父友闵尔昌

（字葆之）“点定”，父友兼业师陈懋森（字赐卿）“校”，郑孝胥题耑、李宣龚序仍旧，新增闵尔昌跋。此跋非常重要：（一）跋云：“二十七年二月，君（指吴用威）有书云，将北游，余复书止之。嗣后以老懒，遂不复相闻。”吴用威不于民国二十六年十一月随国民政府迁重庆而归扬州闲居，盖有所待。二十七年二月他“将北游”，北京已沦陷，他去做什么？不就是到华北伪政权中任职吗？尔昌虽“止之”，而终于在南京伪政权中任职。从此尔昌借口“老懒”，“不复相闻”，泾渭分明。（二）跋云：“第晚岁牵于人事，题图介寿，篇什差多，似不妨稍事别择。若如近人于其先世手泽，一字一句，不敢割弃者，甚望贤子之不出此也。”这是劝吴本钺删去其父任伪职后与汉奸应酬的诗篇。隐居沦陷区北京的闵尔昌敢于公开表示这个意见，有胆有识，大义凛然。陈懋森《休盦集》卷上有《寄怀闵葆之旧京》《门人吴孟节以尊甫董卿先生丁丑后所作诗属校因题》。“丁丑后所作诗”即民国二十六年日本帝国主义发动全面侵华战争后所作诗。前一首作于吴本钺赴北京请闵尔昌“点定”其父诗稿之时，后一首作于尔昌劝本钺“别择”、“割弃”其父“晚岁”附逆诗篇之时。

用威子本钺，字孟节。任伪淮南盐务管理局局长。他在为亡父用威印诗集的同时，为父友兼业师陈懋森印诗文集。懋森在《休盦集自序》中说：“门人吴孟节闵余穷老，因代醵资排印”，“杀青甫竟”而懋森殁（陈含光《（陈懋森）家传》）。

认为《沉吟》是针对吴用威、吴本钺父子而发的依据，是原藏于合众图书馆、今藏于上海图书馆的一部《兼葭里馆诗》（民国三十一年本）上题：“默存先生，甲申闰四月本钺敬赠。”钱锺书是学者、诗人，吴本钺是官僚，气味不投，锺书在上海，本钺在扬州，无缘相识。怎样解释赠书之事呢？冒效鲁 1944 年作

《扬州杂咏》等诗，他在扬州时必与表兄弟吴本钺会晤，是效鲁叫本钺赠《兼葭里馆诗》给锺书的。此年效鲁还有《次答陈含光（延韡）见赠》（陈为扬州著名诗人），而《叔子诗稿》中无本钺之名，可见本钺无学术，不能诗，不值得一提（《兼葭里馆诗》［民国三十一年本］附录陈懋森撰《（吴董卿）家传》中夸奖吴本钺“以干济称，克承家世”，只说能做官，未说诗承家学。《休盦集·吴君董卿家传》删此八字）。冒效鲁不屑一提之吴本钺，怎能入钱锺书之法眼！所谓“私交在”、“友谊深”绝不可能指本钺。而且《沉吟》作于 1942 年，本钺赠书在 1944 年，锺书绝非看了《兼葭里馆诗》之后，触发他写《沉吟》。

三

《沉吟》是针对冒广生、冒效鲁父子而发吗？

冒广生，字鹤亭，号疚斋。如皋人。清光绪二十年（1894）举人，刑部、农工商部郎中。民国后，在北洋政府、南京政府任职，并执教于中山大学、太炎文学院等校。中华人民共和国成立后，应聘为上海文物保管委员会顾问。1959 年卒。

广生卒后，同人私谥“文敏”，谥议略曰：“能文博学，自幼闻名，……顾恃才傲物，见忌文衡，虽著作等身，为张文襄，王文勤、张文达诸名公所推许。卒未掇巍科，而名则愈著，以是见重当世，逾久而逾彰。”其著作见目录，见《冒鹤亭词曲论文集·前言》。

关于抗日战争期间冒广生与汪伪政权的关系问题：伪维新政府行政院院长梁鸿志是冒广生的诗友，伪行政院秘书长吴用威是冒广生的妹夫，梁、吴二逆与冒的关系，比汪逆兆铭（字精卫）与冒的关系亲密得多，冒未在伪维新政府任职而竟在汪伪政府任职乎？最近国内的几篇文章认为冒广生任汪伪政府顾问，如属实，是污点，但顾问乃虚衔，非实职，无实权，尚不能与汉奸等同。

1942年9月18日《如皋日报》载，冒广生回乡，在各界人士欢迎会上讲话，开头就说："我已脱离政界多年，现在又无一官半职，是如皋地方的一个老百姓。"他如在汪伪政府任职，怎能这样说呢？

抗日战争胜利后，1945年12月，南京国民政府国史馆馆长张继聘冒广生为纂修。广生算不算汉奸，当时的国民党比今日的知识界要了解得多一些，张继不会不畏人言，聘汉奸纂修国史吧？

1957年冒广生送长孙冒怀辛赴北京攻读研究生学位，住在第五子冒景琦（字舒湮）宿舍。6月28日下午周恩来总理来宿舍看望，30日晚毛主席在中南海会见。毛主席、周总理对冒广生的礼遇，是有政治标准的。

显而易见，认为1942年冒广生在南京任伪职，与上述三事（1942年冒在如皋自称无官职，1945年冒被聘为国史馆纂修，1957年冒受毛主席、周总理礼遇）不合。必须推翻这三件事，提出冒任伪职，才能自圆其说。

广生第三子景璠，字效鲁（孝鲁），以字行，号叔子。1938年辞去中国驻苏大使馆工作，由莫斯科取道欧洲回国。"在法国马赛舟中"，与钱锺书（字默存）"文字定交"。效鲁回国后，暂寓上海，"出处"问题，煞费踌躇，征求锺书意见。《槐聚诗存》1938年有两首诗述此事。《答叔子》云："篇什周旋角两雄，狂言顿觉九州空。一官未必贫能疗，三命何尝诗解穷。试问浮沉群僚底，争如歌啸乱书中。后山嘱望飞腾速，此意硁硁敢苟同。"（此诗原题《孝鲁以出处垂询，率陈鄙件，荆公所谓无知猿鹤也，香港作》）《再示叔子》云："卑无高论却成奇，出处吾心了不疑。

未保群飞天可刺，且容独立世如遗。书供枕藉痴何害，诗托呻吟病固宜。今日朱颜两年少，宋王官职恐虚期。”两诗直抒胸臆，皆劝效鲁勿做官。

《叔子诗稿》1941 年诗皆上海作，1942 年诗皆南京作，其中《重来白下作》云：“重来白下更寻谁？惘惘都成隔世悲。乞食不为明日计，追欢宁复少年时。”《壬午八月二十五日白门有感是日为余卅四岁初度》云：“食贫官作业，荏苒岁华流。瑟瑟明秋柳，悠悠飏野讴。万端偿一泪，杯酒抵千愁。忧患从生始，浮沉士所羞。”两诗不仅证明 1942 年效鲁到南京任伪职，更反映他内心的苦闷。“浮沉士所羞”句乃答锺书“试问浮沉群僚底”一联，效鲁盖不胜羞愧之情。

需要仔细品味的是 1942 年效鲁在南京任伪职后与锺书（在上海）唱和之诗。

冒效鲁《夜坐一首寄默存》：“天荒地变人悲吟，不改沉冥劫后心。忍死须臾期剥复，观空索漠证来今。未甘庄叟沟中断，苦忆成连海上琴。裹影一灯疑可友，虫声如雨撼秋林。”

钱锺书《答叔子》：“龙性官中想未驯，书生端合耐家贫。敛非澜倒回狂手，立作波摇待定身。九牧声名还自累，群居语笑向谁真。白头青鬓交私在，宛转通词意不伸。”

冒效鲁《次答默存见寄》：“白鸥浩荡孰能驯？漫说粗官可救贫。且得长歌聊遣日，但明吾意岂无人？死生师友言宁负，肮脏情怀汝最真。老柳白门渐衰飒，相思林际梦春申。”

锺书虽不同意效鲁任伪职，但未与之绝交，苦劝他勿陷入过深。效鲁感念锺书一片真情，表示决不辜负其良言善意。锺书以绝世之才，述肺腑之语，“白头青鬓交私在”二句，诚挚缠绵，诵之令人回肠荡气。1973 年锺书《再答叔子》云：“鬓青头白存诗句，卅载重拈为子哦。”30 年过去了，锺书重提此句，可见二人生死不渝的交情。

据效鲁《邛都集序》：“旅食建昌……阅时八月。”此序 1946 年作。邛都——建昌为今四川省凉山彝族自治州（西昌市）。“旅食”云云，指在西昌工作。这是抗日战争胜利后事。效鲁曾在汪伪政权中任参事、行政督察专员，是闲员，非要职，故又能在蒋政权中工作。1947 年锺书评效鲁《邛都集》，除赞赏其诗外，还有一段语重心长的话：“与君文字定交，忽焉十载，乱离复合，各感余生。自有麒麟之阁，赏诗不羡功名。相遗鲂鲤之书，远害要慎出入。”今案：以诗书安身立命，不做官，不羡功名，不求飞腾，是锺书一贯坚持的人生观，并三次苦劝效鲁。1938 年《答叔子》《再示叔子》作于效鲁任伪职前；1942 年《答叔子》作于效鲁任伪职时；1947 年评《邛都集》作于效鲁在国民政府工作时。这第三次苦劝带有总结性的意义：原谅效鲁的过失，希望他吸取教训，今后“远害要慎出入”。措词宛转，用意善良，君子爱人以德，何等光明磊落，古人云：友直、友谅、友多闻，锺书不愧为效鲁的直、谅、多闻之友，非简单的“挥刀割席”可比也！

四

钱锺书为谁“沉吟”？最近国内的几篇文章，想到龙沭勋（字榆生），又觉得不符合父兄为汉奸、子弟同流合污的条件。今案：《槐聚诗存 · 得龙忍寒金陵书》云：“一纸书伸渍泪酸，孤危契阔告平安。尘多苦惜缁衣化，日暮遥知翠袖寒。负气声名甘败裂，吞声歌哭愈艰难。意深墨浅无从写，要乞浮提沥血干。”锺书自云：“语带讽谏。”（据锺书致富寿荪函）此诗在《沉吟》之前，锺书对沭勋进行“讽谏”而非“割席”也。

我想到几个人：

王蕴章，字莼农，别号甚多，西神残客（简称西神）最常用。无锡人。钱锺书的舅父。王蕴章是南社社员，正风文学院院长，擅长诗词小说。晚年失节，在汪伪政府任职。

张一鹏，字云搏。吴县（今苏州市）人。张一麐（字仲仁）之弟。一鹏从清朝起就在司法界工作，1920 年任国民政府司法部次长、代理部长。抗日战争期间曾在上海执行律师业务。后任汪伪政府司法行政部部长。张一麐与钱基博、基厚（字孙卿）兄弟友好（钱基博《张仲仁先生轶事状》："独念予季孙卿，以乡邦父老之命，服劳地方，而与先生周旋过从之日久。……先生独以文墨议论有意于余。"）张一麐、一鹏兄弟是钱锺书的前辈。

李宣倜，字释戡，又字太疏、汰书，号蔬畦，晚号苏堂。闽侯人。李宣龚从弟。在伪维新政府、汪伪政府任职。宣龚是锺书尊重的诗坛前辈，锺书未因宣倜任伪职而与之绝交。今见中华人民共和国成立后锺书致宣倜函，尊称为"诗老"，自称"后学"、"晚"。

陈世镕，字伯冶，号赵亭。闽侯人。从陈衍游。在伪维新政府、汪伪政府任职。据《顾廷龙年谱》：1943 年 2 月 19 日，"李宣龚招午餐，座有……陈伯治［冶］……钱锺书诸人"。同席而非"割席"。

王蕴章、张一鹏、李宣倜、陈世镕在汪伪政府中任职，其子弟有任伪职者否？待考。尤其是钱锺书的亲戚、世交、同学、文友中哪些人在上海任伪职？待考。结论产生在调查研究之后，既然对抗日战争期间，锺书的亲戚、世交、同学、文友中任伪职者共有哪些人、他对这些人是什么态度等尚缺乏全面了解，揭示为谁《沉吟》的资料就还不完备。

目前所能肯定的是，1942 年在沦陷区上海隐居的钱锺书，目睹一群熟识的人失节，尤其是父子、兄弟俱附逆，不胜感慨而作《沉吟》。他叹息明季附阉者之子弟，尚能不与父兄同流合污，而当时附逆者之子弟，未能如昔人之“贤”。从他选用《七贤传》之古典，可见其所讽刺者为群体，不止一人。

五

解读《沉吟》，要联系《槐聚诗存》1942 年的两首诗。

《有感》:“穷而益脆岂能坚，敢说春秋备责贤。腰折粗官五斗米，身轻名士一文钱。踏空不着将何去，得饱宜飏却又还。同妾语传王百谷，哀矜命薄我犹怜。”这一首诗，排在《沉吟》之前，中隔七首。《有感》者，叹息“名士”不能穷而益坚，以致失节附逆。没有人认为此诗所刺之对象即《沉吟》所咏之对象，此人是谁呢?

《剥啄行》:“到门剥啄过客谁，遽集于此何从来。具陈‘薄海苦锋镝，大力者为苍生哀。旧邦更始得新命，如龙虎起风云随。……迂疏如子执应悟，太平兴国须英才。’我闻谢客蹶然起，罕譬而喻申吾怀。……客闻作色拂袖去，如子诚亦冥顽哉。”这首诗是锺书自述其严词拒绝伪政权派来之“客”的游说，此“客”是谁呢?

钱锺书不愿明说《有感》所刺之人是谁,《剥啄行》所斥之“客”是谁，人们亦不易探知，但并不妨碍对两首诗的理解。同样，目前虽不能确定钱锺书为谁《沉吟》，也不妨碍对这首诗的赏析。

四、耆老杂纪

叶恭绰

叶恭绰是京师大学堂毕业，他为什么做官做得顺利呢，主要是因为他是梁士诒的亲戚。叶恭绰成名得早，先是交通次长，后是交通总长。北洋政府有两大系：一个是曹汝霖这系，一个就是梁士诒这系，梁士诒手下大将之一就是叶恭绰。当时有个“龙凤麟虎”：“龙”，徐谦徐季龙；凤，任凤苞；“麟”就是关庚麟；“虎”就是叶誉虎叶恭绰。叶恭绰到国民政府时期，也有很高的地位，做过交通部长，因为他是广东人，并和孙中山又建立了关系。

我后来和叶恭绰很熟了。有的时候我和你们师母一起逛街，路上遇到他，就和我谈，并说：“和你同行的人让她回家去吧。”我就到他家里，继续谈。当时叶恭绰很想我到他那里去，代他记东西，他那时不是在文史馆嘛，但是范老不肯放。为什么我晓得这件事呢？因为叶恭绰写信给范老，范老这个人心怀坦荡，他把这封信给我看过。

叶恭绰跟我讲了很多有趣的事。袁世凯手下的赵明君，连自己的姓都不知道，后来做官必须有姓，人家说百家姓第一姓是“赵”，他就以赵为姓。袁世凯把他提拔为内务府大臣，是清朝最后一任。袁世凯用人很特殊的，能拣有用的人用。赵明君是怎么死的呢，他是帮助袁世凯暗杀人的，暗杀了宋教仁，然后袁世凯又把暗杀宋教仁的人杀了灭口，赵明君说了一句话送了命，他说：“这样的话以后谁还敢替大总统办事啊?!”当天晚上就死了。黄侃原先就在他手下做幕府的，后来就不敢做官，转而做学问了。袁世凯做了大总统后，想铁道上另外出钱给他，他不明说，而是跟叶恭绰他们讲：“我当初在北洋的时候，很得到铁道上的帮助。”意思是做了总统之后，你们还要继续帮助。叶恭绰说他怎么回答的呢，他说：“大总统当初在北洋要讲北洋，大总统今天在全国要讲全国。”当时的梁士诒叫作“五路财神”，五条铁路，铁路上的钱不得了啊，交通银行就是他们办的。

别人曾跟我说过，有一次叶恭绰想要换交通银行总经理，那个原交通银行总经理不是他这一系的人。这个人做不下去了，就写了封辞呈，但不是真想辞，而是要试探一下叶恭绰，看他是不是挽留。叶恭绰看了之后什么话也不说，把辞呈就放在办公桌上，走的时候不收起来，代他打扫房间的人，当时叫茶房，看到后就传出去“某人辞职了”，结果全交通银行的人都知道了，弄得这个人非辞不可了。

叶恭绰后来有更大的名气，是因为他书画方面很好。梅兰芳开画展，是叶恭绰张罗的，他的影响极大，除文史馆副馆长外，还担任什么古钱学会会长等等好多职务。所以一个人懂得的东西多，会有很大的好处。他有四个老婆，在北京的可能是他的三太太。他有一个学生，我也认识的，当时年纪也已经不小了，每个礼拜到玉泉山拎一桶水回来给叶恭绰泡茶，从这也可看出过去的那种师生关系。

叶恭绰、章士钊、黄炎培、陈叔通他们都住的是大四合院。黄炎培的有好几进，他家里还有体育用具，每天早晨起来还要在什么秋千上锻炼锻炼。陈叔通这个人也是很有意思的，他的父亲叫陈豪，清朝的画家，我还有他画的扇面子。陈豪两个儿子，一个叫陈汉弟，一个就是陈叔通。陈叔通字画也好，他藏了一百幅梅花，叫作“百梅图”，第一幅是王冕的，哪个人有?！中华人民共和国成立之后捐给故宫博物院了。他家请客，拿出来的盘子都是古董。

为什么袁世凯后来要做皇帝？叶恭绰后来跟我分析说，第一，因为北洋的人对他都不好，北洋三杰：王龙、段虎、冯狗，王士珍是资格最老的，他忠于清，不满于袁世凯。冯国璋，当时袁世凯没有交给他底，他就真打武昌了，后来形象就不好了，所以他就恨袁世凯。至于段祺瑞，大概是后来冯国璋接的位，他没有接到位，也不满。第二，袁世凯在清朝末年民国初年的那批人中，才是最好的，但有点不足，就

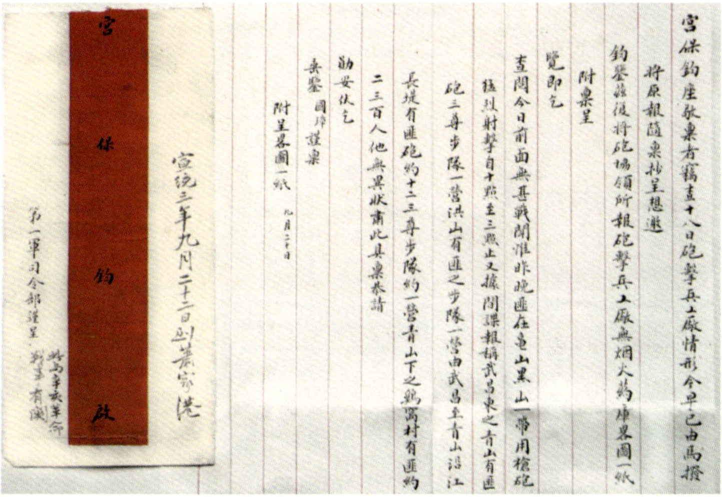

宮保鈞座敬稟者竊查十八日砲擊兵工廠情形今早已由馬撥
將原報隨稟抄呈想邀
鈞鑒茲復將砲場領所報砲擊兵工廠無烟火藥庫畧圖一紙
附稟呈
覽即乞
查閱今日前面無甚戰鬭惟昨晚匪在龜山黑山一帶用槍砲
猛烈射擊自十點至三點止又據間諜報稱武昌東之青山有匪
砲三尊步隊一營洪山有匪之步隊一營由武昌至青山沿江
長堤有匪砲約十二三尊步隊約一營青山下之鶴窩村有匪約
二三百人他無異狀肅此具稟恭請
勛安伏乞
垂鑒 國璋謹稟
附呈畧圖一紙 九月二十日

宮保鈞啟
宣统三年九月二十二日到蕭家港
第一軍司令部謹呈

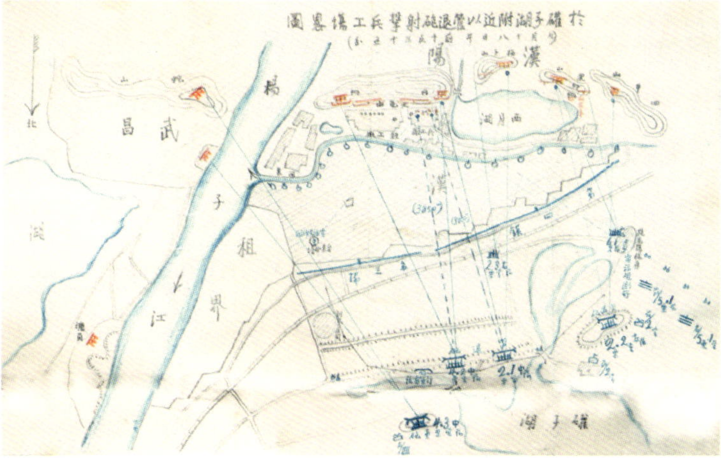

冯国璋致袁世凯信

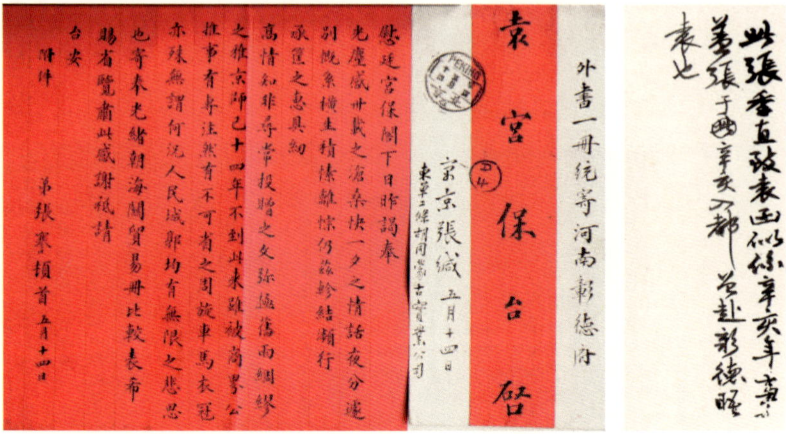

慰廷宮保閣下日昨謁奉
光麈感卅載之離索快一夕之情話夜分遄
別慨系橫生精愫離悰仍茲紆結頃行
承賞之惠具紉
高情知非尋常投贈之文彌佩雋雅綢繆
之雅京師已十四年不到此來雖被商界公
推事有專注然有不可省之周旋車馬衣冠
亦殊無謂何況人民城郭均有無限之悲思
也寄奉光緒朝海關貿易冊比較表希
賜省覽肅此感謝祗請
台安
附件 弟張謇頓首 五月十四日

外書一冊統寄河南彰德府
袁宮保台啓
京張緘 五月十四日

此張季直致袁函似係辛亥年季直入都後赴彰德晤袁也

张謇致袁世凯信及叶恭绰跋语

是袁世凯的才应付世界的局势还不够。第三，袁世凯是枭雄。但他应付其他事都成功了，最后就栽在做皇帝上了。

叶恭绰讲，袁世凯就怕慈禧太后，当时叶恭绰年纪还轻，是袁世凯亲自对他说的，意思是这个老太太厉害，很会驾驭人。她对大臣很严肃，对小臣则很宽厚，比方讲一个大臣和一个小臣一起见驾，慈禧对大臣都是直言厉色的，大臣话说错了当面就申斥，这样大臣在小臣面前就没有面子了，所以都战战兢兢的。而慈禧对小臣特别温厚，经常问候，或是赐饭，小臣于是就觉得十分受宠，很是感激。这讲得是很生动的。

当时慈禧太后调张之洞从两广总督入军机，调袁世凯从直隶总督入军机，什么用意呢，就是当时能够和袁世凯对垒的，只有张之洞了。所以调两人入军机，有两个意思：

一是你袁世凯也不能太狂妄，还有个张之洞在，张之洞的名声比袁世凯还是要大很多；二是将袁世凯的兵权释放掉，所以后来兵权逐步到了冯国璋、段祺瑞手上。袁世凯跟人说了句话：张香帅是做学问的，我嘛是办事的。叶恭绰说，辛亥革命时张之洞给端方有密札，但他没有说是什么内容。

叶恭绰还和我谈到，清朝末年的时候，有两派，一派是袁世凯，一派是岑春煊，汉人中间能够懂兵的就是袁、岑两个人。岑春煊这边的后台有瞿鸿禨，瞿兑之就是瞿鸿禨的小儿子；袁世凯的后台是奕劻。当时瞿鸿禨他们有个想法，就是把岑春煊抬出来代替袁世凯，慈禧基本上已经认可了这个计划。瞿鸿禨的老婆一次在和他的学生汪康年闲谈的时候，把事情透露了。汪康年是办报的，由此就在报纸上披露出来，意思是政局要有变化，某人要代替某人。结果慈禧就把瞿鸿禨罢免了。当时瞿鸿禨是大官，担任军机大臣、协办大学士之类。瞿鸿禨差点没被杀头，“幸保首领”，因为慈禧喜欢他，他长得像同治，慈禧看到他等于就像看到她儿子一样。所以瞿鸿禨升得也很快，他也不过就是个文人。

清室逊位后，袁世凯在北京，南京政府要把他迎到南方去做大总统。袁世凯当然不肯去了，因为他的根基在北方，北洋军阀嘛，离开他的老窝到南方革命党的地盘怎么行呢。不肯去要想个方法了，南方的人派了代表来迎接了，结果北京前门大栅栏发生军人抢劫，这样的话袁世凯有借口了，因为北方不安，不能走。这个本来是大家都知道的事情，叶恭绰跟我说了什么呢，他说当天他和袁世凯两个人都在外务部，这个时候突然传来消息说前门外闹事了，他就陪着袁世凯进入地下室躲避。后来有人来报告，说是什么什么事情，袁世凯听后说了一句“孩子们胡闹”，然后就跟叶恭绰上去了。袁世凯说这句话，他是知道还是不知道这个预谋，很耐人寻味。我觉得他是心里有数，但也并不一定知道细节，可能只是暗示一下，因为做这种事都是非常奥妙的。这种事情军队也愿意做，因为抢东西是肥了自己，最后肯定也是不追究的。

叶恭绰讲，文宗，就是咸丰皇帝，突然死于热河避暑山庄，是自杀。详细情况，他也不清楚。德宗，也就是光绪，在慈禧前一天死，这时慈禧病重，知道自己要完了，就派人去看看光绪，送来一碗酸奶，光绪不能不吃，结果吃了就死了。报告给慈禧太后，慈禧点了个头，放心了，第二天也死了，所以德宗是慈禧太后害死的。这话是谁讲给叶恭绰的呢，是溥良，溥良就是启功的祖先，但启功没有跟我讲过这个事。慈禧知道，如果她死了，光绪一定会翻戊戌政变的案，所以让光绪先死掉。

叶恭绰讲到关于肃顺、端华的事。肃顺、端华，咸丰的顾命大臣，慈禧联合恭亲王把他们干掉，这实际上是一个政变。并不是肃顺、端华真正要造反，他们最多不过是有些跋扈而已。肃顺这个人能用王闿运，请他做幕府，肃顺死后，王闿运和别人谈到时都流泪，说“人诋逆臣，我自府主”，意思是你们骂他是逆臣，但我还认为他是我的府主。因为这个关系，王闿运几十年没有出来。如果肃顺是个不足道者，他不会用王闿运这样的人。叶恭绰后来发现了端华的诗稿，六册，诗做得很好，字是赵字，我还亲眼看过这个东西。有六个顾命大臣在，慈禧不会有权，所以她就利用恭亲王除掉他们。咸丰对弟弟恭亲王不太好，恭亲王这个人很有才，有点瞧不起咸丰，但咸丰在世时恭亲王一直不如意，故而联合慈禧，一同执政，所以年号也叫“同治”。本来已经有了年号的，叫“祺祥”，是废掉重新起的。“同治”的意思，第一个是两宫同治；第二个是两宫抱着小皇帝同治；第三个意思就是嫂嫂和叔叔同治。当时去抓肃顺的是谁呢，是光绪的父亲醇亲王，所以慈禧后对醇亲王很好，光绪、宣统两代皇帝都出于醇亲王家。叶恭绰说，慈禧的做法，和后来利用荣禄来除掉康有为等，是一个意思，都是联合宗室，把事情交给他们去办。当时荣禄是北洋大臣、直隶总督，因为这事，所以后来一直很得意。荣禄的孙子，叫梁伯尧，和我是中国银行的同事，家里钱多的不得了。

清朝修陵，有弊。有什么弊呢，就是修一个陵要一千二百万到一千五百万两银子，实际上大概只需要六、七百万两。换句话说，就是一半的钱被修陵的人中饱私囊了，这已经是固定的成例。后来清朝末年有个邮传部的尚书，叫陈璧，也是慈禧太后喜欢的能员，当时也参与修光绪陵事宜，一起开会，大家还是照成例算要一千二百万到一千五百万两，陈璧就说了一句话："我来办，六百万两就行了。"这话一说，那些人的好处都没有了，有人就到隆裕太后面前告状，说：大行皇帝苦了一辈子，到死了，陈璧还要扣他的修陵钱。隆裕太后一听，说陈璧这个人太坏了，立刻把他罢免。这也是叶恭绰跟我说的，他这话不会假，因为叶恭绰是陈璧最赏识的两个人之一，另外一个是梁士诒。当时劾陈璧的奏折，理由之一，就是说他任用"新进小人"。

钱基博

钱基博对我非常好，他是老先生，对后生很提携。

我收藏有一本燕京大学教授张尔田的文集，是他的学生王钟翰所编。此书是作者张尔田的弟弟张东荪送给马叙伦的，所以封面题"贻初先生惠存　东荪敬献"，当时张东荪是中央政府委员。此书归我后，我拿给钱基博看，钱基博看后写个跋，跋有牢骚，"文化大革命"时我忍痛把它撕掉了，不然我不敢保存。跋的文字前面我忘记了，只记得最后几句："《论语》当薪欲烧，大师倚席不讲，并世之能读先生书者，倘孝萱其人欤，倘孝萱其人欤！”

另有一本陈氏沧趣楼印的书，是别人送给钱基博的，钱基博又转送给我。书上有商务印书馆费范九的批语：“此钞只印出上卷，恐下卷出世无期矣。”灰心到这种程度了，不过最后下卷还是印出了。钱基博在上面钤有二印，凡是好文章他都这样，可见他喜欢这个书。

钱基博晚年信佛，为《金刚经》作注解，也是为纪念他的父母。他把这个也送给了我，前面有序跋，编钱基博全集，这些都应该收进去。

胡先骕

我刚到北京时，有两个大名鼎鼎的邻居。第一个是胡先骕，他既是著名的植物学家，毛主席都称他为中国植物学的祖师爷，同时又是一个有名的古典文学的研究者。他是江西人，清朝的秀才，然后到京师大学堂读书，和汪辟疆是同学。胡先骕本来想走做官的道路，清亡后，他的母亲对他讲：你就学一个吃饭的本领吧。那个时候属于社会转型时期，最好的吃饭本领当然就是自然科学，因此他就学了植物学。胡先骕是南京高等师范学校生物系的创办者之一，先后两次到美国留学，获得博士学位，回国以后主持“静生生物研究所”，另外还创办了很多的植物园，例如江西庐山植物园、云南植物园等。然后又做中正大学的校长，中正大学是抗战期间在江西办的。中华人民共和国成立之后，成为中国科学院植物研究所的一级研究员。“文化大革命”中遭到迫害，被抄家，很多文稿散失。改革开放后平反，恢复名誉，骨灰葬到庐山植物园。所以庐山现在有两个著名人物的墓，一个是胡先骕，另一个是陈寅恪。胡先骕墓的碑文，是我做的。

胡先骕恢复名誉后葬到庐山，要做一个碑，他的弟子都是搞自然科学的，所以他的家属最后想到了我，因为我早先经常到他家去，家属都还知道我。所以，由他的家属认可，我就用文言写了碑文，树在他墓前。当时主事者是个外行，我曾经表态，如果你们找不到人写字，我来找人写，不要钱。可是他们马马虎虎找了当地人写成刻上，结果错字、错行，搞得文句不通，不像个样子。后来有一次南京师范大学有人去旅游，看到卞孝萱做的碑文怎么文字不通？就给他们提意见，但是他们还不接受。结果我知道后，亲自写信给庐山植物园，请他们把碑磨掉，如果嫌费事，还是由我找人写好。前年他们有人来，说是已经改过来了。庐山植物园的胡宗刚，他和胡先骕并不是一家的，这个人很好，费了很大的功夫，光是南京就不知来了多少次，做了《胡先骕年谱》，即将出版。

一九四九年我到北京时，住在西城手帕胡同，这条胡同现在已经没有了。不远就是石附马大街，“静生生物研究所”就在这条街上。一所很大的房子，门口墙上有一石头横匾，上书“静生生物研究所”，梁启超的手笔。“静生”是为纪念当时的一个教育总长范源濂，范源濂字静生，所以用了这样一个名字。开始这里是办公场所，后来因为又盖了新的房子，原先的地方就改成了宿舍，胡先骕家就住在里面。我没事的时候，就到他家里聊天。我年纪轻的时候，很喜欢和老年人接触。自然科学我当然不懂，但他的古典文学很好，所以我们有很多共同的语言。

胡先骕个子不高，留着小胡子，说话稍微有一点点口吃，喜欢下围棋。我和胡先生关系很好，当时北京的书很便宜，我买了书经常是没有地方放，他家地方很大，我曾经把一部八十册的大书，徐世昌编选的《晚晴簃诗汇》，放到胡先生家里，让他看。后来我要搬家，他家好像也要变动，我就把这部书拿出去卖掉了，八块钱，一毛钱一册。

胡先骕和我谈到他的家事。他家在江西新建，当时是南昌郊区的一个县，原本是养鸭子的，到了他曾祖父胡家玉的时候，中了进士。清朝人一旦中了进士，前途就无限了。由此一个放鸭子的人家，因为读书中了进士，便彻底改变了命运。胡家玉官做得很大，做到左都御史，当然晚年不怎么得意，因为御史很容易得罪人。这是胡家发迹的第一代。第二代，他的伯祖，胡湘林，做到两广总督。两广总督不仅是封疆大吏，而且因为在沿海，是个肥缺。胡家由此大有名于当世。

我因为搞碑传集，胡先骕把胡家玉、胡湘林的墓志铭借给我钞，钞好的我就还了给他。如果我知道后来的事，也许还是不还给他为好，因为在我这里还能够保存下来，还给他后被抄家抄走了。胡湘林的墓志我发表了，胡家玉的墓志没有发表，因为我的碑传集——《辛亥人物碑传集》《民国人物碑传集》——的体例是收清朝末年的人物。但是这个稿子肯定还在我家里，不会丢掉。胡湘林墓志的署名是陈三立，但《散原精舍文集》中没有这篇文章，我就问胡先骕这是怎么回事，他跟我说可能是因为陈三立当时年纪大了，没有精力亲自撰写，而是请他的得意弟子袁思亮写的，经过他过目并署名。过去这种情况很多，一个有名的人因为年纪大了或者其他原因，往往找人代笔。胡先骕并不刻意回避这类事情的真相，颇能体现出一种大家风范。如果小家子气，一定会说这是陈三立漏收等等。这令我想起我的老师范文澜，有一次我和他闲谈，正好他的家里把家谱寄给他保存，他家的家谱上说先祖是范仲淹，因为范仲淹虽然是苏州人，但在绍兴做过官，于是产生绍兴范氏一系。范文澜便对我说这根本就是靠不住的。实际上很多家谱都是假的，往往托为好人的后代，天下谁愿意说自己的是秦桧之后？作为范仲淹的后人是多么光彩，但范文澜却不承认，所以大家和小家，气度是完全不同的。

近年来，学术道德日趋败坏。胡湘林的墓志是我首先发表在《辛亥人物碑传集》中的，陈三立文集未收，原稿都可能不存。近有某氏编一清代碑传集，收有此志，全不提及我的《辛亥人物碑传集》，请问他们是从哪里得来的?！胡家玉的墓志比胡湘林的更重要，我因为体例没有发表，他们的碑传集也就没收。

胡先骕除了在科学上很出名外，他最为人所知的事情是反对胡适。当时有所谓南胡、北胡之争，南胡是胡先骕，北胡是胡适。两个人实际上都是南方人，胡先骕江西人，胡适安徽人，因为胡适在北京大学，胡先骕在东南高师，所以称北胡、南胡。在美国的时候，胡适和胡先骕是最好的朋友，当时在美留学生办了一个“中国科学社”，这是中国历史上第一个科学组织，办了一个刊物叫《科学杂志》，很有名。最早的社员有：胡适、胡先骕、赵元任、竺可桢、周仁、秉志、章元善、过探先、金邦正、杨杏佛、任鸿隽等，这些人后来都成为第一流的科学家。回国后胡适提倡白话文，南方吴宓、胡先骕、柳诒徵等办《学衡》，学衡派的宗旨是提倡国学、保存国粹。今天看来，学衡派的一些主张并不全错，五四运动中的一些主张也不尽全对。吴宓等人尽管并不赞成白话文，但没有就此写过太多文章，在反对白话文上发表意见最多的就是胡先骕。

《新青年》嘲弄林纾，林纾教过胡先骕古文，所以胡先骕很看不惯胡适等人的做法，便写了一系列的文章。胡先骕既懂外国文学，又懂中国文学，因此论辩很有力，这曾是他颇为自豪的事情。

胡先骕和胡适后来闹得很不愉快。我二十几岁的时候，在上海，有一次胡适从国外回来，记者访问胡适，问他回国感想。胡适说："我回国最高兴的一件事，就是看到胡先骕先生的文章中用了一个'地'字。"有人就把这件事转问胡先骕，胡先骕回答两个字："无聊。"

吴宓是《学衡》的主笔，但《学衡》专门登旧体诗的《诗录》，则是胡先骕主持。吴宓不能动胡先骕一个字。他定下来，主编想改，不行。这些人是真正做学问的人，不是拿学问做幌子，学术主张是毫不含糊的，尽管吴宓与胡先骕都是很好的朋友。文学有不同的流派，你认为好的，他不一定认为好。比方一人做唐诗，一人做宋诗，做唐诗的人看做宋诗的人不好，做宋诗的人看做唐诗的人不好。陈寅恪做的《王静庵挽词》非常有名，可是他的父亲陈三立看到后说这是"七字唱"，意思是不是诗，是小唱。陈三立并不喜欢陈寅恪的诗，他喜欢的是大儿子陈衡恪和小儿子陈方恪的诗。

胡先骕的诗集由钱锺书选定，钱锺书并撰写了跋。此集最近由中国台湾中正大学印出。

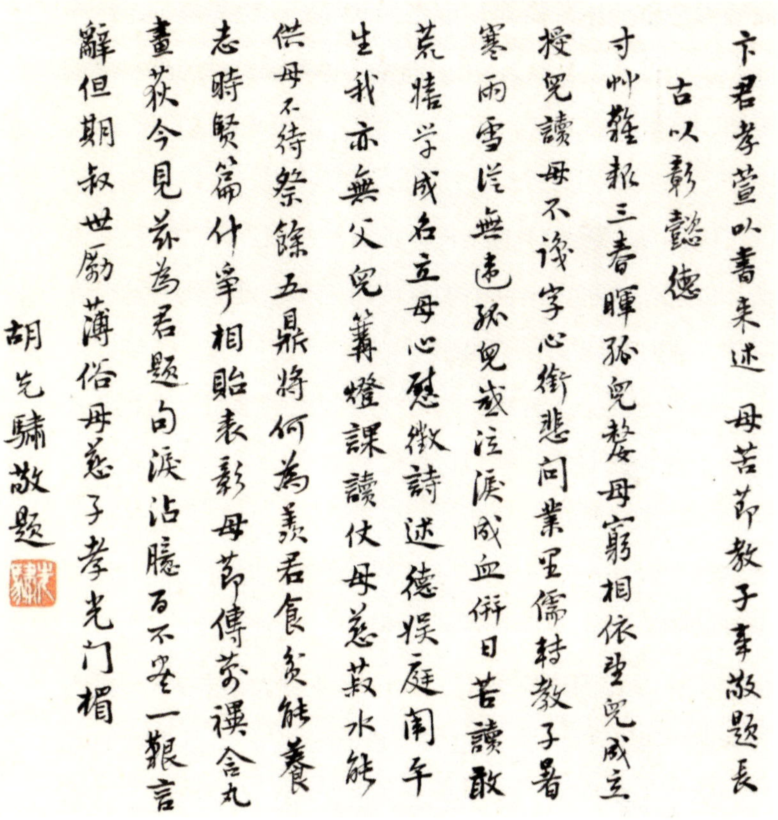

胡先骕题诗

胡先骕一生做了很多事情，但最为重要的是发现并定名水杉。二十世纪中国自然学界有两大发现，一是卞氏兽，由卞美年发现；另外就是水杉。南京大学的前身中央大学林业系有一个人叫郑万钧，他在一片原始森林中发现有一棵树很奇怪，不认识，就采了一些东西回来。以后多次有人去，究竟是什么树种，各个人的意见也不一致。结果胡先骕参考古今中外资料，定名为水杉，全世界震惊。后来他做了一首《水杉歌》，用旧体诗的体裁说这件自然科学的事情，陈毅非常欣赏，写了一个跋，登在《人民日报》上。中华人民共和国成立后，胡先骕不受重视，也许是因为他做过国民党中正大学的校长，那时候是极左路线，没有办法，但现在南京大学也不太宣传胡先骕，好像没有这个人似的，我对此是很不赞同的。

像胡先骕、任鸿隽、竺可桢这些大科学家，当我还是一个小青年的时候，都曾送诗赠诗给我。胡先骕曾是中正大学的校长，竺可桢是浙江大学的校长，任鸿隽曾是四川大学的校长，最近《光明日报》上还有文章介绍他对四川大学的贡献。那个时代的大学很少，我曾做过一个统计，中华人民共和国成立之前，全中国各类大学共九十九所。因为数字很巧，六十年过去了我还记得。当时大学有几种，国立大学最高，省立大学其次，私立大学除了一些出名的比如教会大学圣约翰大学、燕京大学、金陵大学等，大多很一般。包括现在很知名的复旦大学，在当时是很一般的学校。今天的大学校长、副校长，坐下来一桌人，当时的大学校长就是一个人，地位极高。那时我只是一个普通青年，至多像今天的硕士、博士，而他们这些大学校长能赠诗给我，既说明了他们礼贤下士的品德，也反映出他们虽然地位很高，但书生气是很足的。相反，今天的大学校长，官僚气极重，一位普通的硕士、博士要想见校长，老实讲恐怕是不容易的。胡先骕、任鸿隽、竺可桢都是世界知名的人物，今天的这些大学校长在学术上未必能超过他们，但架子远比他们大得多了。讲到这些，真是感慨万千。

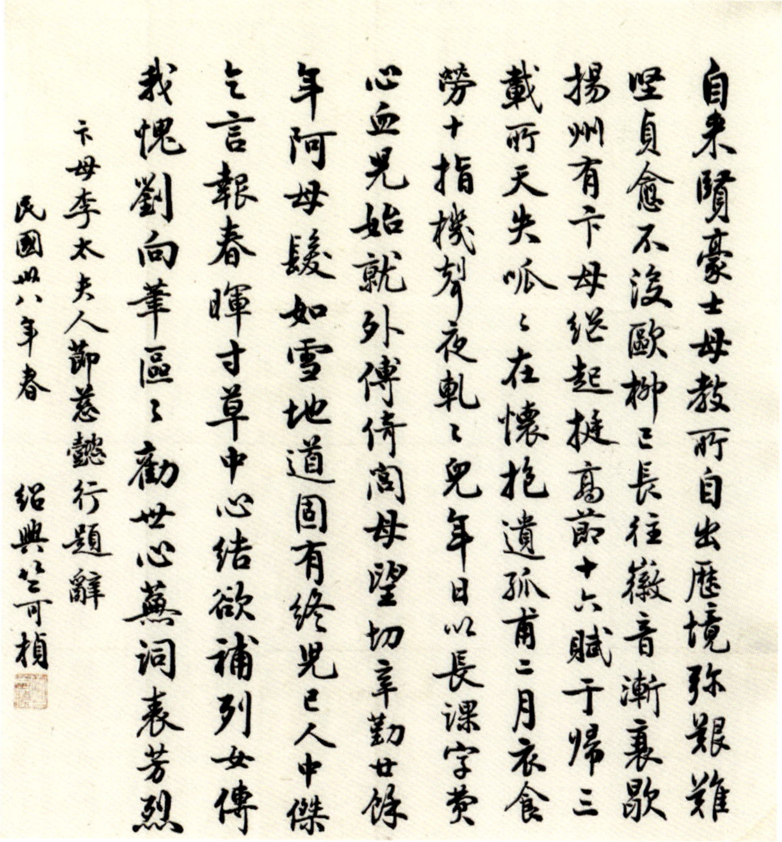

竺可桢题诗

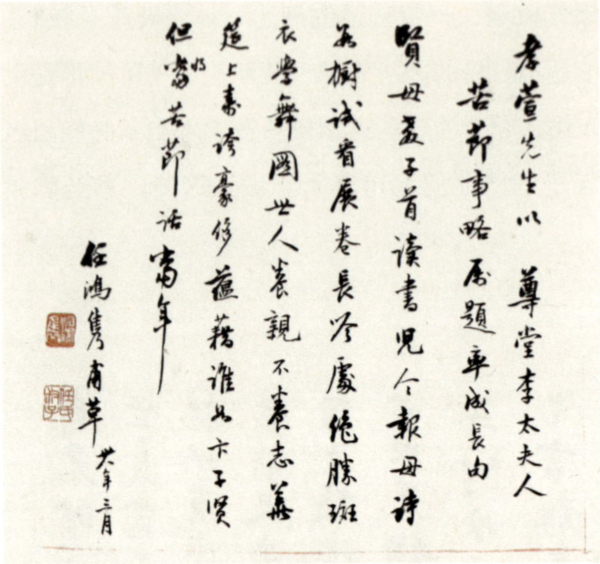

任鸿隽题诗

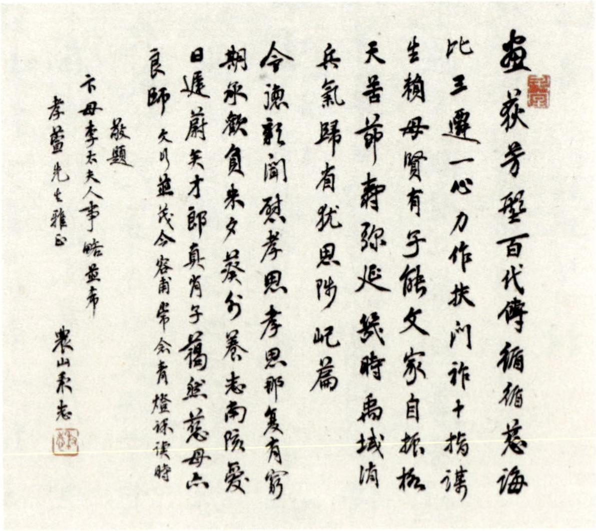

秉志题诗

刘盼遂

第二个邻居是刘盼遂。他住的地方大概叫保安寺街，我记不太清楚了，总之距我住的手帕胡同不远，我也常到他家里去。刘盼遂是湖南人，清华国学研究院的学生，陈寅恪的弟子。刘盼遂毕业后，先后在燕京大学、辅仁大学、北平师范大学任教，最后定在北平师范大学。

刘盼遂这个人是一位真正的学者，住的是一所小平房，很俭素，取暖也就是一种做饭的小煤炉，家里面全是书。墙上有的时候挂的是梁启超的字，有的时候挂的是王国维的字。清华研究院最初四个导师：梁启超、王国维、赵元任、陈寅恪，都是名师，研究院的学生后来也大都成为大家。大学不在大，而在于教学得法。刘盼遂先生曾跟我谈过：在老师陈寅恪课堂上听的东西，好像收益并不大，但有的时候陪陈寅恪出去，路上或坐下喝茶的时候谈谈，随意的谈话中却能得到很多有益的启发。

大家现在都已经公认，隋、唐两个朝代，母系是少数民族鲜卑族，父系是汉族。换句话说，隋唐两个朝代是鲜卑族和汉族的混血。但刘盼遂先生不是这个看法，发表过文章，他认为父系也是鲜卑人，也就是母系、父系都是鲜卑人。这篇文章我们现在还能看到，当时他也和我说过，但后来为什么他又不坚持了呢？因为黄侃有一次到北方去，遇到刘盼遂，黄侃劝他不要坚持此说，他也就不坚持了。黄侃也是他的老师，黄侃搞音韵，他也搞音韵。黄侃是有深意的，你们想，唐朝以后是宋朝，宋朝是个衰落的朝代，遭受辽、金、元的打击，最后亡于元，明朝后又是少数民族的清朝，如果唐朝是个少数民族的朝代，那么汉族不是太没有光彩了吗?！但是刘盼遂并不承认他在学术上不对，他的论文集大家可以看，我只举两个例子：唐太宗重道轻佛，有个和尚不服气，当面就跟唐太宗讲，你这个李不是汉族的李，而是鲜卑族的李。这是很能说明问题的。另外，唐朝史书上称鲜卑语为“国语”。

刘盼遂真是君子人也，“君子”到别人想象不到的程度。林彪老婆叶群，当时要学孙子兵法，让教育部找一个最好的人，找来找去找到刘盼遂。刘盼遂并不是研究孙子兵法的，但是他经史子集什么都懂，每个礼拜叶群到他家里去听他讲孙子兵法。快讲完了，最后一课时叶群对他讲：我开始没有告诉你我的身份，我其实是林彪的爱人。结果刘盼遂根本不知道林彪何许人也。叶群对他还是很佩服的，对刘盼遂说有什么事情可以找她或者林彪。后来“文革”开始，吴晗的冤案牵涉到很多人，很多红卫兵到刘盼遂家里去闹，这个时候刘盼遂如果求助于林彪，立即就会没事。但他根本不懂这一套，最后是被硬生生按到水缸里淹死的，夫人则自杀身亡。

刘盼遂和胡先骕是我刚到北京时的两个好邻居，对我学养的提高有很大的作用。

卢　弼

我在北京时，卢弼在天津。北京、天津相距很近，放假的时候，早上坐火车到天津卢弼家，向他请教。中午，就在他家吃个饭，下午再坐火车回来。卢弼对后生非常提携，我认识他的时候还没到社科院，还在银行，当时他就跟我讲，他怎么做《三国志集解》，稿子怎么不能印出来。他的《三国志集解》是后来不知道因为什么关系，才由中华书局印出来的。现在大家公认，这是《三国志》最好的本子，吴金华特别推崇，他认为中华标点二十四史本《三国志》有毛病，重要原因就是没有很好地利用卢弼先生的《三国志集解》。许多问题卢弼已经解决了，但标点本大部分没有用。

卢弼原来是湖北人，是张之洞所办书院的学生，后来维新，把他派到日本留学，毕业于日本早稻田大学。严复《天演论》，卢弼是第一个刻印的。后来做官，一直做到平政院庭长。有钱就买书，买到许多前人关于《三国志》的校本、批本，包括何义门的批校。他的哥哥卢木斋藏书丰富，他也充分利用。凭借这一基础，开始做《三国志集解》。

我跟卢弼认识，已经在他晚年，我对他印象极好。我介绍他认识了钱基博，他们互相通信，后来他印他哥哥的集子，就请钱基博作的序。钱基博也是非常客气的，“后学无锡钱基博敬序”，文章也做得非常好。

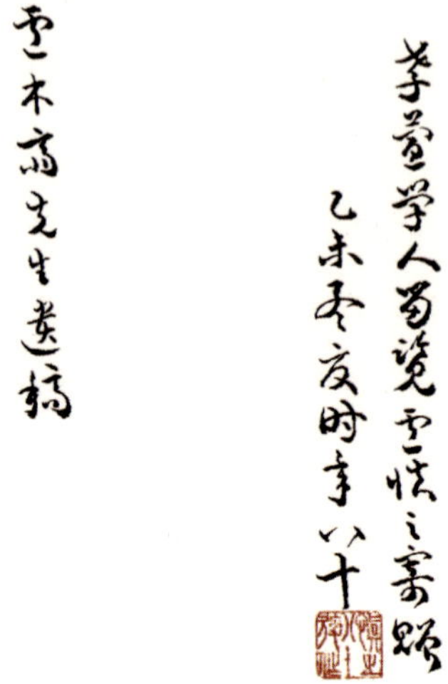

卢弼赠书

章元善

我参加的民主党派是民主建国会，民建主要成员是工商资本家，小部分是知识分子，我就是属于那小部分的。我参加民建，不是因为和工商企业家有来往，主要是因为与其创办人黄炎培等有关系。所以，进入民建后，基本上没有什么可谈话的人，只有一位有共同语言的人，章元善。章元善是苏州人，清华大学毕业，留学美国，学化学，是和胡适他们共同创办“中国科学社”的成员之一。回国之后没有留在学界而是进入政界，是民建的中央常务委员。

章元善的父亲名章钰，章钰是清朝的进士，也做官，入民国后不做官了，成为著名的藏书家、校勘家。章钰最光彩的事情，第一桩是中华人民共和国成立后出版的标点本《资治通鉴》，全部采用了章钰的校勘记；第二桩是藏书极丰，数万藏书全部捐献，善本捐至北京图书馆，普本捐给当时的燕京大学，这些书大多是他亲手校过的；第三桩是他的学生很多，最著名的有顾廷龙，顾廷龙是他最喜欢的学生，他的《四当斋书目》，就是顾廷龙所编。章钰的书之所以捐给燕京大学，也是因为顾廷龙当时在燕京任职。章钰校书之勤到什么程度，因为常年写字，右手的大拇指比左手的要粗得多；校书用的砚台，甚至都被磨通，这是章元善拿出来我亲眼看到的。章元善把他父亲的一些材料给我看，我就为章钰写了篇等于是传记的文章《章钰与〈胡刻通鉴正文校宋记〉》，材料很详细，全部是他家里拿出来的。

章元善比我岁数大得多，做民建中央常务委员的时候，已经是晚年。他和我说过一件很有趣的事情：他刚从美国回来时，去看一父执之辈，这位老先生家里的自来水管坏了，就对他讲，你是美国留学生，学科学的，帮我修一下水管。章元善心想可糟糕了，自己学的是化学，哪会修啊！但没办法，只好替人修，结果还就修好了。他晚年曾对说：我学的化学，现在都“化”掉了！章元善过八十岁生日的时候，没请什么人，就请了几位读书人，有我，还有周振甫等，请我们吃饭。他拿出很多东西给我们看，有当年的留美同学录，还有他夫人家里陪嫁的一些古董。我送自己的一本书《元稹年谱》给他。章元善晚年也不怎么得意，做国务院的参事。赵元任回来时都去看他，因为他们当年一起创办了“中国科学社”。

章元善做过“欧美同学会”的会长。“欧美同学会”的建筑我去看过，中华人民共和国成立之前造的，非常好。题碑的大概是黎元洪，另外有一幅对联，到今天几十年了我还记得，杨天骥（字千里）书，上联是“南士简要清通，北人渊综广博”，下联是“江右宫商发越，河朔词义坚刚”，将南北知识分子和南北文化概括得很精当，放在“欧美同学会”前是非常贴切的。

周叔弢

民建和工商联联系最密切，经常在一起开会。工商联中的知识分子就更少了，但是有一个人，就是周一良、周绍良的父亲周叔弢。周叔弢是全国工商联的副会长，天津市第一任副会长，他是我在工商联交往比较多的人。

周家是安徽至德人，周氏家族是从晚清到当代一个大家族成功转型的最好代表。我们卞家也经过转型，但是没有周家典型。周家第一代发迹的是周馥，周馥原本是一个穷秀才，在南京马路边上摆个测字摊谋生，有一天李鸿章的轿子经过，看到这个人长相很好，便停下轿子和他谈话，知道原来是个秀才，又是安徽人，于是便叫他到衙门里做文案，因此周馥便进入到李鸿章的淮军系统。周馥功名不大，始终是个秀才，但做到两江总督、两广总督。第二代，周馥的一个儿子周学熙，早年与袁世凯共过事，后来在北洋政府做过内务总长、财政总长。同时周氏家族又开始另一种转型，在唐山办企业，由长房的周叔弢主持，周叔弢由此成为北方的著名企业家，第三代就转到实业方面了。第四代，周叔弢的大儿子周一良，留美留日，魏晋南北朝史专家；周叔弢的侄子周绍良，古典文学、古代佛教的专家。从满清的一品大员，到北洋政府的总长，再到大企业家，最后再到学问家，这是一个很典型的家族转型史。穷人家读书成功不奇怪，因为不如此不足以改变地位；而一个有钱人家的子弟读书能够有作为，就不简单了。周家非常富有，扬州的“小盘谷”就是周馥的别墅，很好的一个花园，现在还在。

周家非常重视教育，有自己的家塾，周一良他们都是先在家里读书，然后才读的大学。周一良没有在外面读过小学、中学，一考就考上燕京大学。过去教会大学有个好处，没有文凭也可以来考，不像北京大学、中央大学等学校需要中学毕业文凭，所以好多人都上教会大学。周一良数学不好，考燕京大学时就请他的兄弟代考，他自己说一生没有做过假事，只有这一件除外。这说明一个人也不可能是全才，钱锺书考清华大学，数学也才十五分。相比之下，现在的教育制度是不利于培养人才的，比如研究生非得外语过关，可有些人就是国学很好，外语不行，为什么不能收呢？当然我们培养的方向是应该全方位的，英语要好，专业也要好，但有一些特殊的人才，像周一良、钱锺书这样的，如果当年不是燕京大学、清华大学收了他们，他们也不会成功。所以对特殊的人才，需要有特殊的措施。

周叔弢个子不高，出生在扬州，小名叫周扬，一口的扬州话，曾对我说过，他一生不吃喝嫖赌，就是藏书。周叔弢经营企业很好，学问也很高，又是著名的藏书家。他藏书是有高条件的，不但要版本好，还要品相干净，这也是因为他有财力能做到这一点。周叔弢收藏的书很多，其中有郑板桥的集子。因为担心文字狱，郑板桥的集子中有很多诗被铲掉了，而我看到有一种版本的集子没有被铲掉，因此就写了一篇文章。周叔弢看到后，有一次开会期间，把他藏的郑板桥集拿给我看，请我写了一个跋。

周叔弢也非常有意思。扬州有个瘦西湖，瘦西湖本来里面有很多小渡船，没有任何的桥，这是对的，游湖就是慢慢的游，有了桥就把景色破坏了。中华人民共和国成立后，为了便利行走，就在曲园和小金山之间砌了个桥，实际上大杀风景。有一天我们两个人闲谈，他问我的看法，我说我反对，不赞成这种做法，但是像我这样的人没有发言权。当时他是天津市副市长，他就说：如果我做了扬州市副市长，第一桩事就是把这个桥拆掉。

虞　愚

南开大学的孙昌武教授，研究佛教与文学的关系，我曾经问过他，佛教是跟谁学的，他告诉我是虞愚。虞愚是弘一法师的学生，厦门大学教授，专门讲因明学，因明学是很高深的学问。后来大约是因为对外交流的需要，把虞愚从厦门请到北京来，那时他的年纪已经很大了。到北京后住在一个大寺庙里，办了一个班，讲因明学，听的人有社科院和其他一些单位的人。那时孙昌武在南开大学做讲师，早上乘头班车从天津到北京，下了火车就急忙赶到那里去听课。孙昌武跟我讲，他在佛教方面完全得益于虞愚，他说把因明学搞懂了才能理解佛教，但真正懂因明学的人不多，而虞愚讲得非常好。孙昌武不仅是听课，听过以后还和虞愚一起吃午饭，和他交谈。后来孙昌武写了回忆文章，记述他的恩师。虞愚成名很早，厦门大学毕业后留校任教。我在厦门的时候就认识他，浙江人，个子不高，字写得很好，诗也不错。《石遗室诗话》上提到虞愚。《石遗室诗话》中提到的年轻人就两位，一个钱锺书，一个就是虞愚。

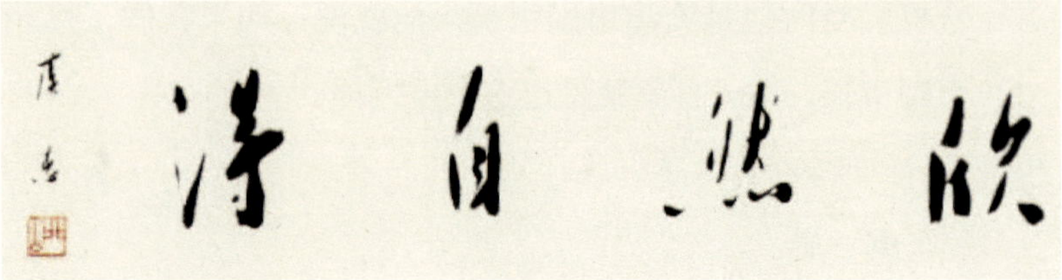

虞愚题字

汪辟疆

汪辟疆也是民国国史馆的纂修，他的辈份很高。汪辟疆在京师大学堂的同学有胡先骕、王易、林庚白。南大三位前辈胡小石、汪辟疆、陈中凡，年纪差不多，但路子不同。陈中凡是刘师培的学生，他跟刘师培比黄侃早，是真正的学生，黄侃是后来磕头向其学经学的，他们之间的关系并不太深。陈中凡之所以后来搞戏曲，是因为到了民国以后经学实际上已经衰亡，大学里也已经不教经学了。汪辟疆始终是搞诗的，他最出名的是《光宣诗坛点将录》，虽然是个游戏文字，但影响极大，评点差不多是一锤定音。陈衍被列为地煞，心里是很不高兴的。天罡首二家是陈三立、郑孝胥，这是对的，清朝末年诗做得最好的就是这两家：江西派陈三立，福建派郑孝胥。陈三立与郑孝胥哪家好，这事不好说，因为派别不同。但在福建诗派中，陈石遗显然是不如郑孝胥的。

附录五　卢弼与《三国志集解》（节录）

“卢弼的《三国志集解》(以下简称《集解》）是目前关于《三国志》的最详注本，是历史教学科研工作者必备之书。”[1] 这是1981年中华书局对《集解》的评价。“说这部《集解》是‘目前关于《三国志》的最详注本’，这句话到现在也没有过时。”[2] 这是2000年学术界对《集解》的评价。然而这部名著的学术价值，著者的生平，尚未见到全面的介绍，不能不说是憾事。

卢氏曾赠我《卢慎之自订年谱》《慎园文选》《慎园诗选》以及《卢木斋先生年谱》《卢木斋先生遗稿》等未公开出版的油印品。当时印数很少，经过四十余年，已是罕见之物。我根据这些珍贵的第一手资料，撰成此篇。

卢弼家世

卢弼（1876—1967)，字慎之。湖北沔阳人。《先考晴峰府君行述》云：“(府君）讳瀛，字晴峰。世居湖北沔阳州新堤镇。吾家自高曾以来，世业儒。王父俊亭公，授徒里门。”“沔居江汉下游，汇聚湖泽，时苦水患。府君甫十余龄，奔走四方，时设讲舍，时游宦幕，时营商业，不恒厥居。”其后“府君自新堤迁居仙镇”[3]。《先妣赵太夫人事略》云：“太夫人含辛茹苦，锐意经营，劈治竹蔑，糊制纱笼，昼勤纺织，宵事刺绣，藉博微利，佐事畜。”“家无恒产，食指浩繁，抚育教养，女嫁男婚，数十年

① 中华书局《三国志集解·影印说明》。
② 吴金华《三国志丛考·〈三国志集解〉笺记》。
③《慎园文选》。

中，皆为吾母劬劳之境。”[1]以上为卢弼自述故乡、家庭情况。

《慎始基斋校书图题词序》云：“余年四五岁，先严抱置膝上，授小学韵语。先严生余最晚，极钟爱之。年六七岁，四子书已诵毕。伯兄木斋先生，日授杜注《左传》、《毛诗》郑笺，读数过，即能默诵。复请益，伯兄怜其稚齿，不肯多授。年十岁，操笔为文，塾师异之。伯兄宰赞皇，寄经史要籍二箧归，始略窥学海之津涯。”[2]此为卢弼自述幼年在家庭、私塾之学习情况。

卢弼所云伯兄，名靖，字勉之，号木斋。仕至奉天提学使。清亡后，经营实业。其生平，见卢弼所撰《伯兄木斋七十寿序》《伯兄木斋先生八十双寿序》《伯兄木斋先生事略》[3]以及《卢木斋先生年谱》[4]等。

卢弼生平

卢弼《卢慎之自订年谱》云：

（光绪）二十一年乙未，二十岁，入泮，考入经心书院。

二十三年丁酉，二十二岁，考入两湖书院。

二十四年戊戌，二十三岁，岁试一等第四名，补廪。

二十六年庚子，二十五岁，奉派游历日本。

二十八年壬寅，二十七岁，奉派往日本习师范。母故回国。

三十年甲辰，二十九岁，往日本，入同文书院。

---

① 《慎园文选》。
② 《慎园文选》。
③ 《慎园文选》。
④ 《卢木斋先生遗稿》卷首。

三十一年乙巳，三十岁，入早稻田大学政治经济科。

三十四年戊申，三十三岁，早稻田大学毕业。应学部试，得举人。

以上为卢弼自述在清朝应举，以及在国内书院、日本学校之学习情况。《年谱》简略，今钩稽《慎园文选》中有关记载，补充如下：

应举情况 《慎始基斋校书图题词序》云："年十八，攻应试文，寒夜苦吟，通宵达旦，逾年一试即售。"

经心书院学习情况 《慎始基斋校书图题词序》云："调入经心书院肄业，书院富藏书，多乡僻所未见，日往借阅，是为余泛览群籍之始。"《游渠伯六十寿序》云："光绪中叶，弼以诸生，入经心精舍肄业，同学蒲圻游渠伯、汉阳周子干、黄冈李隐尘、汉川李勤生、蕲水陈仁先，皆以文章雄一时，抵掌谈天下事，臧否人物，数论古今成败利钝得失，山川厄塞险要，深夜辩论不少休，少年气盛，不可遏抑。"

两湖书院学习情况 《慎始基斋校书图题词序》云："考入两湖书院，梁文忠公阅余卷，手批奖勉至数百言，院中分教如沈子培、姚彦长、杨惺吾、邹沅帆诸先生，皆通儒硕学。"《宋铁梅六十寿序》云："曩者南皮张文襄公总督湖广，莅任之始，创设两湖书院，延宜都杨先生惺吾、新化邹先生沅帆，主讲舆地。杨先生著述最富，纂《水经注疏证》百余卷、《水经注图》三十余卷、《隋书地理志考证》二十余卷。邹先生世传方舆之学，尤精于舆图。两先生者，固皆当世所称为舆地大家也。弼时以诸生肄业院中，年最少，喜治国闻，谭时政，边塞要隘，版图增损，本末得失，无不详为钩考，颇蒙两先生之称许。"

游学日本情况 《节盦先生遗诗跋》云："光绪中叶，公主讲两湖书院，弼时以诸生执业门下。寻有选派游学之举，被命而东。"《慎始基斋校书图题词序》云："洎游海外，迻译法律政治诸书，是为余治新学之时。"

《卢慎之自订年谱》云：

> （光绪）二十九年癸卯，二十八岁，往保定，任军学编译局事。
>
> 宣统元年己酉，三十四岁，……往北京，应试，分吏部考功司，转民政部疆里司。到奉天，阅考试优拔卷。……到黑龙江，入抚幕，随节，到满洲里。
>
> 二年庚戌，三十五岁，兼办交涉局、调查局。
>
> 三年辛亥，三十六岁，会议满洲里界务。调宪政编查馆。
>
> 民国元年壬子，三十七岁；任国务院秘书、蒙藏院顾问。
>
> 四年乙卯，四十岁，任平政院评事、文官惩戒会委员。
>
> 六年丁巳，四十二岁，任平政院庭长。

以上为卢弼自述在清朝、民国仕宦情况。《年谱》简略，今钩稽《慎园文选》中有关记载，补充如下：

黑龙江巡抚幕宾 《游渠伯六十寿序》云："天门周少璞中丞，开府龙沙，弼与（周）子干先后橐笔入幕。……天门幕宾，雅多贤俊，文酒唱酬，率倩（游）渠伯为地主。豪饮狂吟，洗盏更酌，几忘征人远役之苦。"

会议满洲里界务 《宋铁梅六十寿序》云：“会有满洲里勘界之役，铁梅佐天门力争，弼亦时进刍荛。凡汉满蒙俄文字图籍志乘，卡伦、鄂博之名称位置，搜集引证，辩论驳诘，数十次数阅月不少让，视曩时议界之蹙国百里者。其贤不肖岂可以道里计耶！”

国务院秘书 《慎始基斋校书图题词序》云：“比游学归，服官中外，年力方壮，意气甚豪。颇锐意于事功。立马兴安之岭，管领秘书之曹，综核名实，非复曩日之书生矣。”

平政院评事、庭长 《慎始基斋校书图题词序》云：“迨转职庭评，署冷官闲，乃复治经心、菱湖之业，日游厂肆，恣意收藏，积储既富，蔚然大观。”《伯兄木斋斶建图书馆记》云：“下走滥竽庭评，略涉簿录，厂肆搜求，喜择精本。”

孝萱案：卢弼《室人傅夫人六十寿序》云：“吾辈自田间来，余宦游二十年，廉俸而外，一介不取。……薄有藏书。”《室人傅夫人墓碑》云：“六十以前，处境由啬而稍裕。六十以后，忧患迭乘，生计艰窘，余节缩藏书数十万卷……荡然无存。”[①] 此为卢弼自述由藏书到售书之情况。

编书刻书

《卢慎之自订年谱》云：

> （光绪）二十四年戊戌，二十三岁……刻《天演论》《劝学篇》。
>
> 三十三年丁未，三十二岁，编译政法经济各书。
>
> （民国）十一年壬戌，四十七岁，撰《湖北先正书目绪

①《慎园文选》。

言、札记》《李子铭集序》。

十二年癸亥，四十八岁，《湖北先正遗书序》《节盦遗诗跋》。

十三年甲子，四十九岁，《万里游草跋》《击筑余音跋》。

十四年乙丑，五十岁……《木皮鼓词跋》《无何集跋》。

十五年丙寅，五十一岁，《沔阳州志跋》。

十九年庚午，五十五岁……《河源纪略跋》。

二十年辛未，五十六岁，《沔阳丛书序》。

一九五三年癸巳，七十八岁，编辑《木斋遗稿》，清理木斋家书、朋旧函札诗笺，约择存百分之一二。

一九五五年乙未，八十岁，《木斋遗稿》印成。

以上是卢弼自述一生中刻书、编书、译书情况。《年谱》简略，今钩稽《慎园文选》中有关记载，补充如下：

刻《天演论》《慎始基斋校书图题词序》云："考入两湖书院，……是时余亦喜阅新书，海上译本，杂志报章，无不涉猎。言论亦露锋芒。严几道所译《天演论》，最初印本，即伯兄属余刊校者。"

佐卢靖编校三大丛书 《伯兄木斋先生事略》云："辑刊《湖北先正遗书》七百二十卷、《沔阳丛书》百数十卷，与曩时所刊开治学者门径《慎始基斋丛书》，合为三大丛书，蔚然为学海之一巨观。"《胡季樵传》云："余兄木斋，方刊行《湖北先正遗书》《沔阳丛书》《慎始基斋丛书》，余佐校雠之役。"

1.《慎始基斋丛书》《精刊木皮鼓词跋》云："光绪中叶，伯兄木斋，刊行《慎始基斋丛书》，示学者治学之途径。"

2.《湖北先正遗书》第一辑 《湖北先正遗书序》云："比

者兄有《湖北先正遗书》之辑，往复商榷。初拟搜罗散佚，择要刊布。兄谓吾辈学识，不逮古人，萧兰并撷，珉玉杂陈，徒为识者所哂。《四库》所收，世有定评，乃先就著录者，选择善本，为第一辑。其流传绝少之本，则假文津阁本印行。凡经之属十，史之属十，子之属三十，集之属二十五，都七十五种，为卷七百二十。"《伯兄木斋七十寿序》云："尝欲鸠集《四库》未传之本……先就乡邦之文献，汇成一省之丛刊……以弼粗涉簿录，属同典校，四方征求，一编纂就……甲子春日，成《湖北先正遗书》第一辑，引后生无量之兴感，集前此未有之大观。"

3.《沔阳丛书》《沔阳丛书序》云："比年不佞兄弟，复汇集沔阳先贤遗著，凡十二种，九十卷，为《沔阳丛书》。"

校刊《李子铭先生遗集》《李子铭先生遗集序》云："家兄木斋，尝有志辑刻吾鄂先辈遗书，弼谓行远自迩，集腋成裘，盍先自吾乡始。近觅得先生遗稿一卷，亟付梓人，挑灯校雠，恍如与先生晤对一堂，亲受教益于几席间。"

佐余绍宋刻《节盦先生遗诗》《节盦先生遗诗跋》云："右《节盦先生遗诗》六卷，吾师梁文忠公稿也。……公戚余君越园，检公遗箧，得旧刻诗稿二卷，复四方征集，又得四卷，手辑校雠，贻弼付梓。计自公卒后始征集，讫三年而兹刻乃成。"

佐卢靖校刊《万里游草残稿》《校刊万里游草残稿跋》云："右《万里游草残稿》三卷，吾沔陆太初先生撰。……喆嗣和九……先就先生诗稿，钞存行箧。家兄木斋，属付梓人。弼校读既竣……以告世之采风者。"

佐卢靖校刊《击筑余音》《校刊击筑余音跋》云："右《击筑余音》一卷，明嘉鱼熊鱼山先生撰。……家兄木斋，命付梓人，以广其传。"

精刊《木皮鼓词》《精刊木皮鼓词跋》云："春间印成《击筑余音》，朋侪交相称许。旋得旧钞《木皮鼓词》一册……愿书万本。"

佐卢靖刊行《熊钟陵无何集》《跋熊钟陵无何集》云："右熊钟陵先生《无何集》十二卷、卷首一卷，附《委宛续貂集》一卷、《勿广余言集》一卷，凡十五卷。……黄君仲良，假得北京大学藏本，家兄木斋亦极喜是书，爰为刊行。"

佐卢靖重刊《嘉靖沔阳州志》《重刊嘉靖沔阳州志跋》云："右《沔阳州志》十八卷，明童承叙撰。……王（家凤）君喆嗣建屏，以陈（文烛）、费（尚伊）二志，暨删钞童志相畀，雅意可感。旧本传钞，殊多讹夺，各检引用原书勘正，胡君经亭、欧君季香，先后参校，谨识弗谖。家兄木斋，命付梓人。"

助故宫博物院印行《河源纪略》《河源纪略跋》云："右《河源纪略》三十六卷，清乾隆四十七年兵部侍郎纪昀等奉勅撰。……故宫博物院当事诸君子，谋择善本流布，不佞谬承延聘，审阅簿录，见此本为治水利论边防者所必读之书，而流传甚少，爰商当局印行。"

编《卢木斋先生遗稿》 钱基博序云："遗文三十首，哲弟慎之先生网罗放佚，千里邮寄，而属论定以发其指。"金钺跋云："今慎之辑录先生遗稿，次为一编。"卢弼记云："伯兄木斋先生，注重事功，不尚辞翰，生平文字，多不留稿。余搜辑数十篇，略加选择，纂成此卷，泰半为余代作。此外如《告奉天学界书》《释公债》等文，篇长未录。又潘烈士条陈为先兄与李琴湘（金藻）同拟，当时忌讳不敢言者，均托烈士之笔，原稿犹存，未录。又有《合声易字序后谱说》及《凡例》数千言，乃先兄自撰，解人难索，亦未录。”[①] 此书于1954年油印，未公开出版。

据金钺《沔阳卢慎之先生事略》，卢弼所刊之书，还有《汉魏六朝诗》《姚氏家俗记》《经义积微记》《东安日程》《小东山散人稿》《古辞令学》。

综合以上，卢弼出生于一个亦儒亦商的家庭。长兄卢靖，对他影响很大。清末，他参加过科举考试，又在书院学习，并游学日本，兼通旧学新学。他富有爱国思想，本图建功立业，但民国时期，有志莫遂。中年以后，追随长兄，以藏书、刻书为寄托。终于著书立说，成一家言。晚年藏书售尽，而所著《三国志集解》，为学术界推崇，享誉至今不衰。

《慎园文选》

《慎园文选》一册，1958年卢弼经戴克宽介绍，由石贡航刻蜡纸油印。复旦大学教授王欣夫撰序，序云：

> 昔段氏玉裁之言曰：古之以别集自见者多矣，而多不传，传矣而不能久，传而久矣，而或不著，其传而久、久而著者，数十家而已。其故何哉？盖学有纯驳浅深而文又有工拙之不等也。余尝深韪是言。即近三百年而论，其学之纯且深，文又达于工者，不数数觏。若朱氏彝尊之《曝书亭集》，钱氏大昕之《潜研堂集》，庶几可当之而无愧也。间尝质诸年丈胡绥之先生，因为言沔阳卢慎之先生治学之纯深而兼工于文，既校刊丛书数千卷，又为《三国志集解》，可与长沙王氏《汉书补注》相骖靳，不朽之巨著也。余固已心识之。

① 《卢木斋先生遗稿》卷首。

未几，胡丈即世。遗命编次《邗喬集林》，为商刊印之方于先生，因得通尺牍以奉教，并时时赐读近作诗文，知其学术之湛深，文章之雅健，蔼然盎然，理明气和，盖积之厚者其光奕，于以益信胡丈之言为不虚也。先生于《三国志集解》成书已二十年，近又编印其诗若文，而于文仅删存五十六篇为三卷，题曰《慎园文选》者邮示，并命序其端。余既终读之，而益叹先生学之博而谦之至也。其文所述，约有三端：曰论学术，则上下古今，持论明通，言必有物。曰述文献，则乡邦掌故，网罗遗佚，阐发幽隐。曰叙恩义，则绸缪骨肉，拳拳故旧，一往情深。而于文章则得承祚之神髓，盖于陈氏书渍渐者深，故虽无意求工而自然相似。要之皆真学问之醖酿，真性情之流露，而非寻常易至之境，在先生自视虽若绪余，而在读其书者必信其能传而久，久而著，如朱氏、钱氏之书也。余赋性鲁钝，于学未窥涯涘，昔尝以《补三国兵志》求救于先生，而宠以弁言。十余年来，邮筒往复，商量旧学，于先生学问文章，略知一二，承命作序，迟回数月，未敢率尔。今墨板将成，喜先生文即大行于世，而益念《邗喬集林》之杀青无日，奋笔序先生文，又不禁感旧之思矣。一九五六年十月七日后学吴县王欣夫谨序。

孝萱案：卢弼曾于1941年（辛巳）为王欣夫撰《补三国兵志序》，序云："丙子秋日，（胡）绥之南归。旋值兵乱。越时四载，故人书来，谓生平纂著，年家子王欣夫谋刊布。余喜慰过望，已心识欣夫。今岁得欣夫书，则践宿诺，为绥之刻遗集启事也。余与欣夫订交本末如此。"又云："余因绥之得交欣夫，南北睽违，无缘良觌。"卢、王二人未见过面。

《慎园文选》内容，诚如王欣夫所云：论学术，述文献，叙恩义。该书卷末，附录卢弼1952年所拟《整理国故方案》，包括《古今图书集成》之整理、《四库全书》之整理、经学书之整理、史学书之整理、子部书之整理、集部书之整理、一统志之整理、新学书之整理八项。其宗旨为："在推陈出新，非泥古不化"，"非调和新旧，乃化旧为新"，"取旧学之精英，为储能之实用"，"举繁博之典籍，为简要之资粮"。于此可觇卢弼晚年之学术思想。

此方案透露出卢弼本人两项未实现的计划：

> 治正史者，多习《史记》，故迁书注解最多。拙著《三国志集解》卒业，即拟续治此史，遭值世乱，迁徙不恒，藏书卖尽，此愿未偿。
>
> 《水经注》……治古水，莫善于此书。鄙人初拟作疏，搜集各本郦注，及参考书数十种，尽卖归北大图书馆，今已暮齿，无能为矣。

孝萱案：卢弼售与北京大学图书馆的这部分书籍，对于治《水经注》的前北大校长胡适，起了作用。

《慎园诗选》

《慎园诗选》二册，1958年由戴克宽弟子张仁友刻蜡纸油印。中国科学院（今中国社会科学院）文学研究所研究员钱锺书撰序，序云：

> 光、宣以来，湖北诗人，有天下大名者，樊山、苍虬

为最，沈观、笏卿，抑其次也。樊山才思新富，殆如刘后村论放翁，所谓天下好对偶，为渠作尽，而朱弦三叹之韵致盖寡。苍虬体格高浑，失之肌理不密，气浮于词，其于江西社里，亦如学唐诗者之有空同、沧溟矣。同光体既盛行，言诗者竞尊苍虬，如周、左二家，秀难掩弱，亦得把臂入林，而樊山别调孤行，遂等诸魔外。门户偏心，余尝慨之。近乃知沔阳卢慎之先生，夙论如此，窃喜自壮。先生一代学人，世多以抱经、竹汀比目，不知其工诗也。尝偶以七言律一章相赠，余方叹其典切，竭才欲酬答而不得。而先生叠韵再三，以至于八，出而愈奇，接而愈厉，余骇汗走僵，不敢吐一字。先生因徐出旧稿，许余讽咏之，然后识樊、陈、周、左辈，当让出一头地，而微恨先生之深藏若虚也。先生诗机趣洋溢，组织工妙，虽樊山不能专美于前。又笃于伦纪，情文相生，非徒刻意求新巧者。且学人而为诗人，匪惟摭华，且寻厥根，昌黎所谓于书无不读，用以资为诗，先生有焉。樊山稗贩掇拾，不免于花担上看桃李，非其伦矣。虽然，尝试论之。意到笔随，澜翻层出，此皮袭美所擅也。卷轴浩博，精于运遣，此宋子京所擅也。故袭美《杂体诗序》，标多能之目，而高似孙《纬略》，采子京逸句最多。若皮若宋，皆湖北之先正，先生与之继起代兴，而岂徒与晚近世作者，较一日之短长已哉！乙未七月后学无锡钱锺书敬序。

此序撰于1955年。卢弼收到此序，回信致谢。金钺认为序中“诋讥”樊、周、左、陈四人，向卢弼表示不满：“乃不嫌悉抑并世之人，藉与独扬作者，且不止于抑，直一一诋讥之，则其扬也，其果为修词立诚也否耶？恐读者亦将有所致疑也！”卢弼又写信给钱锺书，略云："窃以大笔溢美之辞，遂启下走怀惭之念。……楚中三老（指樊增祥、周树模、左绍佐），流誉京华，属在后进，曷敢轃轹乡贤。任先（陈曾寿）同学，伊吕伯仲，地丑德齐，互相割据。左右臧否人物，自有权衡，惟序于拙集中，辞气之间，似宜斟酌，无令阅者疑讶。如承修饰，益臻完璧。"钱锺书复信，坚持己见，全函如下：

前奉手教，正思作报。又获赐书，益佩长者之古心谦德。拙序属词甚拙陋，然命意似尚无大过。文章千古事，若以年辈名位迂回袒护，汉庭老吏，当不尔也。司空表圣之诗曰："侬家自有麒麟阁，第一功名只赏诗。"唐子西之诗曰："诗律伤严似寡恩。"严武之于杜甫，府主也，而篇什只附骥尾以传。鲁直之于无己，宗师也，而后山昌言曰："人言我语胜黄语。"虽即君臣父子之谊，亦无加恩推爱之例。故杜审言、黄亚夫，终不得为大家，而《乐全堂十集》，未尝与王、朱、袁、赵之作，等类齐称。虽然，公自尽念旧之私情，晚则明谈艺之公论，固可并行不悖耳。和邵诸联，典丽之至，鄙言樊山不能专美，此即征验。公既逊让未遑，而复录尔许佳句相示，岂非逃影而走日中乎？一笑。

卢弼将来往函件，录示金钺。金钺复函，略云："（钱锺书）复书'汉庭老吏'、'谈艺公论'各说，适符管窥所及，自为著书则可，……若先轻议其人之乡邦群彦，借为推重其人出类拔萃之张本，试思即觌面语言，亦未为得体。……至援引乡贤为比，命意本佳，只措词稍未圆融，致落痕迹，未免使受者难安，读者生讶。似可将此二札缀次序后，庶几彼此两全其美，而读者亦可无议于后，且不负知音见赏之盛意。”卢弼接受了金钺的建议。

《慎园诗选》卷首，还有“诸家题识”，选录如下：

卷一甘鹏云评语 “慎园著作，高可隐几，于史学尤深，不以诗人名也。偶一为之，动从至性流出。朋旧诙谐，皆成诗料。六七叠韵，层出不穷。动中自然，如不经意而出，惟其真耳。以视绨章绘句，撚髭苦吟者，有上下床之别，放翁所谓‘工夫在诗外’者耶？”

卷二、三章梫评语 “不忘艰苦两书生（指卢靖、卢弼），利济群生见性情。显宦略输大小宋，白头友爱二难并。”

卷四至七徐沅评语 “今读慎园诗，新颖而真至，凡其学业、交游与所处之境，所遭之运，胥于五七言发之，是瓯北所称为真诗人也。”“结想鸿濛以上，忾叹蛮触于今，大言炎炎，小儒咋舌，直是旷代史才，岂徒诗坛健将。上有万古，下有千春，不可磨灭之作。”“额诵佳章，高者远逮齐梁，次亦直追李杜。”

卷八至十金钺评语 “诸作皆自抒胸臆，不事雕镌，无牢骚语，有飞动机，云中白鹤，海上轻鸥，使人读之，悠然神往，尘虑顿消，作者高怀朗抱为何如耶！”“慎园先生所为诗，意无不真，而词则纯任自然，不屑以雕琢堆砌为能，爽朗清切，婉转以尽其致。尤善譬喻，每足解颐，有俯拾即是之妙，与苦思冥索，缒险凿幽，及侧重魏晋齐梁三唐两宋之一格，分疆自守，各视界外如异域者，不可同日语矣。”“每诵瑶篇，具见挥洒自如，理趣横生，凡胸中所欲倾吐者，意无不达，言无不尽，真如万斛泉涌，是非闳于才而裕于学者，曷克臻此。”

“和韵八首”钱锺书评语 “澜翻层出，横说竖说，诗家之广长舌也，膜拜顶礼而已。枚乘止于《七发》，孔明不过七擒，公乃复加一焉。‘八米卢郎’之后，遂有‘八和’，卢翁亦他年故实。”[①]

综合诸家评语，曰真，曰新，曰性情，曰才学，可与钱序参证。

据金钺《沔阳卢慎之先生事略》，卢弼“所著稿本”，还有书牍数卷、联语一卷、善本经眼录摘要一卷、两湖书院课艺一卷、手钞浣花昌黎玉溪诗各一卷、手钞明史全书序一卷、手钞梁节庵邹沅帆杨惺吾三先生讲义各一卷。批校古籍多种。

①《慎园诗选》卷首。

附录六 《慎园诗选》中所见之钱基博、钱锺书

《槐聚诗存》1949年有《寻诗》一首，诗曰："寻诗争似诗寻我，伫兴追逋事不同。巫峡猿声山吐月，灞桥驴背雪因风。药通得处宜三上，酒熟钩来复一中。五合可参虔礼谱，偶然欲作最能工。"钱锺书这首七律，到1955年，引起了八十老人卢弼的吟兴，接连写了十二首和诗，从此二人结为忘年之交。卢弼字慎之，湖北沔阳人，著《三国志集解》《慎园文选》《慎园诗选》。卢和钱诗十二首，收入《诗选》中。《诗选》未公开出版，只油印了几十部，见过此书者不多。《槐聚诗存》中不载卢弼和诗，只能从《慎园诗选》中窥见卢弼与钱基博、钱锺书父子交游情况。先按照《诗选》卷十的排列次序，引用卢弼和锺书《寻诗》十二首，并略加注释。

和无锡钱默存（锺书）原韵

远溯鸿蒙一切空，庄生《齐物》尚趋同。侯王已等蝼蛄日，今古相殊牛马风。腹既常枵何患俭（藏书卖尽），身将就木不忧穷。天心好意安排定，万类昂头颂大公。

再叠前韵

斧藻群言一洗空，车书万国轨文同。修齐平治推今日，耕稼陶渔反古风。曾笑秦皇驱鹿逐，谁从鲁叟怨麟穷。《易》云无首元亨利（君主革除），《礼运》终趋大道公。

三叠前韵

钱唐王气已成空，孝友家传今古同。足下学行施北地，尊翁

教泽化南风。继绳济济光方炽，文采滔滔运不穷。他日伏龙如枉顾（来书有造谒之语），庞公月旦尚能公。

孝萱注：钱基博、钱锺书是五代时期吴越国王钱镠后裔，故卢弼有“钱唐王气”二句。当时基博在武昌，锺书在北京，故卢弼有“北地”“南风”一联。

四叠前韵题《谈艺录》

诗人眼底已群空，点缀雌黄便不同。漭漭海天怀旧雨，泱泱大国启雄风。清言如画终无倦，玉屑余音竟不穷。皮里阳秋褒贬在，词坛点将是非公。

注：《谈艺录》是钱锺书的名著。卢弼所见者是上海开明书店 1948 年本。

五叠前韵（钱君著《人·鬼·兽》一书，觅求不得戏作）

搜寻已遍冷摊空，想象痴人说异同。野录岭南开《北户》，《虞初》赤壁祭东风。《春秋》晋《乘》偕《梼杌》，夏后诸侯记有穷。是否随园《子不语》，猜疑劳我梦周公（是书后见之，劝不作此类书）。

注：《人·鬼·兽》是钱锺书的短篇小说集。卢弼所见者是上海开明书店 1946 年本。

六叠前韵

欲瞻丰采愿成空（钱翁神交多年，尚未谋面），桥梓皋比（读皮音）两地同。吾道南来施化雨，大江东去挽颓风。人文吴楚文终胜，天运循环运不穷。早与松岑成敌国（金松岑赠默存诗有“老夫视此为敌国”之句），武昌鱼美忆钱公。

注：金天翮原名懋基，字松岑，改名天羽，号鹤望，又号鹤舫，江苏吴江人。《天放楼诗集》卷二一《赠钱默存（锺书）世讲》云："谈艺江楼隽不厌，喜君词辩剑同铦。老夫对此一敌国，年少多才信不廉。祁乐后来人挺特，李舟名父子矜严。著书隐几识盈尺，醉读吾能昼下帘。"此诗作于甲申（1944）。70岁的"老夫"金天羽对34岁（皆虚龄）的"年少"，视为"敌国"，可见钱锺书之"多才"。天羽与基博是朋友，故称锺书为"世讲"。

基博《现代中国文学史》上编《古文学（二）·诗二·宋诗》论金天羽曰："挽近诗派，郑孝胥以幽秀，陈三立以奥奇，学诗者，非此则彼矣。顾有异军突起，为诗坛树赤帜者，当推吴江金天羽松岑。天羽才气横肆，极不喜所谓同光体，越世高谈，自开户牖，……自谓：'我诗有汉、魏，有李、杜、韩、苏，有张、王小乐府，有长吉，有杨铁厓，有元、白，有皮、陆，有遗山、青邱，而皆遗貌取神，不袭形似。自幼学义山，人不知也；学明远、嘉州，人不知也；学山谷，人不知也，然于此数家功最深。'斯盖寸心得失之言。刊有《天放楼诗集》《续集》。陈衍谓：其才思如矿出金，如铅出银，在明则杨升庵，在清则龚定盦，可相仿佛。及其老笔纷披，殊有杜少陵所云绝代佳人'摘花不插鬓，采柏动盈掬'之态，并著于篇以备考论焉。"卢弼甚喜基博此书（详见下文），基博时在武昌，卢弼居天津，所云"神交多年，尚未谋面"，以及"武昌鱼美忆钱公"等句，皆实录，非虚言。

七叠前韵

红尘俯视尽虚空，谁与苍生苦乐同。陆海愿无争战地，乾坤赖有转旋风。万方多难真逢劫，六合兼吞计已穷。若使群盲销蠢动，潜移默化仰天公。

八叠前韵

躅输文物锦囊空（钱翁将珍藏文物书画金石尽赠华中师范学院），高密家传有小同。不使野由施夏楚，长教曾点咏春风。中西早已兼淹贯（谓默存），陈蔡何能久困穷。茅苇纷纷丛卉里，诗人尚有顾黄公（顾景星有《白茅堂集》）。

注:《慎园诗选》卷首《诸家题识》载钱锺书《评和韵八首》:“澜翻层出，横说竖说，诗家之广长舌也，膜拜顶礼而已。枚乘止于《七发》，孔明不过七擒，公乃复加一焉。‘八米卢郎’之后，遂有‘八和’，卢翁亦他年故实。”

卢弼和诗九首，锺书只言“八和”，何故？因第九首乃题基博《卢木斋先生遗稿序》，结语称赞锺书“青出于蓝胜乃公”，锺书只能避而不谈。

九叠前韵（题钱翁撰《木斋遗稿序》）

杰构宏篇一世空，高标已见耻雷同。文星世泽传吴会，木铎经年振楚风。大集姓名得依附，寒家铭感正无穷。最难迁固联绵业，青出于蓝胜乃公。

注: 1953年卢弼编辑其亡兄卢靖（号木斋）遗稿，油印数十册，函请钱基博撰序，这是基博晚年的一篇重要文章，未公开发表，知者极少，是珍贵的资料。研究基博晚年思想，不可不知此序。

钱基博《卢木斋先生遗稿序》:“七年前，余客授华中大学以来武昌，偶在坊间睹沔阳卢木斋先生辑刊《湖北先正遗书》七百二十卷而善之，亟购而归以赠图书馆。江汉炳灵，文章攸托，诏我共学，知所皈依，以为世之所谓识时务者为俊杰，吾知之矣，不过厌故而喜新，曲学以阿世耳，非有所真知灼见也。独先生生新旧嬗变之交，实事求是以孤行己意，其始开风气之先，及其既也，矫风气之偏，而不为风气所囿，有以见天下之赜而观其通者也。遗文三十首，哲弟慎之先生网罗放佚，千里邮寄，而属论定以发其指。基博之生也晚，未及奉手，而又末学寡识，何足以窥先生之深。独念先生生前清咸丰六年，方当科举极盛之日，士非帖括无以进身，抑无以得食，先生独毅然有所不为，而究心畴人以牖启新知，旁通欧故，年二十八，犹困不得一衿，亡以自振拔，而先生莫之恤。亦既为一世之所不为，抑亦亡以易食于当世，挈慎之先生相与槁饿萧寺，而人亦莫之恤，则以孤行己意，而所学之与一世忤也，是岂屑意于曲学以阿世者哉，然而风气之开以之。于是有光绪甲申法越之役，我军败绩，问所以，则曰：法军枪炮之射击准，而我不如也。先生闻之，叹曰：此不习畴人之术也。因著《火器真诀释例》一书，具草为湖北巡抚长洲彭芍亭中丞所见，付之刊，而礼聘主讲算学书院，遂以显名当世，而项城高勉之学使试补沔阳州学生，调肄业经心书院以风厉多士，于是先生年二十九矣。其明年应乙酉科乡试，则以天算对策冠绝全场，而为典试义乌朱蓉生先生所识拔，谓科举以来所未有，中试举人。高学使称为朴学异才以荐于朝，特旨以知县交直隶总督李鸿章委用，于是需次天津，委充武备学堂算学总教习，而获交侯官严幼陵先生，读所译著各书，并以通知四国之为，而欲推陈出新，见诸措施。历知赞皇、南宫、定兴，丰润诸县，洊擢多伦诺尔厅，奉旨简放直隶提学使，调任奉天。前后服官垂三十年，敬教劝学，新猷懋焯，播在人口，而科举之废，尤先生一言之以。先生以光绪乙巳秋，奉委率直隶官绅赴日本考察学务，临行谒总督袁世凯，世凯曰：此一行也，宜深究彼之何以兴学，而我之所以不振自见。先生对：此不必出国门而可知者。吾国千百年相习以科举取士，所试者八股文诗赋小楷耳。萃一国之聪明才知，悉心以事帖括无用之学，然上自台阁卿相，下至一命之士，无不出于此，而美其名曰正途，得之者富贵利达，惟意所欲，否则穷愁白首，亡以自立于天地，使科举不废，虽日言兴学，学必不兴。如水流然，既有长江大河可奔赴，而支港细流，其何能畅。今之学校，不过支港细流而已，富贵利达之途不在也。学部侍郎严修方在座，力赞其说。于是世凯会商鄂督张之洞连衔入奏，先生之行未旬日，而停科举之诏下矣。呜呼！先生之在当日，岂非舍其旧而新是谋，以开一时风气者哉。然而先生知新温故，不废经史，《𬨎轩语》《书目答问》二书，张之洞早岁为学政时所著，以课科举之士，而诏示读书之途径者也。先生则所至必挟，五十年寝馈二书，按目以求，积书至数十万卷，而临民为政，历知五六县厅，提学直隶、奉天两省，未尝不刊印二书，接见士夫，必以相贻而勉之读书。及辛亥革命而先生解官，则慨然曰：吾不食于官，而儒者以治生为急，吾粗晓欧人之计学而未及施用，则摅所蕴蓄以委身实业，通商惠工，与时为盈虚，家大蕃息，而先生不以自丰豢，则斸其金十万元，出其书十万卷，捐之南开大学而以营建木斋图书馆。先生不以为足，而度地北京城西以营建第二图书馆。名椠秘籍，灿然盈架，宜其沾溉儒林，欣读未见。然挠万物者莫疾乎风，欧化东渐，经史束阁，惟新之求，衡政论学乃至移风易俗，言必称欧美，一往不返，轻我家丘，变本加厉，而读线装书以为大诟，宁啻《论语》当薪而欲茅坑是投，此则吾乡吴稚晖老人一时逞臆之谈，而传诵青年以为大快者也。先生则不以人弃我取欣得所求，而以道丧文敝为大戚，思古情幽，与慎之先生穷年孜矻，陈发秘藏，而以为近己而俗变相类，莫亲切于乡邦文献，校理旧文，搜刊《湖北先正遗书》《沔阳丛书》，卷且逾千，所费以大万，欲以恢张楚学，宏我汉京。吾读《湖北先正遗书序》，而低徊往复以不自已焉。其言有曰：当兹道丧文敝之会，而值新旧绝续之交，水火兵戈，乘除纷扰，往籍湮晦，文献沦亡，失今不图，后将无及，岂徒以专己守残，而志在辅弱起微，倘亦一世之所不为，而先生独有以为之于此日者耶。呜呼！昔年人方笃旧，而先生日新又新，此日人皆骛新，而先生与古为徒，岂果先生之好与一世为忤，无亦长虑却顾，意念所及，国必自伐，而后人伐，非与时为变，固天演之所必淘汰，而舍己徇人，亦人心之日趋自伐一往不返，寖且丧吾，自淘自汰，何有图存。是以君子为国，观之上古，验之当世，参以人事，察盛衰之理，审权势之宜，去就有序，诚慎之也，倘不究观始终，而漫以一端相窥，几何大方之家，不为曲士所笑哉。先生九京有知，倘亦以雍之言然。后学无锡钱基博谨序。”

据《卢木斋先生遗稿》卷首卢弼题识：“伯兄木斋先生，注重事功，不尚辞翰，生平文字，多不留稿，余搜辑数十篇，略加选择，纂成此卷，泰半为余代作。”基博此《序》，不评卢靖文章如何，而详论其“生新旧嬗变之交”，“其始开风气之先”，其后“矫风气之偏”，“有以见天下之赜而观其通”。基博从知人论世的角度，以“字向纸上皆轩昂”的笔力，写下这篇名文，特录全文如上。

今春习书吟事又辍近与默存唱酬忽触吟兴遂盈数纸

岂将吟事寄生涯，千古茫茫几作家。姑写胸怀销暮景，诗如蔓草眼如花。

注：这首七绝，总结九首和诗。

和默存《寻诗》原韵

绮思妙谛易翻空，凿险探幽意境同。彩笔千言干气象，雄词万里驾长风。翠微吐纳形骸外，关塞收归掌握中。君已高吟鸣天下，衰龄驽蹇愧难工。

注：卢弼于九首之后，又作此首及下二首，共十二首和诗。

再叠前韵

锡山才彦世间空，况复佳人携手同（默存伉俪同膺讲座）。绛帐高台双化雨，金闺缀句满屏风。赏心选韵弹琴后，乐意倾茶角胜中。桃李门墙争艳日，宣文弟子亦能工。

注：此首兼咏锺书妻杨绛。

以上均1955年作。1956年，卢弼又写了一首《寄怀钱子泉先生仍叠前韵》，诗曰：

湖乡归去愿成空，风雨怀人异地同。北海推崇高密日，东坡善述老泉风。薪传江汉囊无底，运转神州道不穷。寄语花林群弟子，渊源师友颂钱公。

注：1957年基博病逝。

《慎园诗选（不分卷）》有《近人杂咏》，小序云："据钱基博《现代中国文学史》，以所载之人为限，亦有载而不咏者，口载生存者不咏，余不谙词曲，不敢妄评，王国维博学苦行，不专以倚声见长，故咏之。"卢弼对基博此书极喜爱而赋诗二十四首，对书中人物王闿运等十六人进行评论。

《慎园诗选》卷首有钱锺书三文，不见于他书，今移录并论述如下：

（一）"评和诗八首"评语中有"孔明不过七擒"句，今按：卢弼《三国志集解》卷三五《蜀书·诸葛亮传》引《通鉴辑览》

曰："七纵七擒为记载所艳称，无识已甚。盖蛮夷固当使之心服，然以缚渠屡遣，直同儿戏。一再为甚，又可七乎！即云几上之肉不足虑，而脱鞲试鹰，发柙尝虎，终非善策，且彼时亮之所急者，欲定南而伐北，岂宜屡纵屡擒，耽延时日之理，知其必不出此。"又引钱振锽曰："《李恢传》丞相亮南征'后军还，南夷复叛，杀害守将，恢身扑讨，锄尽恶类，徙其豪帅于成都'。《谯周传》周上疏云：'南方远夷之地，平常无所供为，犹数反叛，自丞相南征，兵势逼之，穷乃幸从。是后供出官赋，取以给兵，以为愁怨，此患国之人也。'观此二传，则知亮传注引《汉晋春秋》南人不复反之说（《马良传》注亦有此语），七擒七纵之说，即其渠帅而用之说，皆不可信。马谡攻心之说，亦未真收其效。承祚一概不取，盖有故矣。"《通鉴辑览》、钱振锽皆否定"七擒"。卢弼引用之，可见他也是否定"七擒"的。锺书不怀疑"七擒"，所以作为典故。卢为史学家，钱为文学家，故有此异。

（二）《慎园诗集序》、（三）"钱君默存复书"《序》云："光、宣以来，湖北诗人，有天下大名者，樊山、苍虬为最，沈观、笏卿，抑其次也。樊山才思新富，殆如刘后村论放翁，所谓天下好对偶，为渠作尽，而朱弦三叹之韵致盖寡。苍虬体格高浑，失之肌理不密，气浮于词，其于江西社里，亦如学唐诗者之有空同、沧溟矣。同光体既盛行，言诗者竞尊苍虬，如周、左二家，秀难掩弱，亦得把臂入林。而樊山别调孤行，遂等诸魔外，门户偏心，余尝慨之。近乃知沔阳卢慎之先生，夙论如此，窃喜自壮。先生一代学人，世多以抱经、竹汀比目，不知其工诗也。尝偶以七言律一章相赠，余方叹其典切，竭才欲酬答而不得。而先生叠韵再三，以至于八，出而愈奇，接而愈厉，余骇汗走僵，不敢吐一字。先生因徐出旧稿，许余讽咏之，然后识樊、陈、周、左辈，当让出一头地，而微恨先生之深藏若虚也。先生诗机趣洋溢，组织工妙，虽樊山不能专美于前。又笃于伦纪，情文相生，非徒刻意求新巧者。且学人而为诗人，匪惟摭华，且寻厥根，昌黎所谓于书无不读，用以资为诗，先生有焉。樊山稗贩掇拾，不免于花担上看桃李，非其伦矣。虽然，尝试论之。意到笔随，澜翻层出，此皮袭美所擅也。卷轴浩博，精于运遣，此宋子京所擅也。故袭美《杂体诗序》，标多能之目，而高似孙《纬略》，采子京逸句最多。若皮若宋，皆湖北之先正，先生与之继起代兴，而岂徒与晚近世作者，较一日之短长已哉！乙未七月后学无锡钱锺书敬序。”此序撰于 1955 年，卢弼收到后，回信致谢。金钺看了，大为不满，写信给卢弼，批评钱锺书：“乃不嫌悉抑并世之人，藉与独扬作者，且不止于抑，直一一诋讥之，则其扬也，其果为修词立诚也否耶？恐读者亦将有所致疑也！向读此君著作，其浩博至可钦，而锋芒殊足畏。……为人作序，亦用此法，似欠含蕴，殆由积习使然欤？……此君好抨击，下走又从而效之，一笑！虽然，文笔淹雅，其学究可敬佩，正所以责备贤者耳。”

卢弼又写信给锺书，请修改序言，略云：“窃以大笔溢美之辞，遂启下走怀惭之念。……楚中三老（指樊、周、左），流誉京华，属在后进，曷敢轅轹乡贤。任先（陈曾寿）同学，伊吕伯仲，地丑德齐，互相割据。左右臧否人物，自有权衡，惟序于拙集中，辞气之间，似宜斟酌，无令阅者疑讶。如承修饰，益臻完璧，冒昧陈辞，伏希谅恕。”锺书复信，坚持不改，全函如下：“前奉手教，正思作报。又获赐书，益佩长者之古心谦德。拙序属词甚拙陋，然命意似尚无大过。文章千古事，若以年辈名位迂回袒护，汉庭老吏，当不尔也。司空表圣之诗曰：‘侬家自有麒麟阁，第一功名只赏诗。’唐子西之诗曰：‘诗律伤严似寡恩。’严武之于杜甫，府主也，而篇什只附骥尾以传。鲁直之于无己，宗师也，而后山昌言曰：‘人言我语胜黄语。’虽即君臣父子之谊，亦无加恩推爱之例。故杜审言、黄亚夫，终不得为大家，而《乐全堂十集》，未尝与王、朱、袁、赵之作，等类齐称。虽然，公自尽念旧之私情，晚则明谈艺之公论，固可并行不悖耳。和邵诸联，典丽之至，鄙言樊山不能专美，此即征验。公既逊让未遑，而复录尔许佳句相示，岂非逃影而走日中乎？一笑。”

卢弼将他与锺书的来往函件，录示金钺。金钺复函，略云：“(钱锺书)复书‘汉庭老吏’、‘谈艺公论’各说，适符管窥所及，自为著书则可，……若先轻议其人之乡邦群彦，借为推重其人出类拔萃之张本，试思即觌面语言，亦未为得体。……至援引乡贤为比，命意本佳，只措词稍未圆融，致落痕迹，未免使受者难安，读者生讶。似可将此二札缀次序后，庶几彼此两全其美，而读者亦可无议于后，且不负知音见赏之盛意。……以区区一言，又引出二公两篇精作，是可增艺林一段佳话也。”卢弼照金钺意见办理。

卢弼又作《楚三老咏(樊樊山增祥、左笏卿绍佐、周沈观树模)》，说明：“钱君偶尔骋笔锋，一时兴到忘尔汝。高文自垂天壤间，藐躬踟蹰窃不取。后生礼宜敬前贤，安敢自矜大言诩。赋诗陈词告来兹，庶几僭越憾可补。(钱君默存为拙吟撰序，称许逾量，感而赋此。)”一篇序言引起一场纠纷，是锺书想不到的吧！

今按：锺书《慎园诗集序》对樊增祥、左绍佐、周树模、陈曾寿诗之评价，金钺表示不满，而置钱对卢弼诗之评价不论，是不全面的。今将钱对卢之评价，与诸家(包括金钺)对卢之评价，列表对照如下：

《慎园诗集序》评卢弼	诸家评卢弼	备　考
“先生一代学人，世多以抱经、竹汀比目”。	“……读其书者必信其能传而久、久而著，如朱氏、钱氏之书也。”（王欣夫《慎园文选序》）	卢文弨号抱经。钱大昕号竹汀。朱氏名彝尊。
“先生诗机趣洋溢”。	“有飞动机”。“理趣横生”。（金钺）	金钺、甘鹏云、徐沅评语，据《慎园诗选》卷首《诸家题识》。
“非徒刻意求新巧者”。	“如不经意而出”。“以视绨章绘句，撚髭苦吟者，有上下床之别。”（甘鹏云） “不事雕镌”。（金钺）	
“且学人而为诗人，匪惟摭华，且寻厥根，昌黎所谓于书无不读，用以资为诗，先生有焉。”	“放翁所谓‘工夫在诗外’者耶”。（甘鹏云） “真是旷代史才，岂徒诗坛健将，上有万古，下有千春，不可磨灭之作。”（徐沅） “……非闳于才而裕于学者，曷克臻此。”（金钺） “平生邃于史学，……虽不斤斤于诗律，而胸罗万卷，固非寻章摘句之俭腹人所能比拟者也。”（胡先骕《忏庵丛话·卢慎之先生》）	

经过比较，可以看出，锺书对卢弼的评价，与诸家对卢弼的评价，是相同的或相近的，钱自信为“明谈艺之公论”，是无愧的。

最后，对无锡钱氏父子与卢弼的交往，归纳为三点体会：

（一）20 世纪 50 年代，在武昌执教的钱基博，在北京工作的钱锺书，与在天津闲居的卢弼，闻声相思，诗文酬酢。但不是基博介绍锺书与卢弼通信的，也不是锺书介绍基博与卢弼通信的。

（二）卢弼赋诗赞美钱氏父子、锺书夫妇；基博为卢靖遗稿撰序，锺书为卢弼诗集撰序，均自称后学，可见互相尊重。

（三）卢弼推崇锺书《谈艺录》而劝其勿作《人·鬼·兽》一类书，反映出老辈对新文学不能接受，然而并不影响二人之交往。

五、维扬才俊

刘师培

南京大学教授汪辟疆先生写了个《光宣诗坛点将录》，这个本来是闹了玩的东西，结果出名得不得了，大家就把它做为评价清朝最后一代旧诗人的一个标准了。《光宣诗坛点将录》中提到的扬州人，我初步看了一下就有六位。

第一个是刘师培。讲到刘师培的时候，我特别要跟在座的赵益、徐雁平报告一个信息——扬州还有刘师培的稿子。怎么得来的呢？刘家已经没有什么后人了，他家的房子在扬州东关街，叫青溪旧屋，他的稿子刘家后来不保存了，辗转给了一个亲戚，亲戚姓巫，这个人也就是个一般的行政人员，他请我去看。我的女婿是新闻记者，就带我去看了一次，我看了一下，有两部分：一部分是跟刘家来往的东西，还不是刘师培的，是刘师培的叔父，还有一些有名的诗人文人到他家去做的一些诗等等，这些东西是一部分，这个可要可不要，但作为文物来看，也还有用，当中一部分我已经发表过了，都是外间很难见到的；还有一部分就是刘师培的。这些东西是刘师培的真迹无疑，刘师培的字写得蹩脚透了，别人学都学不来的。从低一点估计，这些东西如果都发表过了，仍有文献价值；从好的说，这个当中可能还有没有发表过的，或者就是发表得不完全的，或者与已经发表的有不同，总之这批东西是刘师培最后的东西。

刘家后来衰落了。刘师培这一代四个人，他有个哥哥叫刘师苍，他们一起到南京来考举人，刘师培考取了，他哥哥还不知道取没取，还没发榜，因为刘师培这个人别看他读书好，生活上不行的，他哥哥照顾他，在路上掉到水里死掉了，这个刘师苍学问很好的。刘师培是老三；老二叫刘师慎；老四叫刘师颖，后来在天津银行里。刘家就这四个，上代四个，下面也四个，再下面扬州刘家就没有什么人了，所以东西就流出去，里面有很多很好的东西，与刘家有文字来往的很多是有名的人，举个例子比如郭麟。其中我最看重的是刘师培的手稿，因为匆忙之中我也辨别不出来哪些发表过哪些没发表过。我的意思公家买下来最好，能够保存下来，我们把他作为一种具有文献价值的东西来看待，可以和现在出版的《刘申叔先生遗书》比较，哪些方面跟原稿有出入，能够有所补充就更好。因为刘师培东西少，他三十六岁就死了，而且一直在外面奔波。

黄侃非常爱护刘师培。关于刘师培投降端方一事，刘师培的原稿抄本后来被发现，并在天津《大公报》上发表出来，发表的人还不是一般的人，是洪业。黄侃知道这件事后气得不得了，他说："我老师死了你们还要污蔑他。"为刘师培打抱不平。黄侃说当时刘师培和章太炎两个人住在东京，穷得不得了，辛亥革命那时候还没成功，他们又是文人，能不穷吗?！刘师培的老婆和她一个亲戚做鬼，冒充刘师培的名义投降了端方。投降端方当然就要说些情况，他就瞎说了，没说真话，就胡说八道。后来见面，就不放他走。刘师培后来也做到两江师范学堂的教习，等于也是我们南大的老教授了，那个时候他年纪还很轻。黄侃就说你们可以问问，因为这个上面说的人现在还活着，包括张继，国民党国史馆的馆长，你问他刘师培投降的话是真话还是假话。我相信黄侃说的是对的。因为后来刘师培遗著的序是张继作的，序上还特别说道：刘师培这个事情我们要原谅他，不是他的本心。你想如果刘师培真告密告到要害上，张继还能说这句话吗？章太炎也原谅他，汪东也原谅他。张继是当时在东京的同盟会元老，他说刘师培就是为了解决生活困难，他就是一个书生。汪东说刘师培这个书生一天到晚念书，外面时事也不知道，一个艳妻一个坏朋友把他给卖掉了。说到这里，最近南大的一个硕士生叫作张晖，后来到香港读博士，他要编一本书《黄侃量守庐学记续编》，由三联书店出版。他写了一封信给我，把我在南师大发表的关于黄侃的文章收进去，他问我同意不同意，我说这个有什么不同意的。最近我看卢慎之的东西，他也是湖北人，他认为黄侃的学问超过父师，很高的评价了，他的父亲黄云鹄，他的老师章太炎。

刘师培我就讲到这里，主要的是提供一个关于刘师培遗稿的信息。你们能够把这个好事办成功，不但为南大做了一个好事，而且也是为国学做了一个好事，我是年老了，无能为力了。

梁　菼

第二个讲梁菼，他是汪辟疆《光宣诗坛点将录》上提到的一百零八将当中一将，字公约，大家都不知道这个人，我来讲讲。他是淮安那边的人，大家都知道扬州人不都是淮安这边的嘛。他有个堂妹婿叫陈懋森，是扬州一个做桐城文的大家，我曾和他谈过话，我和桐城派的关系就从跟陈懋森开始的。小时候我到他家里去，看见他家挂的字画中就有梁公约的画，所以我从小时候就晓得梁公约画画得好。这个人一生也没做什么大官，就做做幕宾那种事情，但是名气很大，他当时住在南京，家里挂了幅对联，张謇写的，上联是“聊避风雨”；下联是“无限江山”。意思是房子很小，心志远大，这个评价就很高啦。死了之后呢，有两个朋友替他做了两个事情，一个是柳诒徵，南京图书馆的老馆长，把他散失了的诗都收集出来，出了本诗集，叫作《端虚堂诗稿》，这个书印的不多，但南图还有，最近南图搬家，等南图恢复了我准备去看看。他还是我的一个前辈，因为陈懋森跟我们家是亲戚，所以他算是我的前辈。第二件事，上海李宣龚，就是李拔可，把他所见到的、收藏的梁公约的画印了一本画册，这样他的诗就传下来了，画也传下来了，这个就是汪辟疆先生所提到的第二个扬州人。《光宣诗坛点将录》上面除了点将之外还有一句总的话："维扬多俊人"，第一个就是梁公约，第二个方地山、方泽山，第三个陈移孙，最后一个闵尔昌，"皆一时鸾凤也"。所以第二个跟你们讲的就是梁公约，这个人一辈子也没怎么得意，他比我长一辈，因为陈懋森的大儿子是我的姐夫，所以我从小就知道这个人。

大、小方

下面就是大方、小方。大方叫方尔谦，字地山；小方叫方尔咸，字泽山。这个方家世世代代读书，但没有出大名的人，就做做秀才、举人，做官顶多做个教谕什么的。到了这弟兄两个呢，出大名了，汪辟疆先生说的"诗名满淮海”，称他们“大方”“小方”而不名，哥哥叫“大方”，弟弟叫“小方”。大方做什么事情呢，中了秀才后，闵尔昌就把他推荐到天津报馆，写等于今天的社论这样的东西。袁世凯当时是直隶总督，就看上他了，把他请到家里专门教他的儿子，所以袁世凯的第二个儿子袁寒云跟大方最好。大方有两个女儿，大女儿嫁给刘师颖，就是刘师培的兄弟，我以前讲到过的，因为刘师颖在天津银行里做事，又都是扬州人；二女儿嫁给袁世凯的孙子，就是袁寒云的儿子。方地山就这桩事情就有了大名了，因为在袁世凯家里，生活也逐步地好了，后来就变成名士一流了。从这个地方我们也晓得名士是个什么玩意，所以冒广生要做名士，陈石遗瞧不起他。一做了名士就风流了，就不拘一般的情况了。后来大方在天津就有些佯狂垢污的样子，袁世凯死后周济他的人就是周一良的爸爸周叔弢，周叔弢是在扬州长大的，所以跟大方感情好，没有钱了周叔弢就帮助他。方地山藏的古董非常之好，尤其是古钱，另外他做对联做得好，叫作“联圣”，他死了稿子全散失了，周叔弢的大儿子周一良发奋收集他的联语，就把天津的画报这些东西都花钱买回来在上面找，写出了一篇《大方联语》，在《文献》上发表的。他送了我一沓抽印本让我补，我还没来得及给他补，周一良就去世了。周一良因为要收集大方的联语，上面就要写大方的传，他就问了北京大学扬州来的博士生，结果扬州人都不晓得有个方地山。他大为感慨，写信给我，说扬州来的学生都不晓得扬州方地山。他晓得我有个碑传集就跟我要这个书，说买不到，我就告诉他我这个碑传集当时没拿稿费，合同上写的是“自愿放弃稿酬”，所以我没法大量送人，但是我说要送他一本，所以我和周一良感情好就从这个事情上来的。周一良有封信给我，说清朝末年到民国初年这段历史最难研究，我这个书有用。方地山联做得特别好，正好遇到他的一个知己周一良，把它弄出来了。方地山做对联信口而出，过去还能看到他写的对联，因为他晚年是名士，为银行大老板写，为妓女写，都无所谓了，因为做了名士就这样子，所以闵尔昌给他做传，意思说：“我和他同年，又是扬州人，都是很好的朋友。他早年很谨慎的读书，到晚年看的事情既多也就看透了，所以就做了名士一流。”

小方，叫方尔咸，方泽山，是解元，五十五岁就死了。他没出来，就在扬州做做事情。奇怪，这两个人名气大得不得了，小方的传就是陈懋森做的。弟兄两个的传我都有，大方的传是闵尔昌做的。梁公约的碑传我都没有，因为他死了之后就散掉了，虽然我跟他还算是亲戚关系。

大方、小方弟兄二人，人生经历不同。小方名声很大，但晚年主要是在扬州地方上做官绅，又做商会，加之去世较早，所以辛亥革命以后影响不大。方地山就有不同，先是在天津报馆，写文章，被袁世凯看中，请到家里教他的儿子。所以袁世凯幕府中有两个扬州人，闵尔昌和方地山。闵尔昌和方地山情况又有不同，闵尔昌是袁世凯信任的人，参与公事机密；方地山则属于名士一流，只能和袁的儿子玩玩。后来袁寒云的儿子，娶了方地山的女儿。

方地山晚年在天津，因为同是扬州人，所以和周叔弢很好。周叔弢自小在扬州长大，小名叫周扬，又有钱，就常常接济方地山，因此周一良从小的时候就知道方地山。方地山对联做得好，被称为“联圣”。周一良晚年做了一件事，撰集《大方联语》。解放前天津有个画报，因为我的姑父在天津做过事，所以我也看过那个画报，比较高雅，后来改革开放重印这份画报，周一良花了几千块钱把它买了下来，在当中专门寻找方地山写的对联，结果就写了一篇大文章，发表在《文献》上，而且请《文献》杂志抽印出来，送我一份，上面还钤了一方图章“一良敬赠”，同时写了封信给我，说你是扬州人，请在扬州、南京这一带，收罗方地山对联，然后他再补充。此后不久，周一良就去世了。我这个人重友情，一定要完成他的心愿。兹已拾得数联如下，将来我还要写信告诉他的儿子。

题焦山四面佛，此是大方童年时随父游焦山时所作：

面面皆空，佛也须有靠背
高高在上，人到此要回头

赠巢章甫，此是嵌姓名联：

（一）
巢父掉头不肯住
知章骑马似乘船
（二）
岂有文章，官贵不来年少去
聊吟梁父，山川依旧昔人非

代小凤仙挽蔡锷：

不幸周郎成短命
早知李靖是英雄

某岁除夕居袁世凯幕作：

出有车，食有鱼，当代孟尝能客我

金已尽，裘已敝，今年季子不还家

贺梅兰芳祖母八十生日寿：

三月三日，丽人孔多，祝阿母长生不老

一觞一咏，群贤毕至，喜文孙天下知名

挽袁世凯，此联上联说的是袁寒云不赞成其父做皇帝，下联也是委婉地表明袁世凯并非早有称帝之心：

诵琼楼风雨之诗，南国早知公有子（早一作亦）

承便殿共和明问，北来未以我为臣

自况：

安知凤凰不如我

且食蛤蜊休问天

地山之女适袁克文（寒云）长子袁伯崇，撰联：

两小无猜，一个古钱先下定

四方多难，三杯淡酒便成亲

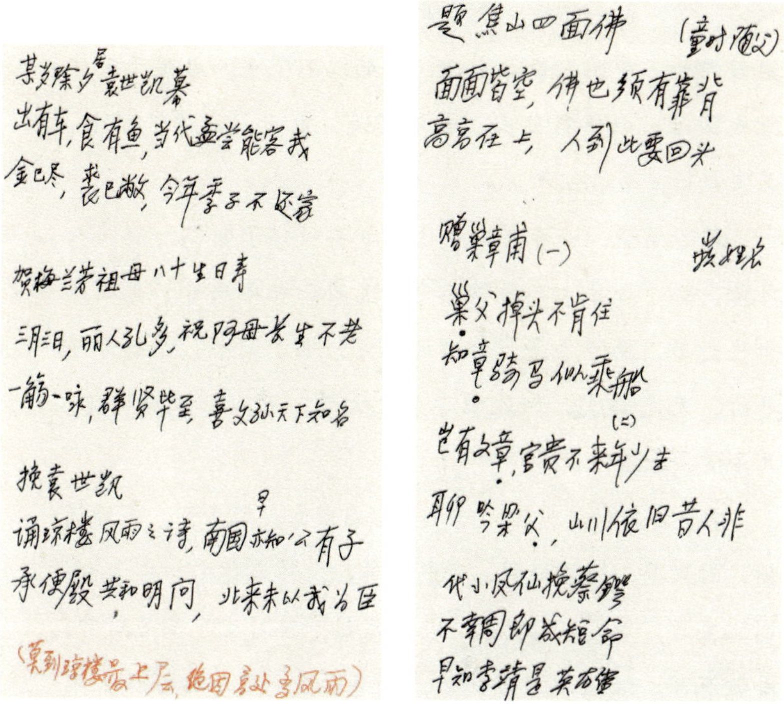
某为陈乡居袁世凯幕

出有车，食有鱼，当代孟尝能容我

金已尽，裘已敝，今年季子不还家

贺梅兰芳祖母八十生日寿

三月三日，丽人孔多，祝阿母长生不老

一觞一咏，群贤毕至，喜文孙天下知名

挽袁世凯

诵琼楼风雨之诗，南国早知公有子

承便殿共和明问，北来未以我为臣

（莫到琼楼最上层，绝因高处多风雨）

题焦山四面佛　（童时随父）

面面皆空，佛也须有靠背

高高在上，人到此要回头

赠巢章甫（一）　嵌姓名

巢父掉头不肯住

知章骑马似乘船

（二）

岂有文章，富贵不来年少去

聊吟巢父，山川依旧昔人非

代小凤仙挽蔡锷

不幸周郎竟短命

早知李靖是英雄

卞孝萱手录大方联句

最近认识的一位朋友，给我看了两样东西，其中有一篇是方地山代罗振玉撰写的《阮寿岩先生六十寿序》手稿，我录文如下：

阮寿岩先生六十寿序

大方代罗振玉撰

《记》有之曰："良弓之子，必学为箕。良冶之子，必学为裘。"所谓箕裘克绍者，以为箕为裘之意近于弓冶耳。世之盛也，士食旧德，农服先畴，商循祖训，工用规矩。

厥父肯堂，子克肯构；厥父析薪，子为荷锄。此自然之理，不假强为。中国人伦之大道，所赖以不坠也。吾观于天津阮氏父子，以银行商业，世济其美，及老人之事先敬长，嘉言懿行，而益信焉。

君名福墉，字寿岩，年已六十矣。公子金铭，因同人之请，将于今年十二月初二老人生日，相率庆寿，先期以平生行事，属辞于余，余遯迹远方，艰于国事，亦知寿序非古，无志临文，但此中孝弟之大端，可以移风移俗者，又未尝不乐道之。

君少孤，幼先失母，依兄星彩君成立。家素贫，而好诵读，附里塾，勤学好问，聪慧异常儿，师咸称之。年十六，因谋生活，姊夫赵君为荐充裕盛成银号练习生。坚苦耐劳，朴毅沉挚。经理魏君赏其才，教诲周至。君小心谨慎，不敢自暇自逸，誓异日成就，必引诱后进。数十年来，遇亲友求学，有所图谋，必为治行李衣服，且安其家，不使困乏，担保护持，无微不至，皆基于此时。感前辈施于己得之厚，而倍以公德报之后进，自酬其险阻艰难之苦辛也。

庚子拳匪之乱，君年甫逾冠，当事者派充正金银行交际员。时华人与洋人作事，皆被执。君冒险佯与拳师合，以存款折子示拳师，言行中已无大宗存款，拳师信之，竟不追问，行中幸无损失，皆君之公尔无私，临事能任，使匪不疑，非徒机警小有才也。

壬子之变，君兄在申，家中无人，君往返枪林弹雨，使妇孺无惊惧，血诚至性，忘乎死生，又非徒胆量过人，所能为也。

丙辰，兄病殁，子女皆幼，教之育之，婚嫁主持，表里周到，尽心于骨肉之私，更非酬恩报德之施于朋友者所能比也。

丁巳之岁，吾友周作民创办金城银行，君为之经理，事无钜细，咸资擘画，一时名誉大起，遐迩皆知。血心任事，至于成疾。退休以后，上下感之。此数年中，当世善举，大而振天下之灾，御国家之患，兴学校，立工厂；小而恤孤存寡，济困贫，补不足，君无不乐为，且曰：此公德应尽义务，沽名好誉，已近于私，若或退避，岂非罪过。宜乎天之所以报之者，即使其子继其志，述其事，无愧箕裘弓冶之名言，堂构薪槱之妙喻，食旧服先、遵训言蹈规矩也。

呜乎！吾所见银行界之人才多矣。大率县留学之衣冠，矜仕宦之阅历，奔走东西外交之门，钻营南北时流之窟，升车之容与，执仗之逍遥，免冠握手之中节，进餐举酒之威仪，精于赌博之应酬，取媚倡优之联合，其一定不可移之态度，所以训其后进，矜式其子孙者，亦非无道，而求如阮氏之朴诚肝胆，有声当世，垂誉后人者，百不获一焉。吾惧中国之儒道沦亡，经史废绝，并此区区经济之道德，而亦亡之，使后生小子无所逃也，于是乎言。

大方撰文

罗振玉大名鼎鼎，某种程度上比方地山名气要大，没有必要找方地山代笔。其中原因在于：第一，寿序的主人是银行界人士，罗振玉毕竟和银行界关系不深，而方地山名士风流，晚年嫖妓、饮酒等不一而足，靠人资助，所以和银行界的人来往很多。我还记得我过去在人民银行时，有些银行人士的子孙辈，拿出好些家藏的方地山的东西。我想罗振玉会有考虑，由他自己写一定不能生动，而方地山和他们有来往，找方地山写肯定写得不错。第二，罗振玉喜欢甲骨、古董，方地山也喜欢收藏古董，两人都在天津，肯定认识。所以罗振玉请方地山代作，并不奇怪。

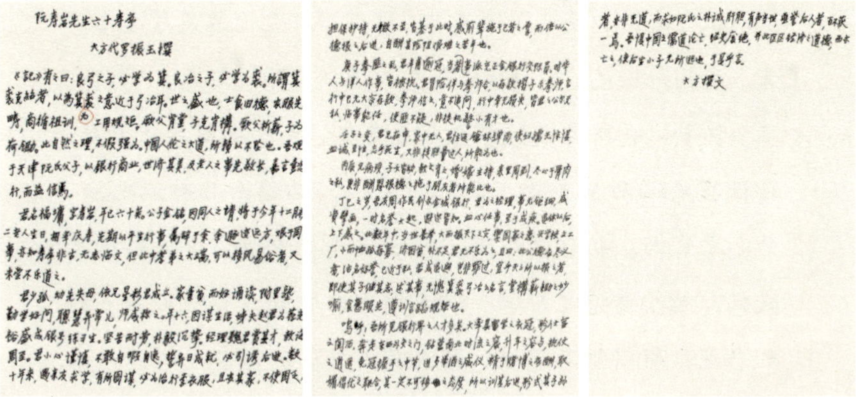
阮寿岩先生六十寿序

大方代罗振玉撰

《记》有之曰：良弓之子，必学为箕；良冶之子，必学为裘。所谓箕裘克绍者，以为箕裘之意近于弓冶耳。世之盛也，士食旧德，农服先畴，商循祖训，工用规矩。厥父肯堂，子克肯构；厥父析薪，子克荷负。此自然之理，不假强为。中国人伦之大道，所赖以不坠也。吾观于天津阮氏父子，以银行商业，世济其美，及其人之事先敬长，嘉言懿行，而益信焉。

君名福墉，字寿岩，年已六十矣。公子金铭，因同人之请，将于今年十二月二日，为其尊人生日，相率庆寿，先期以平生行事属叙于余。余避迹远方，难于周事，亦知寿序非古，无当临文，但此中孝事之大端，可以移风易俗者，又未尝不乐道之。

君少孤，幼先失母，依兄嫂抚育成立。家素贫，而好诵读，附里塾，勤学好问，聪慧异常儿，师咸称之。年十六，因谋生活，姊夫赵君为荐于裕盛成银号练习生。坚苦耐劳，[illegible]。经理魏君赏其才，教诲周至。君小心谨慎，不敢自暇自逸，业务日成就，必引诱后进。数十年来，因亲友求学，有所图谋，必为[illegible]，且为其家，不使困[illegible]

担保护持，无微不至，皆基于此时。感所受施于己者之重，而借以公德报之后进，自谓[illegible]之苦辛也。

庚子拳匪之乱，君年甫弱冠，[illegible]

[illegible]

丁巳之岁，吾友周作民创办金城银行，君为之经理，事无钜细，咸[illegible]

[illegible]

呜呼！吾所见银行界之人才多矣。[illegible]

者，亦非无道，而求如阮氏之[illegible]，有声当世，垂誉后人者，百不获一焉。吾惧中国之儒道沦亡，[illegible]，使后世小子无所[illegible]，于是乎言。

大方撰文

卞孝萱手录阮寿岩六十寿序

这篇寿序中有一个重要的线索，在于“吾友周作民创办金城银行”一句话。“吾友”，是罗振玉的朋友。周作民与金城银行，是了解这篇东西的要害。阮寿岩这个人不见经传，并不值得罗振玉做，罗振玉是看在周作民的面子上做的。周作民是淮安人，罗振玉虽是上虞人，但家在淮安。最近我写信去东北，请人复印了罗振玉的家谱，看看他家在淮安住了几代，如果住了两三代以上，必定和周作民等是世交的关系。周作民为日本留学生，回来就做银行，同时也做官，并创办金城银行。当时银行有“大四行”：中央银行、中国银行、交通银行、农民银行；有“小四行”：中国通商银行、四明商业银行、中国实业银行、中国国货银行，我最早就在中国实业银行；有“南四行”：浙江兴业银行、浙江实业银行、上海商业储蓄银行和新华信托储蓄银行；有“北四行”：盐业银行、金城银行、中南银行、大陆银行，金城银行就是“北四行”之一。大陆银行也是一个淮安人办的，罗振玉有个亲戚，我认识，叫何楚侯，就是大陆银行的。中南银行是华侨黄奕住创办，陈寅恪晚年的助手黄萱就是黄奕住的女儿。盐业银行则是张伯驹。周作民是官商两界都算得上的，中华人民共和国成立后到过北京，周恩来接见过他，他们都是淮安人。所以，罗振玉看在周作民的面子上，替他手下的经理写寿序，并找大方代撰。

当时的银行界有两种人，一种是留学生，洋派，像我们卞家的卞伯年就是美国留学生，再加上他又是李鸿章的孙女婿，很快就能做到高位。周作民也属于这种。还有一种人，土派，从练习生做起，往往都是从钱庄、银号转过来的，阮寿岩就属于这种。中国银行总经理宋汉章，也是这种人。宋汉章是宁波人，势力大，所以宋子文还得用他。洋派必定得用土派，因为当时中国社会是半殖民半封建状态，许多生意需要靠土派人士拉拢。我过去读书，住在上海银行（上海商业储蓄银行），就是依靠其中的一位襄理，李芸侯，过去曾是我们卞家的房客。他最初的时候也不过是在钱庄里做，但当时就认识陈光甫，陈光甫后来做那么大的事情，始终带着他。李芸侯忠诚于陈，一直做到上海银行的襄理，中华人民共和国成立以后，成为上海银行的经理。《寿序》中最后一段话，说明了这个情况，很有意思。

中华人民共和国成立前，天津还有一位方若，字药雨，称“北方”，大方称“南方”，南北二方，不是一个人。方若是洋行出身，收藏古钱、古碑等，有本《校碑随笔》很名的，和方地山同时在天津，但他去世的晚。

陈延韡

下面讲的是陈延韡，字栘孙，晚年别署陈含光，汪辟疆《光宣诗坛点将录》上提到的最年轻的一个。会做诗，会写篆字，会画画。这个画你说它一定有多大功夫不一定，但拿出来看这个气氛好得不得了。他写字、做诗、画画，真是三绝，是扬州最后一个文人了。而且他的家世跟以上所说那些人不同了，刘师培家不过是个读书的世家，梁公约家是“聊避风雨，无限江山”，大小方也是到他们这一代才出名的，而陈移孙不同了，他的祖父叫陈彝，是清朝的安徽巡抚。清朝的巡抚很多了，连总督在《清史稿》上也不见得都有传，但陈彝《清史稿》上有传，而且有谥，文恪公，因为他是进士，进士才能谥“文”。为什么清朝对他这么优厚呢？除了他做官好之外，还有一个政治原因，陈彝的儿子叫陈重庆，是清朝的道员，就是道台，到了民国以后，他是赞成复辟忠于清廷的，当然清廷就对他好了，所以这个谥“文恪”，我估计也是到了清朝亡了之后那个小朝廷谥的。卞宝第是总督都没有谥。陈彝跟卞宝第是儿女亲家，陈重庆是卞宝第的女婿，卞綍昌的姐夫。卞宝第在《清史稿》有传也不容易了，但没有谥号，而陈彝有。这当中还有一个故事，真假我不敢说，但是今天我讲出来：余冠英是陈重庆的女婿，他家的女婿我认识两个，一个是余冠英，一个姓蔡。姓蔡的我就不多讲了，他后来神经上受了刺激，一天到晚身体发抖，嘴上流口水，不能做事，就刻刻图章，扬州之所以现在刻图章的这么多，都跟他有关，大家喊他“蔡四老爷”，容貌很好，一口官话。蔡家的门第和陈家的门第配得上，而余冠英家的门第跟陈重庆家配不上。传说有这么个故事，清朝复辟的时候要封官，圣旨到扬州要宣读的时候，要把香案摆起来，要穿起清朝的红缨帽、衣服，跪下来磕头，另外一个人也要穿起衣服来读圣旨，当时到了民国了谁来读呢？找来找去就找了余冠英家的一个人，这样两家就认识了，就看上余冠英了，但是不是嫁给余冠英还没定，后来余冠英考取清华大学了，这样子才定的。这个是传说了，虽说今天余冠英很出名，但当时门第比陈家低得多。

当时扬州有三个人，叫“三陈（程）”，一个就是陈懋森，做桐城古文的；另一个叫陈含光，是做骈文的；还有一个叫程善之，做报章体的。当时无锡有个无锡国学专修学校，扬州也有个扬州国学专修学校，我小时候还从那个学校门口走过，当然没有无锡那个出名，其中教古文的就是陈懋森，他的教本就是姚鼐的《古文辞类纂》。陈懋森私淑桐城，当时桐城的姚永朴，“深赞美

陈含光画作

之”，说他做得好。陈含光在扬州国学专修学校就教骈文，用的本子是《文选》。中华人民共和国成立之后，我和余冠英都在北京，余冠英和钱锺书在文学所，我在历史所第三所，要叙起来呢，余冠英算是我一个姐夫，就是本家的姐夫，互相之间都来往的。我曾经跟他谈过他的舅爷陈含光，他的舅爷有个《文选》批。后来余冠英托人在旧书店为文学所买到了，他说没多少新的见解，都是过录前人的，余冠英这个话我印象很深。陈含光他们这些人不是做研究的，做得少。陈石遗到扬州，接待他的就是陈含光，都不是陈懋森，因为陈懋森不会做诗，陈含光会做诗，当时有一首诗很有名叫《石遗老人携四客来游扬州》。

陈含光的一个儿子在德国留学，有十几年，回来以后已经解放了，他后来就去了中国台湾，在台湾大学教哲学，很有名的，叫陈康，就把陈含光接到中国台湾去了，因此陈含光是在中国台湾去世的。

汪辟疆先生提到这么多人，有些人我根本无法接触：刘师培死了，梁公约死了，大小方也死了，我接触多的就是陈延韡，因为他在扬州，我也在扬州，说起来有亲戚关系，所以他的事情我知道的特详。陈彝确实是个好官，所以《清史稿》给他作传还是值得的。

闵尔昌

最后一个讲闵尔昌。闵尔昌字葆之，安徽人，父亲是个画家，就在我们淮扬这一带卖画，六岁时他的父亲就死了，家贫不能回老家，就落户在扬州了，入了甘泉籍。用闵葆之自己的话来说，他早年做辞章，四十岁以后做清代的学术。闵葆之诗做得也很出名，非常之好，有诗集。他有两个儿子，大儿子很好他很喜欢，但死的早；二儿子做银行的，就不怎么好了。他的大老婆没生儿子，就在外面娶小老婆。我到北京去的时候，闵尔昌已经死了，但是我在扬州的时候他还没死，所以和他有过往还，我也有他写给我的东西。

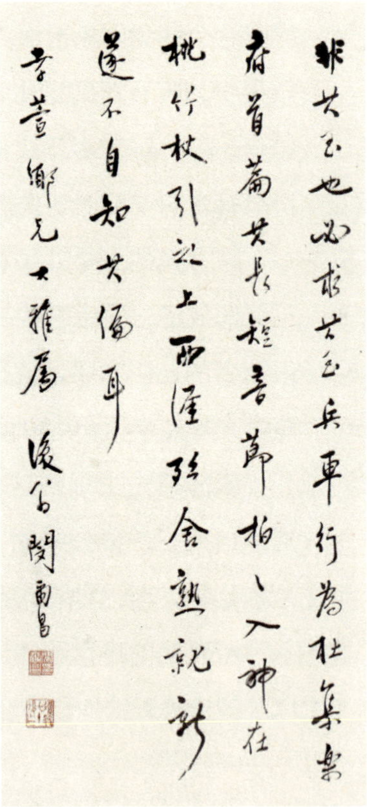

闵尔昌书

我到北京时，他本人已经去世了，可是因为他二儿子的大老婆的关系，我又跟他家里人有了往来。闵尔昌二儿子做银行，娶小老婆，不问家，大老婆养的都是女儿，她是谁的女儿呢，就是做《芜城怀旧录》董玉书的女儿。董玉书《芜城怀旧录》是记述他同辈人的故事，如果要了解清末民初扬州文人的情况，这本书是必看的。因为丈夫不问家，所以董玉书的女儿就经常拿点闵家的东西出来卖卖，那时候这些东西已经不值钱了，日子过得很苦的。她卖的东西中有好的，我就买下来，后来董玉书死了，跟她就没什么来往了。

呈袁信函封

闵尔昌怎么能够到袁世凯那去的呢，也不是别的关系，是在报纸上写文章，袁世凯看了觉得好，就把他请到家里去了，他就做了幕友，一辈子就都跟着袁世凯，袁世凯做军机大臣跟着他，袁世凯倒霉回到河南彰德也跟着他，袁世凯出来做大总统还是跟着他。后来袁世凯死了，就跟黎元洪，接着就是冯国璋这些人，这些人都完了之后就在燕京大学教书。他的著作，有个《疑年录五续》，我有过他亲自校过的本子；第二本书是《碑传集补》，燕京大学代他印的，没给钱，送了他二十部。这个大家知道，还有大家不知道的我告诉你们：他这个书出版之后又搜罗了一些，叫作《碑传集征遗》，稿本，这个稿本在哪里呢，我这个有心人访求过。有个人叫柴德赓，是陈垣最喜欢的一个学生。陈垣最喜欢的学生一个金童，一个玉女，金童柴德赓，玉女刘乃和。柴德赓当时做北京师范大学历史系主任，有权，他当时要搞关于辛亥革命的一套书，需要这个东西，就访求到买回去了，这个东西今天是不是还保存就不知道了，我只有一个目录。说到这里我还要再说一个，中国台湾把几个碑传集都印了，钱仪吉的《碑传集》，闵尔昌的《碑传集补》，缪荃孙的《续碑传集》，还有汪精卫的哥哥汪兆镛没出版的一个《碑传集三编》，但是这个《碑传集征遗》没有。还有一个大藏书家嘉业堂主人刘承幹也有一个碑传集，这书不知道到哪去了，我有目录，我都找到了，将来书找不到我就写篇文章记两个碑传集的目录，把目录发表出来也有用的，因为刘承幹藏书多，见到的东西多，如陈彝，扬州都找不到陈彝的行状，刘承幹碑传集的目录上有。刘承幹的东西不会丢掉，因为他的书后来都捐献了，估计还在浙江省图书馆里，将来有机会要去访求。

闵尔昌做过四个年谱，王念孙、王引之、焦循、江藩。说他晚年注意清代学术，就因为有这些东西。一个《疑年录》传下来了，一个《碑传集》传下来了，四个年谱也传下来了，还有没传下来的，连稿子都无法找到的，我说给大家听听：一个是《清史稿儒林传文苑传正误》，找不到了，也不知是不是他家里人卖掉了还是怎么了，反正没有经过我手；还有一个是《扬州学记》，也许没成书。后来张舜徽不是搞了一部《扬州学记》吗，闵尔昌早就搞了，但我没有见到。

这家人家现在就算完了，因为我后来跟闵尔昌的大孙女婿一起开过会，他晓得我，因为听他老婆谈到过我，他主动跟我讲的。现在这个人都去世了，他还算是懂这个的了。

闵尔昌跟袁世凯关系好主要是因为他守口如瓶，袁世凯看中他，就在这个地方。他跟外人从来不谈家事，他跟人一起吃酒在酒席上也不怎么谈话的，袁世凯的儿子有时问他什么事情，他回答说他这样做幕友的人照例是不问外事的。闵尔昌的东西我最多了，他自己做的年谱、自传我都有，全是他亲自写的，小字写得也好，真正是一个做秘书的材料。

所以汪辟疆提到扬州六个人：刘师培、梁公约、方地山、方泽山、陈含光、闵尔昌，我所接触到的就闵尔昌、陈含光，和闵尔昌是通信的关系，我去北京时他已经去世了，和他的家人发生来往；陈含光一直到他离开扬州之前都来往的。

扬州学派与“文笔之争”

扬州学派是个了不起的学派。冒效鲁曾写诗给我道：“老阮诸刘俱往矣，觥觥一士又仪征。”把我看作是扬州学派一人。我很惭愧，不能学得其精粹。吴派、皖派崛起之后，他们的许多观点都是和所谓的潮流对抗的。比如在文章方面，当时桐城派势力最大，一直到后来的曾国藩都是这样，扬州学派实际上也是反桐城派的。阮元反对桐城，当然从根子上的古文开始，在理论上提出“文笔之争”：自古骈体的文才能成为“文”，散体的文只称为“笔”。阮元官做的很大，在学海堂出题给诸生：什么叫“文”，什么叫“笔”。到刘师培，到鲁迅，都尊承这一观点，“有韵为文，无韵为笔”，中国最古的是骈文，而不是散文。此一观点能否成立姑且不论，他们重提这一点主要是对抗桐城文风。所以一般人写清朝的文学史，文章方面就写两派：桐城、阳湖。南大的陈中凡，大家一直没有注意到他，他实际上是最早研究文学批评史的人之一，早在罗根泽、郭绍虞之前。陈中凡提出四派，除却桐城、阳湖以外，一派是江都派，汪中；一派是仪征派，阮元。没有第二部书讲四派。因为陈中凡是刘师培的学生，所以他也有意要宣扬我们扬州的文章观点。实际上，江都、仪征都可归为扬州一派。

六、友朋摭忆

周一良

周一良日语、英语都好。有一次北大开会，周一良做主席，一位日本学者演讲，我们都坐在下面听。日本学者说五六句话，翻译只能译出一句，因为很多学术上的东西，翻译不懂，结果周一良只好亲自翻译。

周一良在魏晋南北朝史方面造诣很高，早年刚从美国学成归来后，曾在金陵大学做过讲师，跟陈寅恪讨论过魏晋南北朝史的问题，陈寅恪也很欣赏他的。中华人民共和国成立后，他做北大历史系的副主任，给他一个任务去研究世界史，当然周一良研究世界史也不是不可以，也做出了很大成绩。他和武汉大学的吴于廑合作编纂了一大套书，花费了很多时间，但却把本业魏晋南北朝史研究有所荒疏，这是非常可惜的。后来魏晋南北朝史，唐长孺、王仲荦最出名，周一良的功力不在他们之下。所以我还要提到我的老师范文澜所说的“专通坚虚”，做学问一定要“专”、

"坚"，很多事情都是这样。中华人民共和国成立后，中国有三大元史专家，一是邵循正，北大给他的任务是去研究近代史，由此元史丢掉了；二是翁独健，做北京教育局长，行政事务太多，几十年下来学问大受影响；三是韩儒林，就是他始终坚持。不过，韩儒林开创的南大元史研究，现在也丢得快差不多了，非常可惜。元史是专门之学，研究元史要具备很多条件，比如不但要懂蒙古文，还要懂波斯文、突厥文等好多语言。当时我有一个同事，叫余元庵，现在已经过世了，他原是上海一个公司的大老板，忽然把公司让给别人，住到韩儒林家里或者把韩儒林请到他自己家里，跟他学元史，学得也很好，范老把他请去做助手。像元史这种学问，入门都很难，没有"专"、"坚"是根本不行的。

周一良"文革"开始时受批斗，后来被硬拉进"梁效"，改革开放后则被责令"反省"了一段时间，他一介书生有什么过错?！这时候才重新看魏晋南北朝的书，写了一本笔记《魏晋南北朝史札记》，周叔弢题的签。"反省"完成后他刻了一方图章，"毕竟是书生"，又写了本书《毕竟是书生》。周一良非常欣赏胡阿祥，我讲过多次，在我也是很光荣的。胡阿祥的硕士论文是请周一良评阅的，研究的是侨州侨郡问题，周一良的评价是：这篇论文，发现了南朝设置侨州侨郡的规律，是清代的学者没有解决的问题。

评价很高，他私下还说过这篇论文在北大是博士论文的水平，这在他的回忆录里有记载。所以我收胡阿祥做博士是很高兴的，我知道他一定能成功的。周一良阴差阳错，也参加了对陈寅恪的批判，结果也得罪了陈寅恪，将文集中原本提到周一良名字的地方都删掉了。陈寅恪当然不能原谅这种行为，吴宓曾说过，大陆上的知识分子都被改造了，只有陈寅恪一个人原封不动。不要说他不想改，就是想改也改不了，因为他的眼睛瞎了，“学习”不起来了。当时中山大学有两个著名的唐史教授，一个瞎，一个聋，瞎是陈寅恪，聋是岑仲勉。周一良与陈寅恪并没有师生关系，周是燕京的，陈是清华的，但是两校靠得很近，过去上课都是可以旁听的，所以陈寅恪每次上课，周一良都骑自行车去清华旁听，又因为家世的关系，两家都是清朝的官僚，所以原来关系很好。周一良对此是十分痛心的，曾写过一个东西，大意是说自己也将不久于人世了，等到九泉之下与陈寅恪见面时，再与他握手言和吧。实际上，当时很多事情都是没有办法的，不能怪周一良。

我和周一良来往主要是在他晚年，早年他在城外的北大，又很忙，来往不多。因为他的父亲周叔弢是在扬州长大的，和扬州很多的名士都有来往，周一良晚年写文章回忆他父亲的事情，就牵涉到扬州的很多人，找不到材料，问扬州来的博士、硕士生，也无人知道。他就感叹，你们扬州人竟也不知道扬州的事情。这不奇怪，现在还有人把嘉业堂的刘墉当作是山东的刘镛——电视上的刘罗锅。所以周一良只好问我，我就给他材料，他要买我的两本书《辛亥人物碑传集》和《民国人物碑传集》买不到，我就送他。我跟他说不然早就送你了，是因为这两本书没有拿稿费，“自愿放弃稿酬”，就得几本书，全被我送掉了。他写给我的信中讲：清末民初这一段历史的人物最难弄，没有书可查，而我的这两部书有大作用。

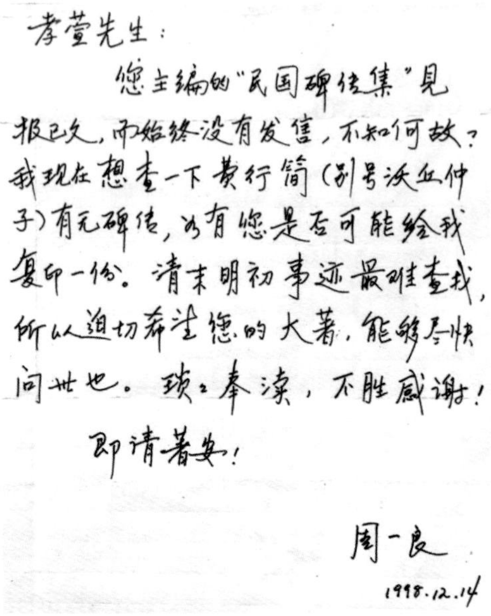
孝萱先生：

您主编的“民国碑传集”见报已久，而始终没有发售，不知何故？我现在想查一下黄行简（别号沃丘仲子）有无碑传，如有您是否可能给我复印一份。清末明初事迹最难查找，所以迫切希望您的大著，能够尽快问世也。琐琐奉渎，不胜感谢！

即请著安！

周一良

1998.12.14

周一良信

周绍良

周家“良”字辈很多，一良和绍良最出名。周绍良不是周叔弢的儿子，是周叔迦的儿子，也就是周叔弢的侄子。因为周叔迦只有一个儿子周绍良，而周叔弢有六个儿子，过去迷信，儿子多的容易养，所以周绍良不是在自己家，而是在周叔弢家长大的。他跟周叔弢虽然是伯伯与侄子的关系，但却像父子一样亲密，这是周绍良亲自对我讲的。

周绍良的小名叫“小皓子”，并不是老鼠的那个“耗子”，而是商山四皓的那个“皓”。袁世凯做大总统后又要做皇帝了，就将过去一直跟着他的一些一品大员封为“商山四皓”，周馥也在其中。当时周馥还在世，住在青岛。封的时候，正好周绍良出生，所以叫作“小皓子”。后来周一良岁数大了，误把“小皓子”当作“小耗子”了。周绍良就更正，但这个时候周一良已经去世了。这说明掌故之难，他们弟兄两人之间都有许多不知道的事情。

周绍良是一个非常朴实的人，一般贵族子弟常常容易浮华，但周一良、周绍良都不是这样，非常朴实。周绍良甚至在文字表达上，都有这样的特点。他为什么做佛教协会的副会长呢，因为他的父亲周叔迦曾做过佛教协会的副会长，周叔迦去世后，他就参与到佛教协会。周绍良每天都到佛教协会上班，那时我住在北京城里，我常到他那儿去玩，中午就一同出来吃饭。他家的房子离我住的地方也近，有的时候他也到我这儿来玩，所以我跟他就非常熟，每次我去见周叔弢，都是他陪我去的，他和他伯伯的关系非常之好。

周绍良每天上班后，都是自己洒扫，不劳他人。他的稿子都是请一个人抄，所以我的稿子也请这个人抄，抄到一定数量后，算了字数，这个人就来拿钱。周绍良藏的唐朝的碑拓最多，后来就出了《唐代墓志汇编》三大本书。他曾跟我讲为什么他藏有这么多的唐代墓志呢，是因为周叔弢经常买书，但他在天津，而周绍良在北京，所以就托周绍良买。周一良虽然也在北京，但在城外，不方便。周绍良替他伯伯买书，自己顺便就买拓片，这样就收藏了很多，晚年请赵超帮他整理出来。这本书很有用，我家里面《全唐文》的旁边就放了这本书，《全唐文》中没有的，可以到这本书中去找，可以解决很多问题。

周绍良正式的工作岗位，是在人民文学出版社，后来也是在这里退休的。他也研究唐代传奇，也有著作。他还收藏清墨，收藏书和碑帖，又研究小说。

蔡尚思、苏渊雷

柳诒徵是镇江人，镇江为纪念柳诒徵，开了一次讨论会，我因为研究柳诒徵，所以被其家属邀请，是赴会者之一。会议还请了很多人，当中有两位：一是蔡尚思，复旦大学教授；一是苏渊雷，华东师范大学教授，他们都成了我的朋友。后来我和苏渊雷的来往更多，他是一个非常活泼开朗的人，与蔡尚思的持重、不苟言笑完全不同。但在

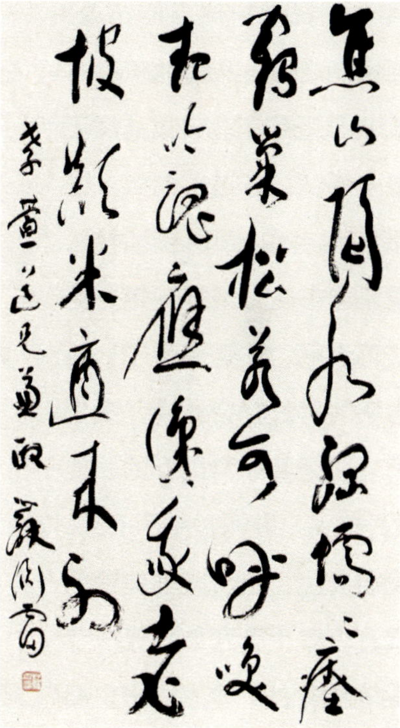

苏渊雷字

学术上，他们则相反，蔡尚思比较激进，例如他反对孔子，看法与匡老不同，当面都能争论。而苏渊雷呢，为人处事很随和，但学术上倒是比较传统的。所以柳诒徵的孙子曾跟我说，这两个人正好相反。

蔡尚思对柳诒徵是最感激的了。柳诒徵当时主持龙蟠里国学图书馆，蔡尚思还未出名，到南京的国学图书馆来看书，柳诒徵为他订了几条，第一条是可以住在馆内，不收房租；第二条和馆员一起在食堂吃饭；第三条他要看多少书，就为他提多少书。所以蔡尚思在国学图书馆住了很长时间，把要看的书全看了一遍。临走的时候，柳诒徵还送了他一幅字，写的是南宋陈同甫的话。蔡尚思要感谢柳诒徵，而柳诒徵却说相反要感谢他，意思是蔡尚思把书看了一遍，把书中的蠹鱼都赶走了。当时一个不出名的读书人，柳诒徵对他这么优待，说明了柳诒徵的品性。

苏渊雷在国民党时期坐过牢，国民党把他当作左派，有共党的嫌疑。中华人民共和国成立之后，又给他扣上右派帽子，又嫌他“右”，结果一直把他贬到东北，拨乱反正以后才回到上海。苏渊雷做过很多事情，开过古董店，也学佛，研究唐诗。喜欢喝酒，我和他在镇江开会的时候，他和顾廷龙住一个房间，顾廷龙是老书生，规规矩矩，他则是拿个酒瓶喝酒。我同他讲：苏老啊，你是成仙了！他说：还不是仙，是半仙。苏渊雷字写得好，会做诗，我们开唐代文学学会，请他作大会发言，会是在洛阳开的，他就一边讲话，一边吟他做的看牡丹的诗。苏渊雷精于佛教，在佛教方面还专门培养了一个女研究生，但后来不知情况怎么样了。苏渊雷对人也好，我有个学生孙永如，他在我的指导下写《柳诒徵评传》，当时柳诒徵的一本书《国史要义》我们都没有，只有苏渊雷有，我就写封信给他，他立刻就找出寄来了。

唐史学会诸公

拨乱反正以后，各种学会纷纷成立，我参加的也很多，但最值一提的是中国唐史学会。这个学会，我觉得和现在的一些学会比起来要好得多，单说阵容就可以证明这一点。会长唐长孺，唐长孺当时的身份是湖北历史学会的会长；

第一副会长王仲荦，王仲荦是山东省历史学会会长；第二副会长是史念海，史念海是陕西省历史学会的副会长。一个会长和两个副会长，都是省一级历史学会的负责人。理事中，我说三位，一位是金宝祥，是西北师范大学的教授、历史系主任，甘肃省历史学会的会长；另两位是著名的缪钺和韩国磐。三个会长三个理事，其中任何一个人去做会长都够资格。

唐长孺是吴江人，父亲是律师，毕业于大同大学，上海一所普通的大学。大同大学为什么会出了唐长孺这么一位了不得的人？后来我明白了，当时吕思勉在大同大学教历史。吕思勉教过唐长孺，唐长孺一直称吕思勉为师，后来唐长孺的名气甚至不亚于吕思勉，因为吕思勉一生有个特点，他没有在国立大学教过书，始终都是在私立大学任教。但吕思勉学问是真好，严耕望说过，他所钦佩的史学前辈四大家，第一个是吕思勉，第二个是钱穆，钱穆也是吕思勉的学生，这两位是通史。专史方面，第一个是陈寅恪，第二个是陈垣。吕思勉的学问体现一个“通”字，金毓黻《中国史学史》上提到的，“近人吕思勉治国史，能得条贯”。二十四史，吕思勉读了三遍。

我怎么认识唐长孺的呢，因为有一个时期我们在一起。“文化大革命”期间，百业俱废，忽然又开始做起一件事，当时二十四史的标点出了四本，后来又不做了，做的人都散掉了，到这时又被集合起来，继续标点二十四史。那时还是“文革”初期，正是贴大字报、打倒人的时候，还没到两派武斗的阶段。唐长孺去了，王仲荦就没能去，他正在挨批斗。另外去的人还有何兹全、高亨、邓广铭，这些都是比较老的人，其中何兹全是第二批去的，高亨去了也没做事，因为高亨在山东大学时把他的著作送给毛泽东，毛泽东有一封信给他，说他的书“我很爱读”，这几个字救了高亨的命，人家要斗他的时候，他就把毛的信拿出来。所以这样子也被调到北京，没有地方，就呆在中华书局，名义就是标点二十四史，后来高亨去看范文澜，就是我领去的，他跟范老过去同过事。年轻的人中，有北大的许大龄，点明史；北师大去了杨钊，南开大学去了汤纲、傅贵九，另外去的一位就是我。一共去了二十几位，年纪较轻的人有五个。外面在搞运动，我们在点二十四史，就在这个时候我和唐长孺变得很熟了。这事没成功，后来出版的二十四史标点本，我们这些人一个也没有被提到。这属于二十四史标点工作的第二段，第一次是“文革”前，第三次是后来的事。比如《旧唐书》，第一次是刘节，第二次是我在搞，第三次才是复旦大学。复旦大学搞得并不好，标点本二十四史中，新、旧《唐书》最差。二十四史标点本中有几部是非常好的，比如南北朝几史，南朝是王仲荦，北朝是唐长孺，第三次也是他们搞的，主要由学生完成。

唐长孺的学生陈仲安，年纪和我差不多，他和唐长孺就相当于颜回和孔子的关系，帮唐长孺搞北朝史点校。后来要评教授，学校说他没有论文，唐长孺说：他一篇校记就是一篇论文！这可以看出老辈对学生的爱护。后来我们成立江苏六朝史研究会，请了两个顾问，一个唐长孺，一个韩国磐，那时王仲荦的身体已经不好了。成立的时候，他们两人由人陪同亲自莅会。

唐长孺是纯粹书生，真正的学者型人物。他的眼睛是怎么坏掉的呢，他到敦煌去，当时条件差，坐小吉普车，一路颠簸，造成视网膜脱落，晚年等于就失明了。唐长孺的学问，最好的就是魏晋南北朝史。中华人民共和国成立前他并没有出大名，在武汉大学任讲师，但他非常用功，中华人民共和国成立后出版《魏晋南北朝史论丛》《唐书兵志笺证》等，享有大名。唐长孺曾把书寄给陈寅恪，陈寅恪回信有赞许之辞。中华人民共和国成立后，史学界曾有一次有名的争论，即唐朝均田制究竟实行了没有，邓广铭这一派认为没有实行，唐长孺认为实行了，他有一篇论文从均田制的开始一直说到唐朝均田制的破坏，七万字，发表在《历史研究》上，成为他的一篇名文。所以后来他就不光研究魏晋南北朝了，又研究唐，成为中国唐史学会第一任会长。《中国大百科全书》隋唐五代部分，就是他和他的学生陈仲安共同编写的。当时他点名叫我写一些条目，比如“二王八司马”，还有晚唐五代一些条目，因为我最初发表的一些论文是关于五代的。

王仲荦的父亲是章太炎的学生，王仲荦本人也是章太炎的学生，父子二人都是章太炎的学生。他正式读的学校，是上海正风文学院，在上海郊区，院长是王西神，后来做了汉奸，是一个小报文人，钱锺书的舅舅，钱锺书一辈子没有谈过这个人。王西神为什么做汉奸呢，他是南社的，南社与汪精卫有关系，汪精卫爱他的才，所以下水，当然他也没有什么罪行。所以正风文学院中并没有什么老师能够培养出王仲荦，他主要还是靠章太炎。章太炎原先搞经学、小学，而王仲荦搞史学，他出名的书《北周六典》，这个题目是章太炎出的。王仲荦先后三易其稿，这是他一生认为最有力的著作。他之所以能成为中央大学教授，一是因为章太炎弟子的关系，一是因

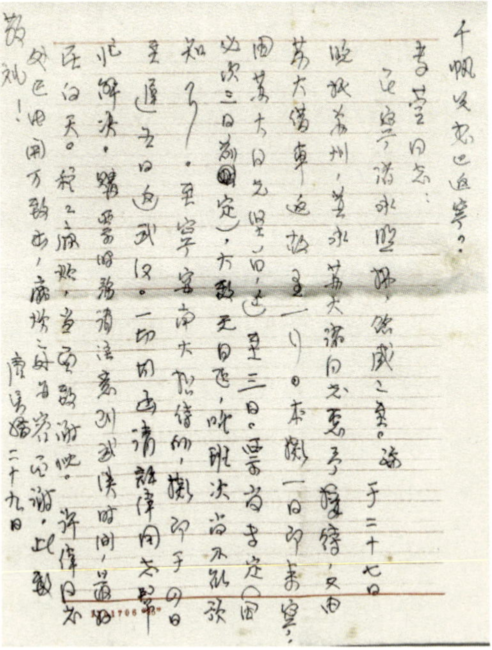

唐长孺信

为他有一部稿子，《西昆酬唱集》的注。宋朝初年的《西昆酬唱集》典故最多，最难弄，所以王仲荦文学上也有功力。唐长孺虽然也会做诗，但不大搞文学，而王仲荦在文学方面也是很好的。王仲荦最为风行的著作，是《魏晋南北朝史》和《隋唐五代史》，但这两部实际上是教科书。他最用工夫的，则是《北周六典》和《西昆酬唱集注》。

王仲荦原先在中央大学中文系，后来被解聘，就到山东青岛，当时山东大学在青岛，就进了历史系，不教中文，开始教历史，成为山东大学历史系的“八马”之一。山东大学历史系有八位三级教授，全是很有名的，我记得的有：杨向奎、赵俪生、郑鹤声、王仲荦、张维华、童书业。杨向奎是顾颉刚的学生；赵俪生是清华的，研究顾炎武起家；郑鹤声是柳诒徵的弟子，他的大学论文柳诒徵批了四个字：“一时无两”。张维华是搞经济的，燕京系；童书业，黄永年的岳父，就更有名了。当时这八个三级教授，称“八马同槽”。山东大学中文系则有高亨、殷孟伦、陆侃如、冯沅君、萧涤非，所以山东大学文史力量是很强的。当时大学第一个办学报的就是山东大学，《文史哲》。我发表在《文史哲》上的文章，就是王仲荦推荐的。

我和王仲荦的关系很好，某种程度上讲呢，好像跟他更亲密一些。对于刘禹锡，我有一个观点，就是刘禹锡的祖先是匈奴族的后裔。我从北朝的史书上，举出证据出来，初稿曾给王仲荦看过，他回信说我这个观点，“不易破也”。

史念海，是顾颉刚的学生，他搞的是历史地理，但他也搞唐朝。原先我们也认识，但最主要的是第一次唐史学会，这次会议我去得早，就到他家去和他见面。他是会议的筹备人，当时中国唐史学会就挂靠在陕西师大。

史念海是一个好人。这次会议以后，我们在香港大学召开的一次会议上又一次见面。香港曾是英国人殖民地，很讲制度，吃饭都依据名单，他来晚了，名单上没有他的名字，结果没有饭吃，只好在房间里吃方便面。但是像他这样一位有名的学者，却非常自如，毫不为意。他对后生也很好，童书业的女婿黄永年，被打成右派，在西安交通大学图书馆负责买书，平反以后，史念海把他调到陕西师大，成立一个唐史研究所，让他做所长，一年升三级，叫“三级跳”：从讲师到副教授再到教授。

金宝祥，浙江人，西南联大出身，中华人民共和国成立后在甘肃与赵俪生齐名，赵俪生在兰大，金宝祥在西北师大，是历史系主任。金宝祥脾气比较犟，所以在外间没有什么大名，我是他不多的生平好友之一，这是他对他的学生讲的。他第一批研究生有三人，请了两个人去参加答辩，一个是我，一个是赵俪生。我到兰州去过多次，每次去他都要请我到他家里吃饭。他甚至把他生平不可告人的事情都告诉了我，可见我们的感情好到什么程度了。

缪钺和我的关系，有几件事可说。第一件是当我还不认识他的时候，我研究唐朝，某次需要参考《杜枚年谱》。《杜枚年谱》就是缪钺做的，发表在浙江大学的学报上，那是抗战时期，土纸印的，后来已很难找到，所以我就写信给他。当时又没有复印机，我说你能不能把那份学报寄我，我用完后归还。他就立即寄给我了，若要是其他人恐怕是不肯的，因为他也就这么一份了，万一丢掉怎么办。因为这件事情，我对他是非常感激的。第二件是他有一位学生，叫王崇武。缪钺是溧阳人，在保定那一带长大，他是北大肄业，因为父亲去世家道中落，所以没有毕业就去做了中学教师，王崇武就是他在中学教过的学生。王崇武后来进了北大历史系，当时北大历史系有“四大骄傲”，就是同班四个学生：张政烺、邓广铭、王崇武、傅乐焕，读书时期就非常的骄傲，老师都不在他们眼光之下。张政烺长于先秦史，邓广铭是宋史，傅乐焕是辽史，王崇武是明史。毕业之后，王崇武、傅乐焕进了中央研究院历史语言研究所，后来两个人又出国留学，中华人民共和国成立之后才回来的，傅乐焕因为研究辽史，被安排在中央民族学院，王崇武则进了近代史所，做范文澜的助手。但王崇武四十几岁就得癌症去世了，缪钺和他的师生感情很好，经常向我打听他家属的情况，我感觉他这个人非常重感情。第三件，他赞成扬州学派，赞成汪中，他认为汪中不光是经学好，文学也好，像这样的人是很少的。汪中幼孤，我也是幼孤，所以他就勉励我做汪中。对二王，王念孙、王引之，缪钺的评价并不高，他有很独特的见解，他认为小学是治学的一种手段，好比住旅馆，住一宿就可以了，如果一辈子都住在旅馆里就没有意思了。他的意思是二王弄来弄去还是局限在小学中，没有达到汪中的境界。缪钺这个见解是很深刻的，通小学不就是为了读先秦的书嘛，二王对先秦书并没有成就；而汪中对墨子、荀子都是有独特的看法的，他认为孔子的地位是后人捧出来的，得孔子学问的不是孟子而是荀子，等等，都是非常好的见解；而且汪中的胆子很大，他认为《大学》《中庸》等四书的顺序排错了，当时被看作是“非圣蔑经”。缪钺还赞成文史互证，陈寅恪以诗证史，他赞成；我是以小说证史，每篇都寄给他，他看了以后回我的信，说对唐传奇诸名篇，他过去的疑问，现在“涣然冰释矣”。我最后的成书他没有看到，仍然是用了他的题签。他的学生写信给我说，缪钺对他们说他很赞成文史互证，只是因为对创作感兴趣，所以没有用功夫，叫他们要多看卞先生的书。

我在扬州师院的时候还是副教授，但四川师范大学的屈守元聘我做兼职教授，当时他们发了两号聘书，第一号是王利器，第二号是我。所以我每年要到成都去，都要去看缪钺，我和他也算是一种文章知己。

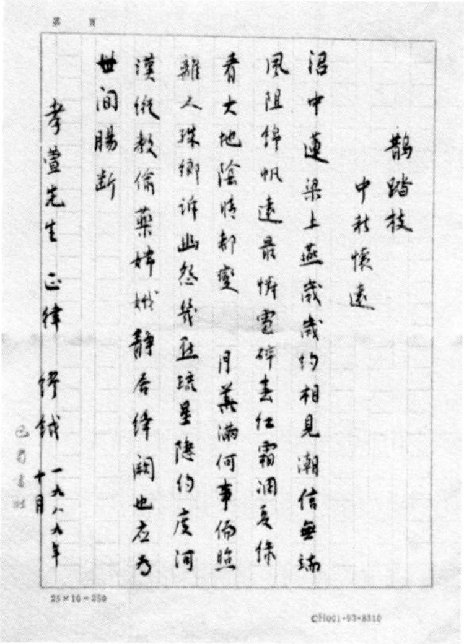

缪钺诗

韩国磐是如皋人，农村人，家里很穷。但韩家在当地也算是个大族，海安人韩国钧做过江苏省省长，和他排行是一辈的，海安与如皋靠近，都属于韩氏一族，但韩国磐这一支很穷。族内有义学，不要钱，所以这样他才读了小学。因为成绩好，族人供他读书，又读了初中，然后又读了大学。大学也是一所不要钱的师范之类，在镇江。后来抗战爆发，学校一直迁到福建，最后因为维持不下去了，就并入了厦门大学。过去这种事情常有，我读书时也遇到过，学校经常是发告示说伙食开到什么时候为止，过了这个时候大家就自谋出路了。这样他因祸得福，进了厦门大学，从学生到助教、讲师、副教授、教授，一辈子都没有离开过厦门大学。他在福建时很穷，很苦，所以他身体很不好，当时学校叫他写了一个保证书，意思是生死自负，就到这个程度了！他没钱的时候就写信给江苏的一个什么人，就说自己是江苏的学生，流亡在此，实在是没有钱了，结果那个人就汇了些钱给他。所以韩国磐那个时候是很苦的，但若不是这样，他也出不来。

我走的路子，和他差不多，不约而同。他是先搞五代，然后唐朝，然后魏晋南北朝；我也是这样，我最初写的文章就是关于五代的，然后唐朝，最后到了南方来才开始搞六朝。我和他不同的是，他纯粹搞历史，我带着搞点文学。但是路子是一样的，先从小的方面慢慢朝上推。另外，他是如皋人，我是扬州人，比较有感情，所以我们是一直通信的。改革开放以后答辩讲学，他的好多学生我都主持了答辩，六朝学会我请他做顾问。

特别是我还做了桩好事，有一年他由学生陪同前来，我就对他说：既然到了这里，而且正好由学生陪同，不妨就回老家看看。结果他的学生就陪他去了，找到了，别的都没有了，就剩下一位老姐姐。两个人见面，抱头痛哭，想不到今生还能见面。

韩国磐的儿女我都熟悉。过去我在北京，他和他的孩子经常到我家里，等于说是通家之好了。大儿子韩耿，现在美国；小儿子韩昇，还在他妈妈肚子里的时候，我就

"认识"了。那个时候韩国磐是中国社会科学院历史所兼任研究员，每年暑假就到历史所做研究工作，那一年他夫人回上海生产，先从厦门到北京，我去看他们，看到他夫人怀着大肚子，后来生出来就是韩昇。

韩国磐人品很好，是一个纯粹的书生。他后来患食道癌，开刀切除，这样食道就短了，胃就挂在胸前，肋骨都突出来了。结果他一二十年都没有躺下睡过觉，都是坐在那儿，否则胃里的东西全都会出来。就是这样，他还坚持写了几部书，坚持给学生上课。

我总觉得，第一届唐史学会，包括第一届唐代文学学会的班子，那是没有话讲的。中国学术研究的精华，全集中在唐代，因为搞古代研究的，都必然要涉及到唐。

七、书林漫识

润格及书画家杂谈

陈夔龙，贵阳人，官做到直隶总督。民国以后在上海做寓公，卖字，我所看到的最大的官的润格，就是陈夔龙的（整理者按：卞先生所藏陈夔龙润格今已不存。凡下文涉及到润格不存者，皆标示“图缺”。），由他的门下士四个翰林所订，他的身份就体现在这里。但大官的字，并不一定好。

陈夔龙这个人，是个真正的“庸叟”。我的伯父谈起过他，陈夔龙的原籍并不是贵阳，他家祖上在贵阳做官，就入了贵阳籍。因为贵州科举比较好考，清朝的科举名额是按地方分的，江苏是多少，浙江是多少，贵州没有太多的人考，所以容易。陈夔龙、陈夔麟弟兄两人都考上了。陈夔龙并不很用功，但官做得大，寿限长，活到九十多岁才死，我的《碑传集》上有他的碑传。

张启后等四个翰林，我都见过，张启后是清朝甲辰

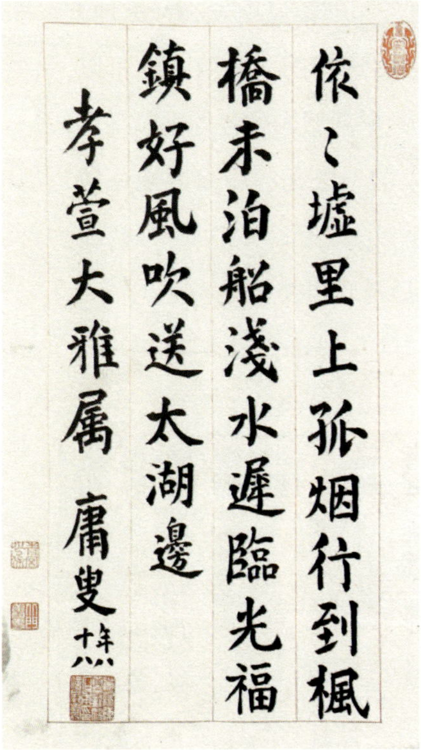

陈夔龙题诗

年的传胪。他们的字是最典型的翰林的字，欧体。翰林一般不写颜体，柳公权的字又太硬，所以都写欧体，从欧体变化出去。这四个翰林的字，书法史上是不会有地位的，但现代有人写这种欧体馆阁体成为一代宗师，字能比他们好到哪里去呢？这到底公平不公平呢？

张元济，张菊生，浙江海盐人。张元济对商务印书馆贡献极大，但他和商务印书馆发生关系，是一个偶然。戊戌政变后，他逃到上海租界，写了本小书到商务印书馆去印，当时商务印书馆就是一个印刷所而已，创办人是夏萃芳。张元济天天过去亲自校对，夏萃芳看他不是一般人，就和他谈谈，一谈才知道他是翰林，就向张元济请教，于是张元济就代他擘画。夏萃芳是个印刷工人出身，如果不接触到张元济，商务印书馆永远也不过是个印书的地方，张元济来了之后，商务印书馆才变的了不得。商务印书馆发财发在什么地方呢，是教材，当时的教材是自由选择的，选商务的可以，选中华、世界的也可以，因此大家都派人到各处去拉生意，商务印书馆完全是靠教材起家的。张元济后来办涵芬楼，印《四部丛刊》，对文化的贡献极大，后来成为中央研究院院士，中华人民共和国成立之后是政协委员。

张元济的字比陈夔龙的要好。

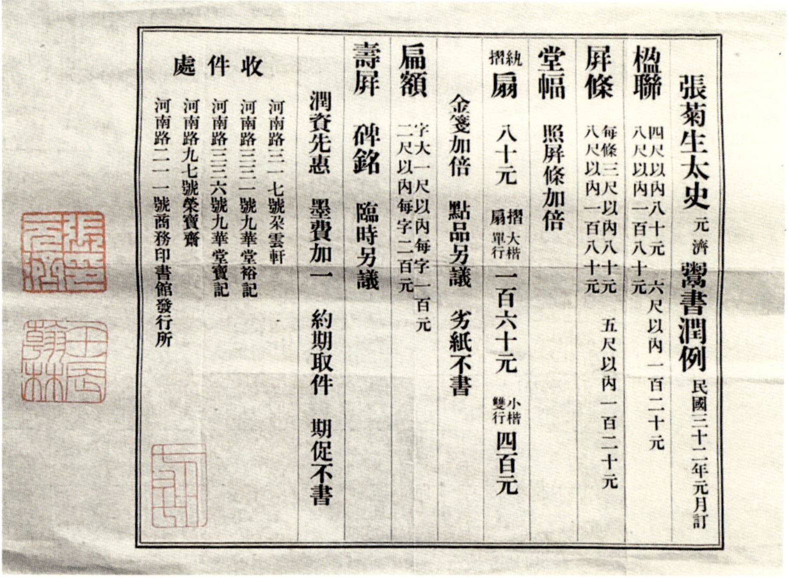

張菊生太史 元濟 鬻書潤例 民國三十二年元月訂

楹聯 四尺以內八十元 八尺以內一百八十元 六尺以內一百二十元

屏條 每條三尺以內八十元 八尺以內一百八十元 五尺以內一百二十元

堂幅 照屏條加倍

紈摺扇 八十元 摺扇大楷單行 一百六十元 小楷雙行 四百元

金箋加倍 點品另議 劣紙不書

扁額 字大一尺以內每字一百元 二尺以內每字二百元

壽屏 碑銘 臨時另議

潤資先惠 墨費加一 約期取件 期促不書

收件處

河南路三一七號朶雲軒

河南路三三一號九華堂裕記

河南路三三六號九華堂寶記

河南路九七號榮寶齋

河南路二一一號商務印書館發行所

张元济润格

傅增湘，《藏园群书题记》，大家都知道的。他是清朝的翰林，民国的教育总长，字也很好。

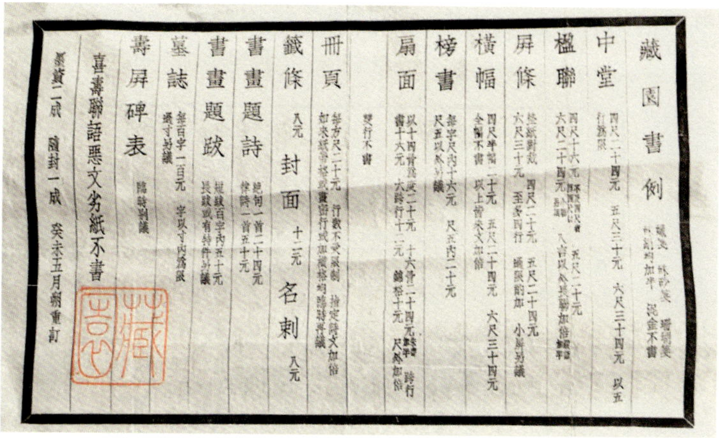

藏園書例

中堂 四尺二十四元 五尺三十元 六尺三十四元 以五行為限

楹聯 四尺十六元 五尺二十元 六尺二十四元 八言以外長聯加倍

屏條 整紙對裁 四尺二十元 五尺二十四元 六尺三十元 至多四行 逾限酌加 小屏另議

横幅 四尺半幅二十元 五尺二十四元 六尺三十四元 全幅不書 以上皆來文加倍

榜書 每字尺內十六元 尺五內二十元 尺五以外另議

扇面 書十六元 六行十二元 鋪格十元 尺外加倍

雙行不書

冊頁 每方尺二十元 行數不受限制 指定詩文加倍

籤條 八元 封面 十二元 名刺 八元

書畫題詩 絕句一首二十四元 律詩一首五十元

書畫題跋 短跋百字內五十元 長跋或有特件另議

墓誌 每百字一百元 字以寸內為限 逾寸另議

壽屏碑表 臨時酌議

喜壽聯語惡文劣紙不書

墨費一成 隨封一成 癸未五月朔重訂

傅增湘润格

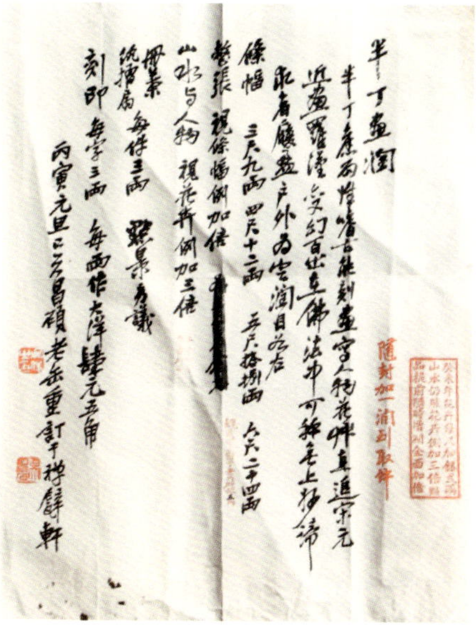

半丁畫潤

條幅 三尺九兩 四尺十二兩 六尺二十四兩

冊葉 每件三兩

紈摺扇 每件三兩

刻印 每字三兩

丙寅元旦 吴昌碩老缶重訂

陈年润格

陈年，字半丁，他的润格是吴昌硕代他订的。这是吴昌硕的亲笔字，然后石印出来。我原来有他的画，“文革”中散失掉了，很可惜。

黄宾虹润格，图章是他自己刻的，这件润格本身就六十三年了，我一直收藏着。黄宾虹在扬州住了十年，和我家有一些关系，《黄宾虹书信集》中所收的第一封信就是写给我的。

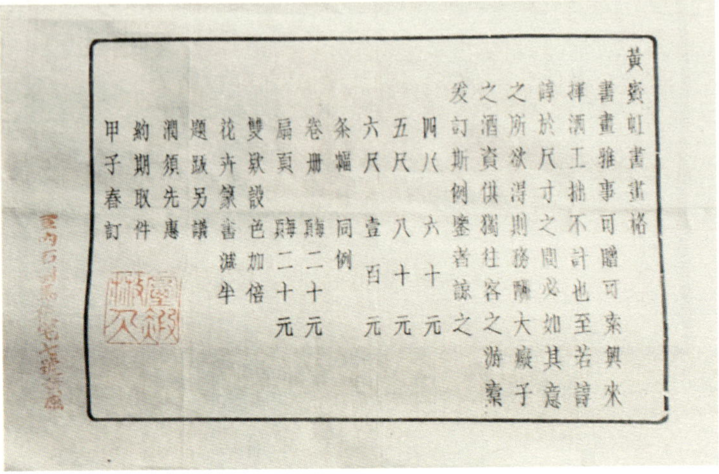

黄賓虹書畫格

書畫雅事可贈可索與來揮灑工拙不計也至若詩詞於尺寸之間必如其意之所欲得則務厭大癡子之酒資供獨往客之游橐爰訂斯例鑒者諒之

四尺 六十元
五尺 八十元
六尺 壹百元
条幅 同例
卷册 每二十元
扇頁 每二十元
雙款設色加倍
花卉篆書減半
題跋另議
潤須先惠
約期取件
甲子春訂

黄宾虹润格

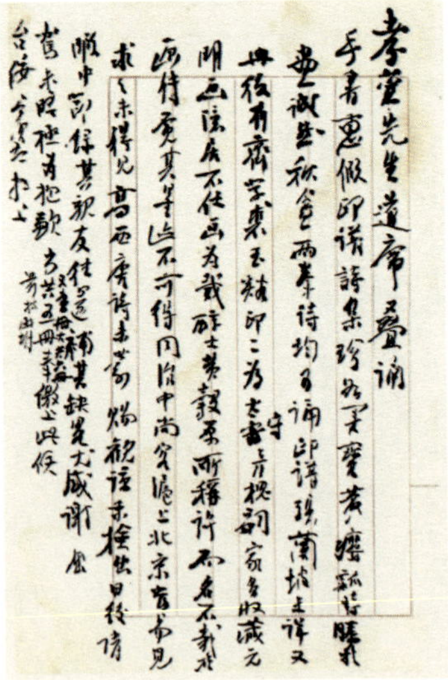

黄宾虹信

“爱自由者”金松岑的润格，《天放楼诗文润例》(图缺)。它这个又是一种格式，自己做两首诗，自视甚高，他自称他的诗文“有霸气”。上海复旦大学王欣夫教授，是他的学生。

汪曾武润格，这是一件光绪时期的润格，我收藏的最老的一件。前面一篇骈文，张之洞、端方、梁鼎芬、黄绍祺、沈曾植、文廷式“同品题”。润格各有各的不同，汪曾武是寿诗、挽联、颂词、像赞这些拍马屁的不做。润格也有可看的地方，第一是可以看出人品，第二是可以看出来往的人。

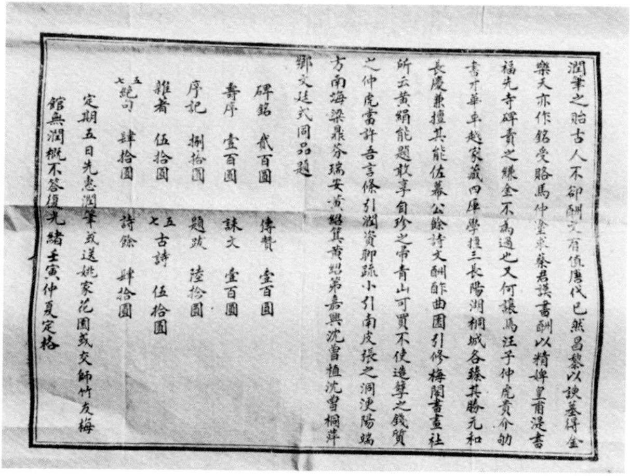
潤筆之貽古人不卻酬文有値唐代已然昌黎以諛墓得金樂天亦作銘受賂馬仲塗求蔡君謨書酬以精婢皇甫湜書福先寺碑責之絲金不爲過也又何讓焉汪子仲虎貢介勁書才華卓越家藏四庫學擅三長陽湖桐城各臻其勝元和長慶兼擅其能佐幕公餘詩文酬酢曲園引修梅閣書畫社所云黃絹能題敝享自珍之帚青山可買不使造孽之錢質之仲虎當許吾言條引潤資聊疏小引南皮張之洞浭陽端方南海梁鼎芬瑞安黃紹箕黃紹第嘉興沈曾植沈曾桐萍鄉文廷式同品題

碑銘	貳百圓	傳贊	壹百圓
壽序	壹百圓	誄文	壹百圓
序記	捌拾圓	題跋	陸拾圓
雜著	伍拾圓	五七古詩	伍拾圓
五七絕句	肆拾圓	詩餘	肆拾圓

定期五日先惠潤筆或送姚家花園或交師竹友梅館無潤概不答復光緒壬寅仲夏定格

汪曾武润格

俞陛云手写润格。俞陛云是俞平伯的父亲，清朝的探花。字很漂亮，也是馆阁体。俞陛云一直活到中华人民共和国成立后，俞平伯因为《红楼梦》挨批后，他和所有的朋友都打招呼，请他们在看他父亲的时候不要提这件事，以免老人受刺激。

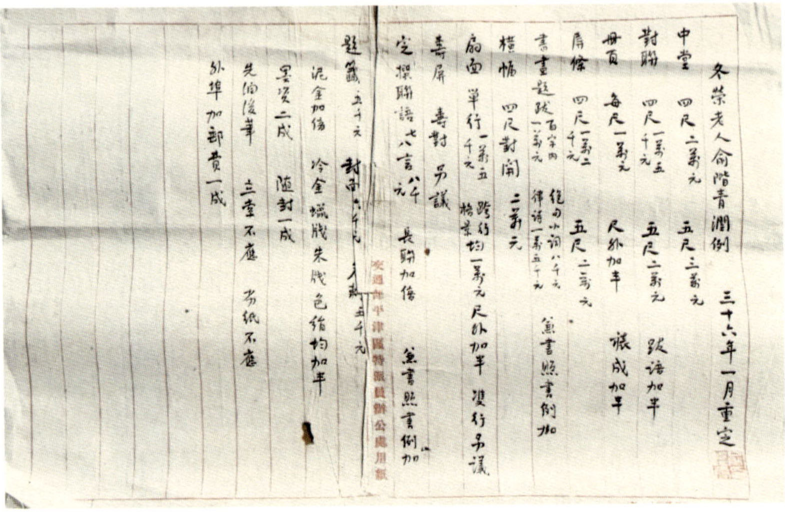
冬荣老人俞階青潤例
中堂 四尺二萬元 五尺三萬元
對聯 四尺一萬五千元 五尺二萬元 跋語加半
冊頁 每尺一萬元 尺外加半 派成加半
屏條 四尺一萬二千元 五尺二萬元
書畫題跋 百字内一萬元 絕句小詞八千元 律詩一萬五千元 照書照例加
橫幅 四尺對開 二萬元
扇面 單行一萬五千元 踏行楷隶均一萬元 尺外加半 双行另議
壽屏 壽對 另議
定撰聯語 七八言八千元 長聯加倍 照書照例加
題籤 五千元 封面六千元 扉頁五千元
泥金加倍 冷金蠟牋朱牋色绢均加半
墨資二成 隨封一成
先潤後筆 立索不應 劣紙不應
外埠加郵費一成
三十六年一月重定
交通部平津區特派員辦公處用箋

俞陛云润格

王云五、何炳松、瞿兑之、吴贻芳、周瘦鹃等人代订的润格（图缺）。

潘由笙，清朝戊戌翰林，后来出国学法律，是燕京大学法律教授。顾廷龙是他的学生。代他订润格的是沈卫，是一个老翰林。

王季烈润格，题《乞米帖》。清朝甲辰的进士，研究词曲很有名，钱基博的《近代文学史》上有他。代他介绍的人有庞莱臣，大收藏家；刘承幹，嘉业堂的；叶誉虎就是

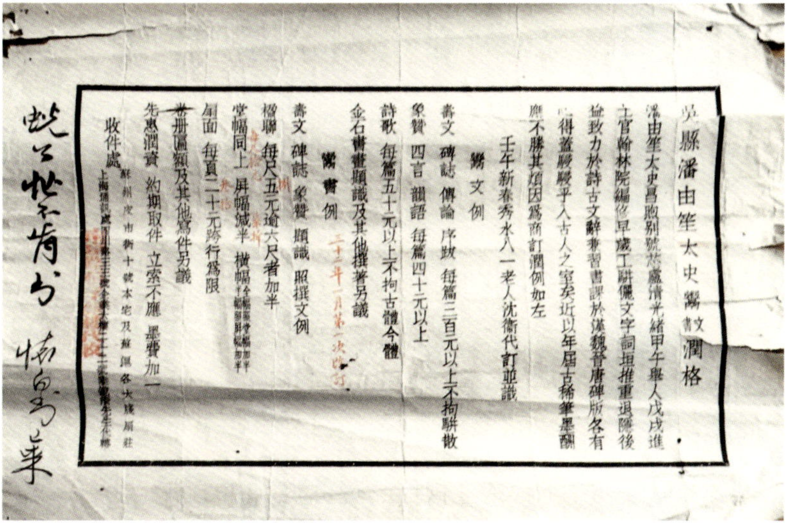
吳縣潘由笙太史鬻文書潤格

潘由笙太史昌煦別號芸廬清光緒甲午舉人戊戌進士官翰林院編修早歲工駢儷文字詞垣推重退隱後益致力於詩古文辭兼習書課於漢魏晉唐碑版各有心得蓋駸駸乎入古人之室矣近以年屆古稀筆墨酬應不勝其煩因爲商訂潤例如左

壬午新春秀水八一老人沈衛代訂並識

鬻文例

壽文 碑誌 傳論 序跋 每篇三百元以上不拘駢散

象贊 四言 韻語 每篇四十元以上

詩歌 每篇五十元以上不拘古體今體

金石書畫題識及其他撰著另議

鬻書例　三十二年一月第一次改訂

壽文 碑誌 象贊 題識 照撰文例

楹聯 每尺五元逾六尺者加半

堂幅同上 屏幅減半 橫幅（全幅照堂幅加半 十幅照屏幅加半）

扇面 每頁二十元跨行爲限

冊頁圖額及其他寫件另議

先惠潤資 約期取件 立索不應 墨費加一

收件處 蘇州皮市街十號本宅及蘇滬各大箋扇莊

潘由笙润格

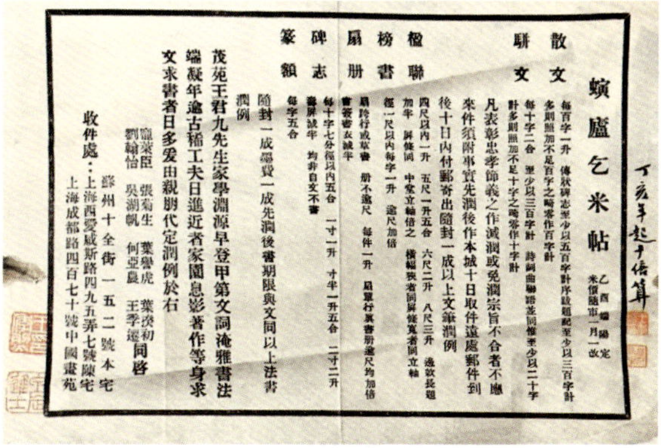
蝯廬乞米帖　乙酉端陽定　米價隨市一月一改

散文 每百字一升 傳狀碑志至少以五百字計序跋題記至少以三百字計 多則照加不足百字之畸零作百字計

駢文 每十字二合 至少以三百字計 詩詞曲聯語箴銘至少以二十字計多則照加不足十字之畸零作十字計

凡表彰忠孝節義之作減潤或免潤宗旨不合者不應來件須附事實先潤後作本城十日取件遠處郵件到後十日內付郵寄出隨封一成以上文筆潤例

楹聯 四尺以內一升 五尺一升五合 六尺二升 八尺三升 遙款長題加半 屏條同 中堂立軸倍之 橫幅狹者同屏條寬者同立軸

榜書 徑一尺以內每字一升 逾尺加倍

扇冊 扇跨行或草書 冊不逾尺 每件一升 扇單行篆書冊逾尺均加倍 書簽書友減半

碑志 每十字七分徑以內五合 一寸一升 寸半一升五合 二寸二升 壽屏減半 均非自文不書

篆額 每字五合

隨封一成墨費一成先潤後書期限與文同以上法書潤例

茂苑王君九先生家學淵源早登甲第文詞淹雅書法端凝年逾古稀工夫日進近者家園息影著作等身求文求書者日多爰由親朋代定潤例於右

龐萊臣 張菊生 葉譽虎 葉揆初
劉翰怡 吳湖帆 何亞農 王季遷 同啓

收件處：蘇州十全街一五二號本宅
上海西愛咸斯路四九五弄七號陳宅
上海成都路四百七十號中國畫苑

丁亥年起十倍算

王季烈润格

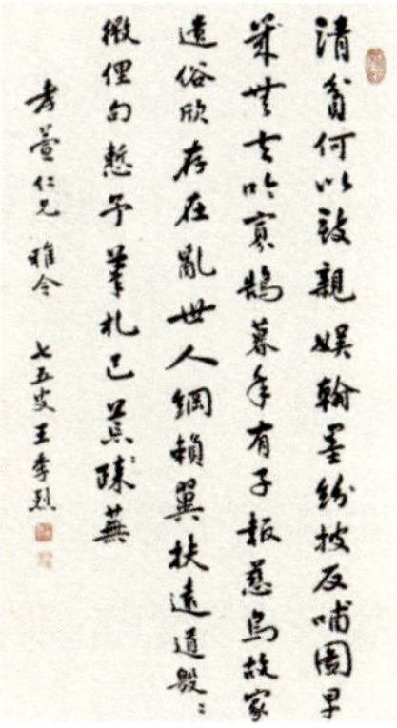

王季烈题诗

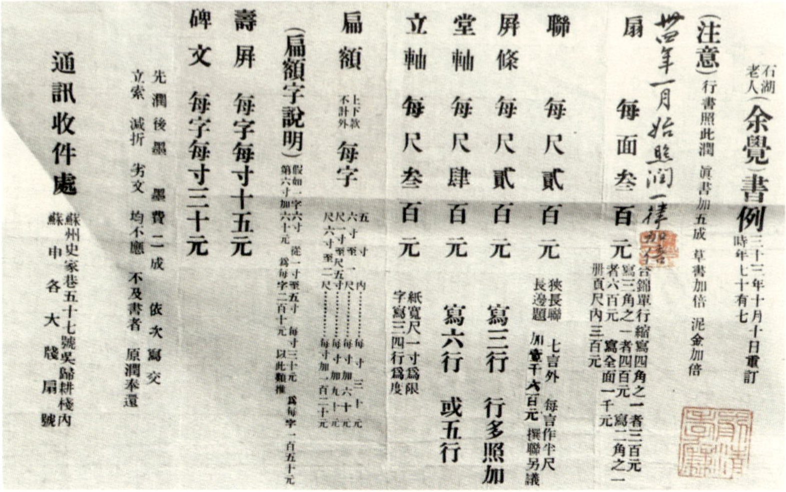
石湖老人（余覺）書例 三十三年十月十日重訂 時年七十有七

卅四年一月始照潤一律加倍

（注意）行書照此潤 眞書加五成 草書加倍 泥金加倍

扇 每面叁百元 合錦單行縮寫四角之一者三百元 寫三角之一者四百元 寫二角之一者六百元 寫全面一千元 册頁尺內三百元

聯 每尺貳百元 狹長聯長邊題 七言外加壹千六百元 每言作半尺 撰聯另議

屏條 每尺貳百元 寫三行 行多照加

堂軸 每尺肆百元 寫六行 或五行

立軸 每尺叁百元 紙寬尺一寸爲限 字寫三四行爲度

扁額 上下款不計外 每字 五寸內……每寸三十元 六寸至一尺……每寸加六十元 一尺一寸至尺五寸……每寸加九十元 尺六寸至二尺……每寸加一百二十元

（扁額字說明）假如一字六寸 從一寸至五寸 每寸三十元 爲每字一百五十元 第六寸加六十元 爲每字二百十元 以此類推

壽屏 每字每寸十五元

碑文 每字每寸三十元

先潤後墨 墨費二成 依次寫交

立索 減折 劣文 均不應 不及書者 原潤奉還

通訊收件處 蘇州史家巷五十七號吳歸耕棧內 蘇申各大牋扇號

余觉润格

叶恭绰；叶揆初是浙江兴业银行的董事长。

沈寿丈夫余觉润格。这个人的夫人就是“针神”沈寿，张謇在南通办学校，把沈寿请去教刺绣。沈寿死后葬在南通，张謇做的墓志铭。

吕凤子是很有名的人，但是润格却很简单（图缺）。吕凤子是吕淑湘的哥哥，绘画书法都非常有名，是清道人的学生，与胡小石是师弟兄，胡小石在两江师范是学生物的，而吕凤子真正是学的艺术。吕凤子先在中央大学，后来在故乡丹阳办正则艺术学校。说句老实话，吕凤子为什么要去办正则艺术学校呢，是因为和徐悲鸿合不来。

夫妇润格。

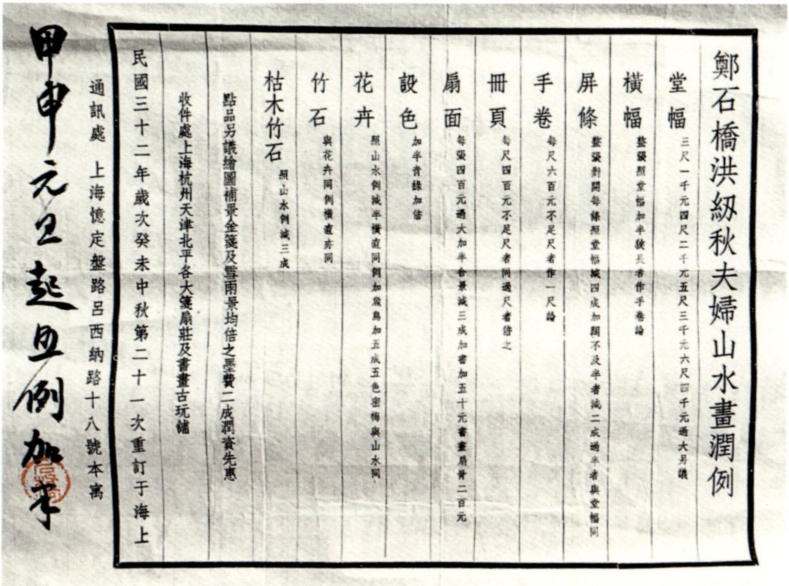
鄭石橋洪紉秋夫婦山水畫潤例

堂幅　三尺一千元四尺二千元五尺三千元六尺四千元過大另議

橫幅　整張照堂幅加半狹長者作手卷論

屏條　整張對開每條照堂幅減四成加闊不及半者減二成過半者與堂幅同

手卷　每尺六百元不足尺者作一尺論

冊頁　每尺四百元不足尺者同過尺者倍之

扇面　每張四百元過大加半合景減三成加書加五十元書畫扇骨二百元

設色　加半青綠加倍

花卉　照山水例減半橫直同例加翎鳥加五成五色密梅與山水同

竹石　與花卉同例橫直亦同

枯木竹石　照山水例減三成

點品另議繪圖補景金箋及雪雨景均倍之墨費二成潤資先惠

收件處上海杭州天津北平各大箋扇莊及書畫古玩舖

民國三十二年歲次癸未中秋第二十一次重訂于海上

通訊處　上海憶定盤路呂西納路十八號本寓

甲申元旦起照例加半

郑石桥洪纫秋夫妇润格

陆和九，宰相的后人，他的祖父就是两江总督陆建瀛，辅仁大学金石学教授，我见过这个人。润格上的两首打油诗，和金松岑的那两首简直没办法比。

一门书画格（图缺）。女儿、女婿、儿子，都在其中。

邓散木润格（图缺）。邓散木自号粪翁，书房叫“厕简楼”，茅厕旁边的楼。他的字、篆刻都非常好。

唐文治润格（图缺）。是他的学生王蘧常替他订的。王蘧常是当代四大书家之一。我怎么认识王蘧常的呢，钱仲联、王蘧常被称为“江南二仲”，王蘧常字元仲。我搞《碑

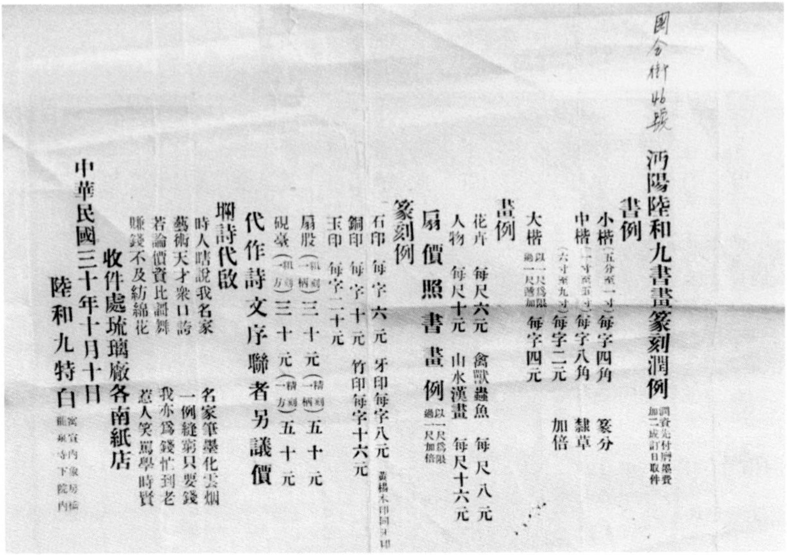

洒陽陸和九書畫篆刻潤例 潤資先付磨墨費加二成訂日取件

書例

小楷（五分至一寸）每字四角　篆分

中楷（一寸至五寸）每字八角　隸草

（六寸至九寸）每字二元　加倍

大楷 以一尺爲限過一尺遞加 每字四元

畫例

花卉　每尺六元　禽獸蟲魚　每尺八元

人物　每尺十元　山水漢畫　每尺十六元

扇價照書畫例 以一尺爲限過一尺加倍

篆刻例

石印　每字六元　牙印每字八元 黃楊木印同牙印

銅印　每字十元　竹印每字十六元

玉印　每字二十元

扇股（一粗刻一柄）三十元（一精刻一柄）五十元

硯臺（一粗刻方）三十元（一精刻方）五十元

代作詩文序聯者另議價

聊詩代啟

時人瞎說我名家　名家筆墨化雲烟

藝術天才衆口誇　一例縫窮只要錢

若論價資比詞舞　我亦爲錢忙到老

賺錢不及紡綿花　惹人笑罵學時賢

收件處琉璃廠各南紙店

中華民國三十年十月十日

陸和九特白 寓宣內象坊橋龍泉寺下院內

陆和九润格

传集》，收了王蘧常所做的关于他的老师沈曾植的一篇文章，文稿是胡先骕借给我的，上面有错字，我就寄给王蘧常，我说我也不敢随便改，你看有错字就在稿上径改。于是他校订后寄还给我，这样我们才认识的，时间大概是抗战期间。钱仲联也钦佩沈曾植，他注《海日楼诗集》，里面涉及到跟卞家有关的事，就问我，我就告诉他，所以《海日楼诗集》注里有“卞君敬堂曰……”，那个时候我年纪还比较轻。论学问王蘧常要比钱仲联好，字当然就更不用说了。但过去的人都这样，学问好，述而不作。

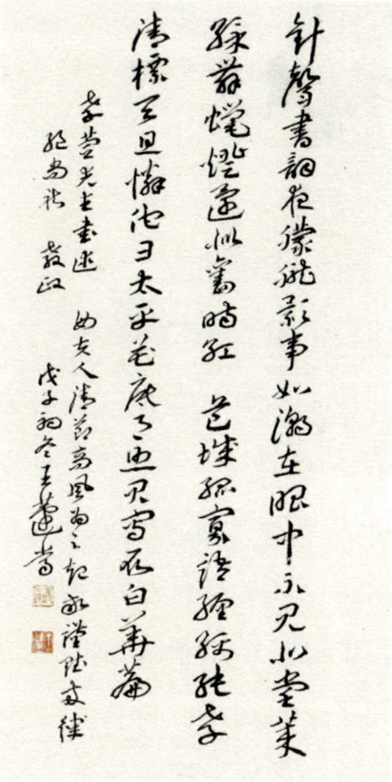

王蘧常题诗

王蘧常诗写得真好。

针声书韵夜朦胧，影事如潮在眼中。不见北堂莱彩舞，蜡灯还似旧时红。

危城孤寡语缠绵，纯孝清标天且怜。他日太平花底月，照君写取白华篇。

孝萱先生书述母夫人清节高风，为之起敬，谨赋两〈律〉绝，尚祈教政。戊子初冬王蘧常

我年轻的时候，钱就花在求字画上面。有的人交情好，不要钱。一般的人，都是要钱的。齐白石最有意思了，我母亲过寿，到他家里去请他画画，他同我讲："我替你多用洋红，不加你的钱啊。"齐白石为我画的桃子，上面题的字是："孝萱先生事尊太夫人至孝，欲得白石画，使太夫人见之欢……八十四岁白石。"有人很讲究的，到吴待秋家，他还拿尺条出来量，横多少、竖多少，超过一点都不行。

齐白石的润格，是陈师曾（陈衡恪）亲自代他贴到荣宝斋的橱窗里的。当时齐白石的画名还不大，而陈师曾看到了

齐白石的画有创造性。陈师曾这个人了不得，什么都懂。

高二适与《兰亭》论辩

说起高二适，必须从《兰亭序》真伪之争谈起。

中华人民共和国成立后，由郭沫若引起了两次规模较大的学术争论：一次是比较早的《胡笳十八拍》之争，一次就是《兰亭序》之争。我以前曾谈到，到了《兰亭序》真伪之争的时候，情形已经与早先的那次争论完全不同，郭沫若提出《兰亭序》不是王羲之所写，几乎没有人敢写文章反对，比如上海名书家沈尹默，也就是作诗刺讽一下就完了。全国只有南京的高二适，写了一篇文章。高二适这个人，性格非常倔强。他原是东台某镇的人，现在此地已划入泰州，所以他现在也变成了泰州的名人了。泰州目前为两个名人建有纪念馆，一是梅兰芳，一是高二适。高二适并没有做过大事，开始时是小学教师、小学校长，后来在国民党党部做过事情，也曾在一些普通大学中任教。

高二适的名字，不是因为他会做诗，唐朝有个高适，所以就取名高二适。“二适”，取“无适无不适”的意思。抗战期间在重庆认识了章士钊，拜章士钊为师，就是私人之间文字契合的那种师生关系。中华人民共和国成立后，章士钊推荐他做江苏文史馆馆员，那时一个文史馆馆员的工资基本上也可以维持生活了。高二适主要就是读书、写字，据说现在他的字已经很值钱。《兰亭》论争以后，出了一本书《兰亭论辩》，大多数都是赞同郭沫若的文章，不赞成的文章只有三篇。赞成的有两种人，一种人是真正观点相同从而支持郭说的，但这些人中没有大家；另一种是郭沫若拉来的，比如像上海的徐森玉，北京的赵万里，包括书家启功。所以后一种人中间，总的来说是支持郭说，但在具体细节上观点也不尽一致。反对郭说的登了三篇，实际上就是一篇，因为头一篇章士钊的文章并不是当时写的，而是在《柳文指要》中从柳宗元的文章讲到"永"字时发挥出的一个议论；第三篇商承祚的文章，也是后来写的。只有第二篇高二适的文章，乃论辩当时所发表。正反双方对比悬殊，说明《兰亭》论辩时的形势已经与《胡笳十八拍》争论时大不相同了，"热闹"只是一种片面的热闹。

说郭沫若的观点一点都站不住脚，也是不对的，实际上这个观点并非是他新创，从清朝就开始了。归根结底还要追溯到我们扬州人，从阮元、汪中到清朝末年的李文田，提倡碑一派的人中，都有这么一点倾向，但没有一个人明确提出来《兰亭序》不是真的。提倡碑也是从扬州学派一批人开始的，后来到康有为《广艺舟双楫》集其大成，到了李瑞清就专门写碑体出名了，一直到胡小石也是这样，所以说风气是一天天形成的。扬州诸人反对帖体，认为写帖写到后来往往不像个东西了，于是他们提倡碑体，北碑南帖，提出一系列主张。所以，前人已经对《兰亭序》有所怀疑，不过没有正式提出而已，郭沫若将此说推至顶点。

章士钊反对郭沫若的理由，是认为书有二体，一体是专门上石的，包括墓志铭、圣道碑等等；一体是写到纸上、绢上的，就是今天所谓的帖。之所以认为《兰亭序》不像当时的字，是拿了碑的体来衡量纸的体。章士钊说这叫“以一定万”、“以偏概全”，在逻辑上大悖。对这个观点我再说一句，早在章士钊之前，沈曾植，就是陈寅恪夸奖为“通儒”的海日尚书沈子培寐叟，在笔记中提出来该时的字有三体，除章说二体外还有一体：写经体。沈曾植并不能预知后来有所谓“兰亭之争”，所以这完全是一个纯粹的学术见解，非常宝贵。当然章士钊没有提及沈说，他有没有看到我也不知道。

高二适关于《兰亭》的文章，是用文言文写的。没有人敢发表，他就寄给章士钊。章士钊跟高二适不同，高二适是个“憨呆”似的人物，而章士钊则是政界人物，虽然也不赞成郭沫若的主张，但他很了解情势，知道发表高二适文章十分困难，所以很为难。不过老学生的请托他又不能不办，所以他就写了一封信给毛泽东。这封信不是好像剑拔弩张的那种，而是非常非常婉转，大意是：高生是当年我在重庆的论文小友，现在岁数大了，也等于是一位老头子了，他为了拥护党的双百方针，所以写了这篇文章，我想润公和郭公都非常愿意看到这类文字。章士钊把信和高二适的文章一起装入我前面说过的那种专门的红信封，很快就送达了毛泽东。毛泽东看了之后，就把章士钊的信和高二适的文章，加上自己回章士钊的信，三个东西，一起送给郭沫若看。自己又给郭沫若写信说："章行严先生一信，高二适先生一文均寄上，请研究酌处。我复章先生信亦先寄你一阅。笔墨官司，有比无好。未知尊意如何？""章信高文留你处。我复章信，请阅后退回。"郭沫若当然不能不同意。

毛泽东回复章士钊的信，一共是十二张信纸。第一遍是毛笔写的，第二遍是用铅笔改的，说明他没打草稿，写完之后又加以修改。信的前半谈的是《柳文指要》的事情，后面就是谈高二适的文章。大意说：高二适先生的意见，是地下不可能发掘出真、行、草书的墓石。草书的墓志恐怕确不可能，真、行书大概还能有，我们不妨再看。这些话，我感觉和高二适的文章，似乎不太能搭上。信中还说："但是争论是应该有的，我当说服郭老、康生、伯达诸同志，让高二适一文公诸于世。"由此，高二适的文章很快就发表出来。此后，郭沫若阵营的一系列文章，随之出现。

当时赵万里在北京，郭沫若请他撰文。赵万里的文章很短，观点与郭沫若并不完全契合，他说《兰亭序》的楷法，既有唐人的成分，还有宋人的成分。打个比方，就是越说越远了。郭沫若当然不能满意，又找徐森玉写。徐森玉当时已经八十五岁了，比我现在还大几岁，大概他自己已无力再写，就委托上海博物馆中的一位年轻人写。这位代笔者后来把真相说出。他的观点，与郭沫若也是有同有异。启功也在北京，恐怕也是不得已而撰文支持郭说。郭沫若有个观点，他把王羲之的笔迹应当如何写得很清楚、很具体，有七八句话，这实际上是个很笨的做法。因为怎么能把王羲之的字如此限定?！说王羲之的字应该有隶意，这是可以的，但把具体样子说得很具体，显然不行。现存还有其他王羲之的字，都不符合郭的限定，那不都变成是假的了？启功的文章很微妙，他把郭沫若说得非常清楚的一段话，改为很模糊的“具有唐以前的古意”一句。后来启功做了一首诗，收回以前的观点，不再支持郭沫若。

高二适看到郭沫若阵营一方发表这么多文章，当然不服气，因此又写文章反驳，但都不能发表，那时章士钊已经去世了。一直到改革开放以后，高二适本人也已作古，其文章作为遗稿，才发表在《中国书法》杂志上。高二适的可贵，在于身处那样形势下，还有这样一种勇气。他本人因此在“文革”中被抄家，书法作品等遭受巨大损失。

郭沫若和章士钊，共同成全了一个高二适。

与启功的交往

章士钊《柳文指要》出版后，他跟我说要送一部给启功。他对我说，在香港的时候，溥儒曾前来拜访他，托他有机会时照顾宗室某人，也就是启功。这事并不奇怪，因为大家都知道章士钊和毛泽东的特殊关系。钱基博也和钱锺书讲过，意思是有什么事情可以找章士钊，当然钱锺书始终没有去找过。但他父亲给他讲过这话是不假的，钱锺书的诗集中还有代他父亲和章士钊酬唱的诗。因为钱基博会文，不擅长诗，所以钱基博与人酬唱的诗很多都是钱锺书作的。第二个是钱基博的字写得不太好，钱锺书字虽然也不是顶好，但比较潇洒，所以经常代他父亲题字。溥儒是什么人呢，他是恭亲王的后人，英国留学生，诗做得好，会画画，和张大千齐名，“南张北溥”。实际上在我看来，溥儒的画要比张大千的高。中华人民共和国成立后，这些人走到香港，溥儒就在香港中文大学教美术。我在中文大学讲学的时候，到美术系的美术馆里看到了很多溥儒的东西。章士钊记住了溥儒的请托，正逢《柳文指要》出版，就送了启功一部，顺便请他来见了面。

启功是“溥、毓、隆、启”中的“启”字辈，班辈很小，比溥仪要小好几辈。所以对溥儒都不怎么好称呼，只能称“宗老”。过去长房里的人，往往都是年纪较大，辈份很小。他的曾祖父叫溥良，做过江苏学政，最后做到礼部尚书，是启家这一系最后一个大官了。因为做过江苏学政，江苏的很多秀才都算是他的门生，认他为师。其中很多是扬州人，有一位叫董玉书，他不但是溥良拔的秀才，而且因小楷字写得好，专门到溥良的幕府中写奏折。后来随着溥良做官，溥良还做过蔡哈尔都统，董玉书一直跟着他。中华人民共和国成立之后，我先到北京，因为我是扬州人，就拜见董玉书，董玉书介绍我认识启功。董玉书是启功曾祖的学生，也大好几辈，启功称他为董太夫子。

我因为搞《碑传集》，到处搜集碑传。溥良家后来衰落了，弄不起墓志铭，当时做一篇墓志铭是要很多钱的。黎元洪死后，当时李根源、章太炎、金松岑都住在苏州，李根源从黎家拿了一千块钱，五百块请章太炎做了一篇《大总统黎公碑》，五百块请金松岑做了一篇《故大总统黎公墓志铭》，润笔不菲。董玉书到北京后，就做了一篇文章《先师记》来纪念溥良，等于是一篇传记。启功知道我做《碑传集》，就把这篇《先师记》抄给我，收到《碑传集》中。另外把他家"毓"字辈的一些碑传也抄给我。因为收集碑传，我们有了来往。章士钊受溥儒之托请启功见面，则是此后的事情。

南京书法四家

林散之、高二适、胡小石、萧娴，称为南京四大书家。萧娴纯学康有为，等于唱京戏的架子花。书法不是靠写出来的，还要靠除了书法以外的事，比如学问、气魄等等。所以像康有为这样的字，是学不来的。我个人认为，林散之、高二适两人能“化”，把自己的意思化到字里面。林散之的字是“绵中有针”，他用羊毫，虽然很软，但其中有针。林散之是黄宾虹的学生，画也学黄宾虹。

附录七 娱亲雅言·仪征卞氏节母李太夫人懿德诗录

真州 卞孝萱 敬辑

邢端题

尚书门第重江都，欣见兰芝集凤雏。
家世清芬传献玉，海滨善政纪还珠。
北堂荻早寒灰尽，南国轮看大雅扶。
岁岁板舆花下乐，从游知向瘦西湖。

孝萱世仁兄雅属希正。癸未初冬，弟邢端

钱崇威题

岧峣门祚六龙家，艰苦支撑仗女娲。
熊胆丸成资诵读，龙梭飞去看腾拏。
绥桃盘互春初实，安枣斑斓大似瓜。
采得欲凭邮使献，瑶觞用佐泛流霞。

甲申初夏，松笠翁钱崇威

胡光炜题

扬州卞孝萱，未尝接杯酒。万里寄纸来，求书为母寿。
奔窜失笔砚，此事废来久。晴牖延山光，姜芽落吾手。
感子寒泉思，駊騀不辞丑。它时绒縢发，北堂开笑口。
书成长泫然，小人已无母。

孝萱仁兄索书以娱其慈亲，感赋短韵奉寄，愧不能画也。丙戌二月，松林讲舍记，光炜

林思进题

淮海当年盛，维扬第一州。芜城自今昔，人物总风流。

为想吹箫夜，何时载酒游。分明蜀冈水，乡味记心头。

卞子振奇士，空中遥寄书。孝思白华洁，奉母闭门居。

裈虱饶君赋，秋蛇愧我纡。北堂高节在，能否代萱苏。

柔兆淹茂秋分之节，孝萱仁兄称其太夫人苦节而喜书画，不远数千里诒书枉征拙作，情辞恳恳。顾平生踪迹，独未尝得至扬州，今老矣，尚时时欲一往游。乃缀二诗，首章寄予所慨，二章书卞子志也。清寂翁林思进成都记

姜殿扬题

式古家声旧，娱亲志养隆。含毫我自愧，扬显负初衷。

孝萱先生征文寿母，率书应教。丙戌霜降，姜佐禹

姚鹓雏题

霜筠雪柏岁寒时，乌鸟平生念母慈。

淡泊儒门存至性，娱亲惟有画兼诗。

丁亥春月，孝萱先生属题，即乞正之。云间姚鹓雏

谢无量题

维扬旧游地，南望每凄然。纯孝于今重，飞书况子贤。

灵萱昌寿箓，春水滟湖船。慈母长年笑，芝兰在膝前。

孝萱仁兄为其太夫人征诗，阙然久不报，今将去蜀，率赋一章，用答雅意。戊子清明日，无量

孙儆题

两月孤儿事可哀，提携全仗母栽培。

长成得使无寒饿，都是慈亲十指来。

母事缝纫儿读书，熊丸状况不模糊。

回头十数年前事，一幅针痕灯影图。

曾记当年日两餐，刻心刻骨不言寒。

今朝有子能成立，供奉晨昏百倍欢。

志懔冰霜后必昌，闺闹多少姓名香。

觥觥苦节在天壤，青史昭垂日月光。

读卞孝萱述节母事略书后。戊子小暑节，孙儆题，年八十二

刘永济题

春晖无复更兴思，世变纷纷俗已衰。

载诵卞君慈母传，此身今似到农羲。

人间何事最堪思，第一难忘是母慈。

想见白头灯影里，依然画荻授书时。

孝萱先生为其节母李太夫人征文，远及拙作，谨赋两章乞政。戊子中秋前三日，新宁刘永济写稿于珞珈山武汉大学

董玉书题

清望忠贞裔，名门节孝风。孤儿生失怙，贤母抚成童。

镫影机声里，霜晨雪夕中。廿年艰苦志，天佑鉴其衷。

慈竹凌寒劲，灵萱爱日长。荻灰深夜画，蔗味晚年尝。

倚望承堂构，怀清立表坊。懿徽传海内，里郮亦增光。

孝萱仁兄生而失怙，节母李太夫人抚养成立，以教以育垂二十年，备尝艰苦。海内士大夫钦其苦节，咸有歌咏，以表扬之，拙亦赋小诗二律，不足以述其万一也。逋叟，戊子中秋，时年八十

林彦京题

阅遍冰霜寸草春，干戈喜见彩衣新。
西山蕨是南陔馔，天壤相矜菜大人。

诗人合住古扬州，乌鸟陈情已白头。
只有书声似年少，吾宗曾绘一灯楼。

吾宗实馨先生久居燕京大佛寺，鬻画养亲，曾绘一灯楼读书图，以记北堂之苦节，人呼之为林孝子云。戊子中秋后五日，书赠孝萱先生吟教，长乐林彦京

田毓璠题

年盛惊天失，孤雏襁褓存。慈辉春草护，寒梦夜灯温。
凄苦坚高节，劬劳感至恩。漫嗟名阀替，贞孝足旌门。

戊子仲秋，以孝萱世兄生两月即失怙，母年十九，今征诗扬母节，书此应之，耐佣

金兆蕃题

人寰尊母教，冰檗况全真。茹苦形神旧，承欢岁月新。
文章交四海，松柏祝千春。画里寻镫影，何如定省亲。

孝萱仁兄称述贤母李夫人懿行，征诗，即政。戊子秋分，嘉兴金兆蕃谨题

王易题

慈筠苦节早回甘，翰墨娱亲张美谭。
毕竟荻书流厚泽，笑它甘鲊亦邻贪。

玉树庭阶次第栽，绿杨城郭画图开。
廿年蜡屐平山客，悔失登堂揖老莱。

孝萱先生远道邮书索诗以奉太夫人，此岂世俗口体之养，奉

成二截，请介慈闱。戊子秋仲，简庵王易

柳肇嘉题

孝萱卞君为其母苦节征诗，赋赠长句

峨峨峻节敬维桑，先德于今荫以堂。先大父创建完节堂。
市隐一灯旌绰楔，余江干《节母旌表》。经传丛稿阐
幽光。鲍野云刊《节母传》《经阁稿》。
北江图画哀千载，容甫文章泣数行。
惟子旨甘犹及奉，萱闱春盎日方长。

戊子秋，同邑柳肇嘉

金其源题

郁郁涧边松，青青冈上柏。如无霜雪侵，节何拟贞石。
济阳有贤母，坚贞心是宅。三载折比翼，二月子方赤。
誓死拒夺志，如荠茹荼蘖。苦尽乃回甘，有子振鸾翮。
荻训母昔勤，苦节子今白。天时有燠寒，人事无终逆。
苟先勉厥难，谁云后无获。

戊子秋日，奉应孝萱仁兄征表母节，即祈正之，宝山金其源

许省诗题

高门和璧族情寒，严训无从泪易弹。
三载结褵贞苦节，两重祧嗣感孤单。
念萱凛凛熊丸助，画荻般般獭祭难。
镫影机声前度朗，柏舟矢志仁人看。

卞母李夫人为孝萱兄令慈，守节有年，抚孤成立，困难备尝，清操自持，令人佩仰。爰赋小诗，录请指正。戊子八月，海昌许省诗拜题，时年七十有四

熊十力题

妇人守节难，穷苦而能守尤难，苦节而求识字，仍转教五岁之孤，则又天下之至难，古及今，希有也。明儒罗念庵称，节妇烈女之行，乃人类道德之最高者。其生长深闺，无见闻之启迪，而诚发于中，真积力久，其事虽至奇至难，而实家庭间庸德庸行，非若立德于天下者有赫赫之绩可以详举，人之于其行事忽之也易。而彼孤守穷闾暗室，亦未尝妄冀不可知之誉望于当世。诚之至而通于天，彼亦不自明也。无所为而行乎不容己，其可谓至德也。扬州卞子孝萱，函述其母李太夫人节行，恳请题辞，遂书此致敬。

中华民国三十七年九月廿五日，熊十力

詹安泰题

凄凉犯

石阑伫立，风弦外、哀笳蓦起空碧。好春去远，江湖满地，古欢谁觅？林乌向夕，几肠断京尘旧客。甚天涯飞笺趁蝶，吹梦度帘隙。　　凄认年时事，问字芳邻，课儿灯侧。扶雏未老，肯机丝比将头白。醉笑休辞，看霜隼摩秋健翮。早冬青屋背瘦倚，厉劲节。

孝萱先生属题，祝南詹安泰

徐行恭题

秋风入庭户，吐纳生清凉。发我佳士札，宛转陈衷肠。
孤露赖节母，顾覆非寻常。众醉嫉独醒，席丰能二殃。
岂不感酷遇，岂不悲空房。缠绵春蚕茧，思续一脉长。
坚贞励苦节，宁畏豺与狼。困学勉诵习，皴指劳昏黄。
泪珠迸十斛，充儿旬日粮。精诚所至处，天人交持将。

儿身克自树，母眉差可扬。五斗事洁养，愿母臻康强。

世态诡莫测，亲恩深难量。赋此彰隐德，庶几慰高堂。

戊子之秋，孝萱仁兄写示其节母李孺人茹苦抚孤状，赋报此诗，以申景仰。竹闲居士徐行恭

俞九思题

柏舟高节慨平生，母氏劬劳子业成。

想见当年灯影畔，机声更杂读书声。

仪征卞君孝萱襁褓失怙，赖母氏李教养成立，今年冬卞君将为母寿，籍彰苦节，书来征诗，因赋二十八字应令，即希郢政。戊子十月，海隅俞九思拜稿

陆懋德题

卞君孝萱述其太夫人苦节力学，教子成名，赋诗志敬

志励冰霜矜乡里，学通诗礼教儿孙。

从来多少贤明母，李氏夫人照古今。

卅七年冬月吉日，济南陆懋德

王蘧常题

针声书韵夜朦胧，影事如潮在眼中。

不见北堂莱彩舞，蜡灯还似旧时红。

危城孤寡语缠绵，纯孝清标天且怜。

他日太平花底月，照君写取白华篇。

孝萱先生书述母夫人清节高风，为之起敬，谨赋两绝，尚祈教政。戊子初冬王蘧常

陈垣题

节母可敬，孝子尤可敬，节孝萃于一门，是谓义门。愿孝子始终保其令名，俾节母老而益安，斯为大孝。

戊子十月题卞孝萱节母事略，新会陈垣

陈宗蕃题

家风仰溯晋忠贞，一脉流芬阃内英。

恤纬机声秋九月，和丸灯影夜三更。

最怜奇字劳频问，却喜遗书读有成。

苦节冰霜天所报，乡邦褒颂指前楹。

仪征卞孝萱先生以书来，并附其母夫人节孝事略，乞为褒扬。予谓太夫人之行谊可风，而孝萱之扬名显亲尤可念也。率为一章，以志钦仰。戊子冬十月，三山陈宗蕃敬题

方步瀛题

难报春晖寸草心，简书不惜广征吟。

鸣机课读寒灯下，鬻子恩勤海共深。

孝萱先生为其太夫人守节抚孤属题，敬赋一绝，即祈两正。晓亭方步瀛，戊子嘉平月上浣于广西大学

唐鼎元题

霜花寒，霜月白，霜寒月冷母身当。

儿在母怀暖无匹，离母怀，廑母教。

儿成儿败母心萦，画荻丸熊声嗷嗷。

月白霜寒励节清，儿能成立萱花笑。

卞君孝萱状其母李太夫人梅清苦节索题，敬赋。武进唐玉虬，戊子岁冬至

陈延杰题

王风板荡道衰微，赖此孤贞一发挥。

十指抚儿躬识字，一灯课读夜鸣机。

勤勤欧荻母之闵，历历洪图子无违。

诵彼笙陔诗义在，述亲端可报春晖。

孝萱先生近表彰其太夫人苦节，乞诗于予，辄赋长句，以道其德行于万一尔。戊子冬十有二月，江宁陈延杰

钱南扬题

人谁无父母，母谁不慈爱。何以扬其芬，所贵在笔健。

历历述母德，读之如目见。至性与至情，感人抑何深。

宇宙信空阔，心弦有余音。

孝萱先生属题，卅七年十二月，平湖钱南扬

王季烈题

清贫何以致亲娱，翰墨纷披反哺图。

早岁无夫吟寡鹄，暮年有子报慈乌。

故家遗俗欣存在，乱世人纲赖翼扶。

远道殷殷征俚句，惭予笔札已荒芜。

孝萱仁兄雅令，七五叟王季烈

陈寅恪题

寄卞孝萱卞以书来乞诗以彰母节，因赋此诗以寄

卞君娱母以文字，千里乞言走书至。

我诗虽陋不敢辞，嘉君养亲养其志。

淮海兵尘白日阴，避居何地陆将沉。

一门慈孝祥和气，即是仙源莫更寻。

朱师辙题

苦心学字教娇儿，青灯犹忆年时。饥驱远别暗伤悲，游子思归。　　鞠育劬劳未报，云笺四海征辞。北堂留住好春晖，长昫萱帏。

卞孝萱孝子，念母苦节劬劳，教养成立，征求海内耆宿题辞，以彰母德。千里函求，因谱《北堂春》一阕，畀歌以娱亲，其声即画堂春也。己丑人日，七一叟东华旧史朱师辙书于中山大学

方孝岳题

卓荦孤儿有令名，图成反哺意何清。

机声断续灯光里，想见千秋万古情。

孝萱先生述其太夫人守节抚孤事，广征图咏及于下走，敬赋长句以志景仰。己丑孟春，方孝岳于广州

顾廷龙题

洁比冰霜亦柏舟，含辛茹苦几春秋。

坚贞不转心如石，懿范应教万古留。

画荻丸熊心未灰，伫看令子展鸿才。

崭然头角峥嵘露，经济专长世共推。

孝萱先生于役鹭江，不克板舆之迎，思亲倍切。率书小章，聊慰孺慕。己丑正月，顾廷龙

桂坫题

仪征节母海之隅，画荻精神近世无。

寸草春晖东野句，机声镫影北江图。

如君劲节盟金石，有子清才握瑾瑜。

彤管琳琅传不朽，柏舟千里想型模。

自来贤母说欧苏，程郑闺门树楷模。
从昔显扬知孝德，最难巾帼励廉隅。
青松独抱能完节，白璧难磨不受污。
我忆寒机辛苦地，天涯犹有报恩珠。

孝萱仁兄以节母太夫人清德属题，己丑二月，南海桂坫

任鸿隽题

孝萱先生以尊堂李太夫人苦节事略属题，率成长句

贤母教子首读书，儿今报母诗数橱。
试看展卷长吟处，绝胜斑衣学舞图。
世人养亲不养志，华筵上寿夸豪侈。
蕴藉谁如卞子贤，但将苦节话当年。

任鸿隽甫草，卅八年三月

王灿题

题仪征卞孝萱之母李太君节行录

风吹慈竹哀音起，无限酸辛聚一纸。
手持节母行实读，是血是泪殊难拟。
节母归卞年十六，厥字梅清厥氏李。
三载生儿甫二月，夫即不禄身遽死。
家本丰厚变孤寒，零丁凄凉苦莫比。
母子相依以为命，亡怙真教难为恃。
教读自课书一编，生计全仗手十指。
时或未能解字义，问诸人而教之子。
时或米难供两餐，留俟儿食母则否。
儿日以长母日瘠，儿式谷似母心喜。
欲报之德藉显扬，追述苦况叙终始。

我章潜德贻管彤，用教孝慈扶人纪。

己丑春三月，昆明王灿甫稿

庞俊题

泪尽孤雏未怨贫，高堂此日白头新。皋文容甫皆才士，总是人间饮恨人。　　悲节苦，感恩深。幸教三釜逮吾亲。循陔洁养虽多暇，寸草如何报得春。

鹧鸪天，题卞节母事略。

卞君孝萱以孤子成学，感《凯风》之圣善，念《柏舟》之坚贞。爰自厦门远索鄙作，聊赋此解，词意俱劣，不敢孤孝子显亲之意而已。己丑初春，庞俊

王啸苏题

卞君孝萱以尊慈守节课子，自闽来书征题，敬赋一律，以章美行

有客泛东溟，鱼龙静夜听。未辞千嶂隔，犹梦一灯青。

负米今承养，和丸昔授经。念君还自念，粤海感飘零。余少时随侍广东。

己丑仲春，长沙王啸苏

靳志题

嫠妇凄凉泪不干，将雏一凤怀孤单。

儿时滋味今能记，白发青镫午夜寒。

卞母李太君篝镫课子图，为哲嗣孝萱作。己丑春靳志

竺可桢题

自来贤豪士，母教所自出。历境弥艰难，坚贞愈不没。

欧柳已长往，徽音渐衰歇。扬州有卞母，继起挺高节。

十六赋于归，三载所天失。呱呱在怀抱，遗孤甫二月。

衣食劳十指，机声夜轧轧。儿年日以长，课字费心血。

儿始就外傅，倚闾母望切。辛勤廿余年，阿母发如雪。

地道固有终，儿已人中杰。乞言报春晖，寸草中心结。

欲补列女传，我愧刘向笔。区区劝世心，芜词表芳烈。

卞母李太夫人节慈懿行题辞。民国卅八年春，绍兴竺可桢

陈寂题

抚孤生事拙，坐困意弥坚。十指存儿养，千秋见母贤。

劬劳犹未报，喜惧已知年。廿载青灯下，曾勤课子篇。

卞母李太夫人守节抚孤垂二十余年矣，征诗表彰其事，孝萱先生属题。己丑清明节，陈寂

杨秀先题

早岁伤孤露，劬劳讵忍忘。节粮朝废食，支杼夜鸣廊。

书熟窗檠灺，鸡号缶粥香。他年续彤史，懿德最维扬。

维扬卞君孝萱状母太夫人懿行征诗，敬赋一律，即乞郢正。己丑清明后二日，蓼庵杨秀先

柳敏泉题

天与梅花彻骨清，独怜黄鹄动离情。

云礽喜有孤儿继，日食宁辞十指营。

课罢寒心凝荻火，绣余热泪堕灯檠。

熊丸咽苦吾宗事，母教千秋并令名。

乞言悬悃逮存时，述德萱堂展孝思。

李本仙家根自大，璧生和氏美于斯。

高才漫写枯鱼赋，懿范堪陈燕喜诗。

手线身衣犹昔日，南陔厥草正荣滋。

卞君孝萱为其尊慈节母李太夫人征诗，勉成二律，希正。己丑端一日，古罗蜃庵柳敏泉

张维翰题

儿生两月父云亡，父职母兼事可伤。

十指营馑劳矻矻，一灯课读声琅琅。

常因勖苦和熊汁，终见回甘余蔗浆。

此日征文书远届，孝思允足慰萱堂。

己丑初秋，孝萱先生属题，敬为尊慈李太夫人寿。滇南张维翰

由云龙题

仪征卞母李太夫人守节抚孤数十年，艰苦备尝。孤子孝萱业成名立，不远万里以函征求诗歌，表扬德操，情词恳切，为题两截句以彰之

透爪勤王世有声，由来忠孝本相成。

试看松竹冰霜里，又茁芝兰继盛名。

课读深宵茹蘖荼，北江往事恰同符。

借来萧绎金银管，为续机声灯影图。

己丑秋，由云龙夔举甫题，时年七十三

郑之蕃题

自昔承家业，无如义训难。况当门祚薄，更感影形单。

四字从邻习，孤灯照夜阑。熊丸兼画荻，述德泪犹弹。

孝道原非一，承欢色养贤。舆亲宁计贵，舞彩不知年。

冬夏温清谨，晨昏馨洁鲜。雄文情意茂，往事记流连。

庚寅正月应孝萱先生娱亲征言之命，赋颂卞母李太夫人长寿。桐荪郑之蕃

俞陛云题

懿行嘉言足感人，依依慈孝见天真。
婴陵贤母称前史，今见闺儒步后尘。

劬劳曾诵伟元诗，千载流传仰孝思。
喜得佳儿能述德，同时耆宿共题词。

婴娩未得访名师，初识之无赖母慈。
黄卷青灯相对处，夜寒回忆课儿时。

雅集娱亲重艺林，显扬能慰母恩深。
义方教子称传遍，不负鸣机课读心。

孝萱先生征咏娱亲雅言，为赋诗以彰德门慈孝，即希雅正。庚寅岁二月，八十三叟俞陛云题

单镇题

家忧国难一身逢，数十年来降割重。
风疾偏能知劲草，岁寒弥复见贞松。
独支危厦绵先泽，再造儒门仗女宗。
贤子承欢娱蔗境，陇西母范自雍容。

孝萱兄敬述母慈，征求娱亲雅言。敬赋七律一章，遥奉卞母李太夫人莞存。庚寅季春望日，束笙单镇，时年七十有五

封祝祁题

卞先生孝萱以太夫人卞母李太夫人懿行见示，因赋五律二章，用志景仰

文人今日贱，况我独无文。点点孤儿泪，昭昭节母芬。
艰难怀夙昔，琐屑志恩勤。千祀高风在，春晖喜未曛。

苦节人间有，遭逢此最奇。废餐饥亦饱，贩字学兼师。
志事踌躇日，乾坤澒洞时。彝伦古今重，凛凛愧须眉。

敬希郢正。容县封祝祁鹤君，时年七十有四

商衍瀛题

苦节贞心道未穷，遗孤襁褓渐成童。
字难获画劳先问，阡表扬亲六一风。

辛卯春分节，孝萱先生属题尊慈李太夫人娱亲雅言集。贲禺商衍瀛

徐沅题

妙解娱亲辑雅言，青灯向晚几翻帑。
但期岁岁春晖永，长此佳儿奉节媛。

炼得冰霜苦节贞，身劳与寿转相成。
扬州诗事今须补，一段汪中慰母情。

卞兄孝萱撰启为尊慈李梅清夫人征诗，以著壶节，敬成廿八字两首麈教。辛卯四月，徐沅，时年七十有八

金钺题

从来百行孝称先，奇论无端辟昔贤。
不有慈亲勤顾复，藐身何恃达成年。

母兼父职最堪悲，难忆呱呱在抱时。
有子克家娱晚志，春晖日永庆方滋。

孝萱卞君生二月而孤，历述其母李太夫人卓行懿德，展转征

言，水源木本之思，至可钦敬。因成俚句，以奉雅教，知不足阐扬万一也。辛卯秋月，金钺拜题

夏敬观题

学诵辛勤资转授，比之画荻更艰难。
字音忆昔含声泪，恩意无涯蕴肺肝。
倦眼屡窥仍夜绣，饥肠相忍弗朝餐。
即兹余行皆庸行，敢谓雷同不足观。

敬书卞节母李太夫人懿行，应孝萱姻兄雅命。吷庵夏敬观，时年七十有六

林葆恒题

画荻丸熊古所难，稗贩而教备凄酸。
至诚格人助使学，儿学日邃母心殚。
学成期欲张母德，茧纸求诗动盈幅。
余事更广碑传编，取法前贤报罔极。

孝萱世讲为贤母征诗，率赋。七十九叟林葆恒拜稿

冒广生题

教儿识字先自识，母身乃兼父师职。
伤哉贫也古所悲，上诉九天天变色。
儿今长大能显扬，报母上继汪龙庄。
此事所关不在细，孝慈两字留百世。

孝萱卞兄为其节母李太夫人征诗，敬成一首。七十八叟冒广生病腕书

夏承焘题

不将画锦换莱衣，养志如君世所稀。

我有衰亲隔江海，谢池草长正思归。亲舍在春草池畔，逾年未归省矣。

孝萱诗家两正，夏承焘

龚心钊题

旧邦乔木几风烟，清节能标子亦贤。

欧荻柳丸应不让，高名林下信萧然。

俚句为孝萱先生太夫人一粲，龚心钊

尚秉和题

卞母李太夫人清节

欧阳画荻传千古，凭将十指供儿读。

儿今长矣遂乌私，显亲扬名宜返哺。

行唐尚秉和

夏仁虎题

阁号卷施志苦荼，北江当日亦孤雏。

绿杨城郭重来访，镫影机声别有图。

乌衣子弟擅清才，欲报勤劬志可哀。

万里驰书求一字，故应倦眼为君开。

孝萱世兄属正，枝巢夏仁虎

袁毓麟题

和丸画荻可同传，灯影机声尚眼前。

海内通才齐俯首，邗江人物汝为贤。

孝萱先生教正，文薮袁毓麟

罗惇㬊题

义方出兴门，凿楹人共知。异哉卞贤母，朝学夕为师。
世多识字妇，不如母苦思。况母更早寡，三载才结褵。
孑然顾形影，抚此初生儿。压线复年年，棘手仍忘疲。
戚鄙咸钦敬，据引作闺仪。母劳子渐长，子孝母颜怡。
啬丰固靡常，彼苍酬母慈。子贤而有立，揽辔康庄驰。
膏腴处不润，洁身从母为。娱亲托文字，合咏柏舟诗。

卞节母李太夫人寿诗，顺德罗惇㬊敬撰祝并书

马宗芗题

卞孝萱母夫人苦节诗

青青柏节岁寒姿，苦蘖冰霜自护持。
灯影清宵书一卷，机声寒夜泪千丝。
即今兰玉森阶秀，行见松筠茂雪宜。
愧我终身负母训，长号为诵九如诗。

马宗芗

李宣龚题

何尝识字始能师，教学相兼恃一慈。
苦节至今天下少，深恩真有几人知。
违时彩服仍娱母，循例篝灯不入诗。
善述文章根血性，雷同岂受望溪訾。

孝萱仁兄辱征鄙作，为母夫人介寿，作此奉正。宣龚

吴庠题

沁园春·仪征卞孝萱述其母苦节抚孤，索词为寿，倚此报之

极地蟠天，恩爱缠绵，惟有母慈。况布衾视敛，泪凝斑竹，柏舟设誓，心痛卷葹。白粥晨炊，青灯夜读，问字邻家转教儿。劬劳甚，叹年华未老，鬓发先衰。　　朗吟寸草春晖，喜游子天涯负米归。仿北江图卷，机声入画，重其诗轴，霜哺拈题。当代贤豪，故乡耆旧，遍乞兰陔介寿词。回环诵，抵侑觞丝竹，起舞莱衣。

京口吴庠眉孙甫拜稿

仇鳌题

厦门卞孝萱先生以其母苦节抚孤事迹见示，并寄纸索题，书此赠之

伊古壸德，画荻断机。曰惟卞母，持节孤帏。
教子树志，业成颀颀。苦行懿范，今之所希。
清芬永播，仰止明徽。

湘阴亦山仇鳌

柳诒徵题

灯影机声绘稚存，孤寒容甫述亲恩。
卞生觍缕征诗札，更迈龙庄广乞言。

孝萱仁兄属赋，柳诒徵

方树梅题

天地本无私，覆载同一视。人心协天心，仁爱无人己。
如彼苦节者，爱孤非常比。我闻卞随裔，贤母蟠根李。
十九丧所天，呱呱二月耳。伶仃室如磬，衣食勤十指。
教孤成夫志，夫死如不死。习字昕夕课，能诵母心喜。
夜半酸风吹，一灯结花蕊。读倦寐而醒，见母劳未已。

孤泣母亦泣，是母有是子。子善慰母心，攻苦惜寸晷。
博通克致用，滔滔名节砥。二山负赏花，老莱衣戏彩。
征诗娱麻姑，显扬耀桑梓。神交万里外，心焉慕恒企。
枯肠羞雷同，金碧遥敬礼。

孝萱孝子征诗娱亲，作此应之，即请雅正。古滇池方树梅臞仙呈稿

陈海瀛题

仪征卞孝萱，母太夫人李。十九丧所天，儿才两月耳。
贫无以资生，所资母十指。母固未知书，问字于邻里。
熟诵以授儿，儿读母则喜。知者谓母贤，危苦乃若此。
斥赀助脩脯，就傅从此始。机声间书声，一室寒如水。
今之洪北江，惟母有是子。子既能自立，母已濒暮齿。
书来述母德，泪如欲堕纸。迎养病未能，道茀非得已。
况复坐饥驱，难归沃滫瀡。推此不匮心，可振俗颓靡。
仰看白云飞，亲舍犹尺咫。

孝萱仁兄自书其母李太夫人事略丐为诗，赋此纪之。古闽无竞居士陈海瀛拜题

余嘉锡题

截耳年才十九余，孤灯绩罢始观书。
问来生字教儿读，画荻辛勤恐不如。

萧骚白发已盈颠，天遣贞松享大年。
永叔功名犹有待，悬知他日表遗阡。

孝萱仁兄为其令慈李太夫人征诗，俚句奉呈。余嘉锡初稿

吕思勉题

苦节能贞几十年，机声镫影记依然。

瞻乌爰止于谁屋，回首平山忆逝川。

孝萱先生流徙南闽，犹不忘母氏苦节，诒书征诗，可谓难矣。率尔成章，录钦锡类。武进吕思勉敬题

欧阳祖经题

先德群瞻画荻书，蜀冈纯孝亦相如。

欲将海水翻成墨，写尽何曾报母劬。

薄俗难回感不禁，开函喜动更沈吟。

亲亲长长何由革，四壁琳琅万口钦。

孝萱先生雅属，欧阳祖经敬题

秉志题

画荻芳型百代传，循循慈诲比三迁。

一心力作扶门祚，十指谋生赖母贤。

有子能文家自振，格天苦节寿弥延。

几时禹域消兵气，归省犹思陟屺篇。

令德彰闻慰孝思，孝思那复有穷期。

承欢负米夕葵外，养志南陔爱日迟。

蔚矣才郎真肖子，蔼然慈母亦良师。

文行并茂今容甫，常念青灯课读时。

敬题卞母李太夫人事略，并希孝萱先生雅正。农山秉志

钟泰题

人忘其本，斯乱之根。枭獍满野，豺虎奚论。

蔼蔼维扬，有卞之子。自名孝萱，哀哉椿萎。

资父事母，岂云报恩。不解于心，秉彝斯存。

儿日以长，母日以瘠。我读此语，悲塞胸臆。

谁非人子，谁无闻知。亲不能养，皇养民为。

愧我不文，莫表潜德。纲常未坠，来者是则。

卞君孝萱笃志养母，来书索诗，彰其母节。念此孝子之心，民彝之所系也，不敢以不文辞，为赋诗六章复之，并以为世劝。钟泰

张颐题

扬州卞子孝萱连函索句，用彰其母李夫人节行，书此以应

熊丸荻画数亲恩，不让龙庄广乞言。

闻说江南风景好，慈云长自护金萱。

叙永张颐

李思纯题

孝萱先生述母德，乞言，敬题

人生寸草寄尺土，赖有春晖与温煦。

已钦圣善泱肤发，况复孤寒拄门户。

壮游密缝身上衣，稚日回思抱中乳。

鸣机课读对灯青，忍饿存粮待儿哺。

坚完一身出冰蘖，劬劳九死刻肝腑。

由来慈孝重山岳，余事百年皆片羽。

卞君万里乞一言，报答亲恩意良苦。

嗟余八载无母人，望眼松楸泪零雨。

成都李思纯哲生

胡先骕题

卞君孝萱以书来述母苦节教子，敬题长古以彰懿德

寸草难报三春晖，孤儿嫠母穷相依。
望儿成立授儿读，母不识字心衔悲。
问业里儒转教子，暑寒雨雪从无违。
孤儿感泣泪成血，并日苦读敢荒嬉。
学成名立母心慰，征诗述德娱庭闱。
平生我亦无父儿，篝灯课读仗母慈。
菽水能供母不待，祭余五鼎将何为。
羡君食贫能养志，时贤篇什争相贻。
表彰母节传万祀，含丸画荻今见兹。
为君题句泪沾臆，百不尽一难言辞。
但期叔世励薄俗，母慈子孝光门楣。

胡先骕敬题

李国柱题

孝萱先生嘱题令堂卞母李太夫人事略

画荻垂家范，艰难阅岁时。松筠留劲节，堂构有佳儿。
锡类真无匮，书来见孝思。嗟予荒砚墨，濡翰勉陈词。

合肥李国柱

刘盼遂题

敬赋五律一首

济阴忠孝裔，清誉满扬都。乐学缘将母，苦怀咏孝乌。
孤儿嫠妇泪，画荻碎钗图。应豁皇天眼，纷纶下瑞符。
孝萱仁兄先生雅属，息县刘盼遂拜稿

宗白华题

荀子曰：礼有三本，天地者，生之本也；先祖者，类之本也；君师者，治之本也。西洋哲学求本体于客观的宇宙，中国哲学则报本反本于生之所自来。有子曰：君子务本，本立而道生，孝弟也者，其为人之本与。母爱是人间最不自私，如天地之育万物，无名无功，而世界赖之以存在。卞母为母爱之典型，遂使卞君善继其志，善述其事，可以风世矣。

宗白华敬题

黄云眉题

长夜如年一炷摇，汪家母子又今朝。

伤心冻脸相偎候，下塾归来雪上腰。

孝萱先生千里驰书，为贤母李太夫人苦节征言，谨赋一绝，聊慰先生南陔之思云尔。黄云眉半坡甫拜稿

冯振题

画荻丸熊耐苦悲，半生心血萃孤儿。

翻欣蔗境回甘日，看舞斑衣又一时。

四海驰书为寿亲，孤儿心事亦酸辛。

收将文字三千椟，兼报萱堂玉楼春。

奉题孝萱仁兄娱亲雅言，并希正之。北流冯振

邵祖平题

孝萱仁兄寓书西北大学为太夫人寿乞诗。此书辗转吴秦巴蜀之间，竟未失落，盖孝萱孝思所感也。成此敬祝

淮海维扬有淳风，母慈子孝两能同。

嘉名合为忘忧锡，阃范纯因苦节崇。

不匮诗情延颍谷，长贫牲养重林宗。

缄书秦蜀惊遥达，万里云飞一个鸿。

茅季伟承郭林宗见过，以脱粟供客，而杀鸡奉母，林宗深叹其贤，孝萱其念之哉。邵祖平献草

罗球题

十九穷嫠二月雏，卅年欠蘖死生俱。

艰于画荻为儿读，母学字以教儿。想见停针有泪枯。

世可无人持大节，畴能反哺念慈乌。

南陔乞记诚纯孝，应续篝灯课子图。

孝萱先生千里投书，属其母夫人苦节题句，赣县罗球

方东美题

坤仪秉元德，鞠育以劬劳。导善春晖暖，扬芳玉树高。

量慈盈六合，赋孝秃千毫。为问南陔后，谁哦舜草豪。

孝萱先生征诗彰其贤母，书此美之。方东美

王焕镳题

忍死存孤弱，图难报藁砧。如松无改节，匪石岂转心。

灵耀宁终灭，艰贞所共钦。孝乌能反哺，感激为悲吟。

为孝萱母卞太夫人赋，王焕镳未是草

陆侃如、冯沅君题

柳母丸，欧母荻，卞氏有母继芳躅。

儿读书，母为师；儿果腹，母忍饥。

含辛茹苦甘如饴，贤而有立儿是期。

子纯孝，天锡母。索书辞，为亲寿。

仰母令德忘厥丑。

孝萱先生索书娱亲，以此应命，并希两政。陆侃如、冯沅君

黄君坦题

审识闲居乐，开函至性陈。

闻声方隔面，信友足娱亲。

烽火当归日，青灯养志人。

白云亲舍在，占尽绿杨春。

孝萱先生诗家书来索句，敬赋一律，即希哂正，琴江黄君坦

胡士莹题

难得维扬有卞君，殷勤文字述亲恩。廿年我亦嗟无父，读到君文泪暗吞。　　将苦节，守清贫。书声灯影太酸辛。一针一血母心苦，成就孤儿此日身。

右《玉楼春》调，为孝萱仁兄题，胡士莹

唐圭璋题

往古重华真大孝，终身孺慕为思源。

世衰谁复终身慕，今见扬州卞孝萱。

孝萱先生教正，圭璋

查猛济题

江都有贤士，少孤赖母育。母是女中师，诗书教儿读。

柏舟志弥坚，家声炳门煜。儿也感母恩，千里书相属。

告我语未详，但闻母圣淑。吾爱汪容甫，博雅超尘俗。

以此寿其亲，亲名宜不辱。愿毋忽吾言，及早成述学。

孝萱仁兄属题，查猛济

王季思题

劲松秀岩列，贞竹临芳池。清风播六合，高节万古垂。
卓哉卞节母，至行出天彝。艰难供家食，苦志抚嬰倪。
令闻光里乘，懿德绳前辉。人心无今古，时俗有淳漓。
淫辞肆簧鼓，病目迷高低。柏舟为愚妇，画荻非所仪。
将欲复性始，岂不在嗣徽。诗成三叹息，此意当语谁。

俚句为孝萱先生奉祝母太夫人大寿，王季思再拜

吴白匋题

沧海劫尘飞，清门几式微。故乡望明月，叔世贱乌衣。
兵马谁能洗，黄农不可希。愿从莱子后，举盏祝春晖。

孝萱先生正句，吴白匋

钱仲联题

含丸画荻想当年，蔗味回甘晚景妍。
慰得孤儿心志苦，春风吹绿北堂萱。

书堂灯影廿年过，寸草春晖报若何。
亦有慈亲手中线，墨痕争似泪痕多。

敬题卞节母李太夫人事略，应孝萱先生属。虞山钱萼孙

谢鼎镕题

贤母教子亦常事，难在母本不识字。
儿孤家贫就学难，不学恐为门第累。
欲进不得退不能，终夜彷徨苦无计。
一朝异想忽天开，若有鬼神为启示。
乞邻而与学微生，稗贩于人日三四。
请业请益勤且专，识得形声与字义。

朝为弟子夕为师，归教其儿嘱牢记。

儿亦识得母苦心，日积月累罔失坠。

人云一字值千金，我道一波一磔抵得千行万行泪。

画荻当年欧母奇，而今卞母更足异。

倘教绘作篝灯课子图，阅者人人应酸鼻。

只今令子已成名，时时不忘贤母赐。

详述母德征题词，不匮孝思堪锡类。

吁嗟乎，有是母乃有是子，苦节纯孝一门备。

我今为作贤母歌，翻幸微名得附骥。

孝萱先生以其令堂李太夫人事略见示，率缀俚言，以志钦仰。江阴冶盦谢鼎镕拜稿，时年七十有二

梁岵庐题

昔闻袁重其，今见卞孝萱。霜哺表贤母，同以翰墨传。

孝萱先生万里寓书，乞彰节母，即以小诗奉报，希正之。梁岵庐口书

夏纬明题

灯影机声共夜分，清风欧母可齐伦。萱堂针黹慈恩永，绰楔门庭礼法存。　　思爱日，赋南云，江干白发倚闾亲。兰陔志养春晖驻，诗书称觞胜伯仁。

孝萱先生为母太夫人征娱亲雅言，谨赋《鹧鸪天》一阕，即祈教正。江阴夏纬明

郑永诒题

卞节母诗

劬劬李氏女，早作卞家室。是时年十六，井向操无失。

岂料越三载，夫亡悲彻骨。遗孤襁褓中，堕地才二月。
点点眼中泪，滴滴心头血。岁月不待人，儿年逮束发。
自恨未读书，画荻难当笔。识字始求人，好学如饥渴。
转以教孤儿，谆谆劳口舌。因之得多助，儿能事占毕。
母绣儿则读，夜深灯不灭。儿眠梦乍回，母绣犹未歇。
儿泣母亦泣，十年如一日。饔飧继为难，愁眉不解结。
日日忍朝饥，儿食未尝辍。儿年日以长，母力日以竭。
母心日以慰，儿情日以切。母恩信难报，母德宁可没。
即今母在堂，何以昭苦节。皑皑柏上霜，朗朗松间雪。

上海郑永诒初稿

[附记]

谊己卯岁负笈南雍，受业于丰县巩师之门，习文学。于近代文人诗词，多所留意。因知有新建夏氏剑丞，襄理张之洞筹建两江师范学堂，南京大学之前身也。巩师云近世掌故，吾校敬堂卞先生最谂，可趋前请教。遂有登堂请益之缘。先生尝谓夏氏与卞氏为姻亲，先生称吷庵为五丈，并出示夏氏书画，指示典故，津津而道。其中有咏李太夫人懿行七律一首，而诗集作《卞孝萱乞诗娱母》，谊不名所以，先生遂为详述就海内名家征诗娱母而成《娱亲雅言》事，言之动容。先生尝思将所有征得之诗整理刊布，凡宇内中文图书之馆皆赠一本，以存故实，并彰母德。谊不揣谫陋，勇于任事，遂一一拍为图片，并加释读笺注。越年稿成，先生以尚有部分未能辑入，谓版行俟诸他日。壬午秋，谊入职苏省教院，丙辰秋又得机缘求学海上，实赖先生与吴门沈公燮元之推荐也。行前，先生谆谆以刻苦读书相诫勉。次年，谊辑映庵年谱出版，先生又撰序以称扬之。己丑七月，先生以小疾就医，竟成永诀。庚寅二月，谊来杭入浙江图书馆，校书之余，时时以先生未能亲见《娱亲雅言》刊布流传为憾愧。其间得先生哲嗣卞岐公赠以先生文集，陈之架上，数数翻览，如聆先生当年之面命。今冬青书屋诸弟子整理先生口述，欲以《娱亲雅言》附，谊不禁欢喜忭跃，盖以先生之念兹在兹，今终得公之于世，冬青遗范，再惠学林也。且太夫人苦节教子，于吾华母教，为典为则，岂可以私史忽之哉。故将原文，删去注释，重加校理，并叙始末如右。后学漆园陈谊拜识于浙江图书馆之孤山馆舍。

跋

丙戌岁末，敬堂师将迁新居。初，师移砚南雍，赁于汉口路某院两室之居，一椽之蔽而已，与闲堂老人毗邻。院颇狭仄，惟草木疏落有致，又数株经霜不凋之木，秀翠峭拔。师取刘宾客《赠乐天》“在人虽晚达，于树似冬青”句意，楹其室曰冬青书屋，自号冬青老人，至此已过廿载。

师移榻之际，躬自董理书画信札，一日益趋谒，见前辈时贤手迹粲然，如遇宝山之藏。退念吾师德业文章，人有共识，然论以见闻掌故之丰，结交耆宿之众，阅世经事之富，则犹有未尽为世所深悉者。方今故老凋零已甚，前代往事，清风为荡，有传其书而无传其人，宁无痛慨。因请师稍稍讲论，以广闻见，并资进学。师本有心，一请而可，乃于明年春，欣开绛帐，从容讲论，或言前贤师友学行，或论人世欣戚，或慨然太息，或相对而诵，而环座诸生，皆谓生平从容受教之乐，蓄知尚志之得，无以加于此矣。师之所言，益一一笔录之，越一年而成稿，呈师阅览，并祈校正。而师著述讲学略无余闲，终未暇删定，益则以师金石尚坚，一无措意，如此忽忽数载。讵料己丑夏九月，师竟遽返道山，所阙待补，乃成无期之痛。数年间师友来问，无言以对，然实惓惓不能去怀。所幸今岁物有周流，口述所涉之资料，竟稍可得。复念吾师亲定书名，易箦时又屡为弟子道及，则知吾师于此口述，实望有成，受任者不当以阙文小失而丧其补史大用。遂櫽括旧编，略增图文，厘成七篇，定为此本。凡所录文，一遵师语，未详则阙，弗敢臆增，以符口述之本旨。

是录之成书，原赖南京大学古典文献研究所程章灿教授擘画创始，同门南京大学历史学院胡阿祥教授、武黎嵩教授协力赞助，又承罗鹭、范春来、李赫然、禹玲诸君先后襄校，并荷凤凰出版社姜小青总编慨然接受，广之枣梨。卞岐师兄亲与编务综理全稿，感念同心，更非言语所能尽道。

嗟夫！经史百家传记谓之文，而一话一言可以订典故之得失，正史传之是非者，乃所谓献也。征文参乎考献，论世缘于知人，从古皆然，不待详论。故此录之有待于四方知者也，又非惟可以略窥一人之交游酬答与夫怀抱寄托而已，一时学林艺苑之貌、盛衰离合之迹，既如画毕呈，而览者会心，固足以怀旧俗而明得失者焉。益幸与记录校字，既卒其事，不觉僭而略识数语于简末也。

戊戌仲秋受业南通州赵益谨跋。